全国中等职业技术学校汽车类专业通用教材

Qiche Yunyong Jichu
汽车运用基础

(第二版)

冯宝山　主编

人民交通出版社股份有限公司
China Communications Press Co.,Ltd.

内 容 提 要

本书是全国中等职业技术学校汽车类专业通用教材，依据《中等职业学校专业教学标准（试行）》以及国家和交通行业相关职业标准编写而成。主要内容包括：汽车的使用性能、车辆管理、汽车营运知识，共计3个单元。

本书供中等职业学校汽车类专业教学使用，亦可供汽车维修相关专业人员学习参考。

图书在版编目(CIP)数据

汽车运用基础/冯宝山主编. —2版. —北京：
人民交通出版社股份有限公司,2016.7
全国中等职业技术学校汽车类专业通用教材
ISBN 978-7-114-13136-3

Ⅰ.①汽… Ⅱ.①冯… Ⅲ.①汽车—应用—中等专业学校—教材 Ⅳ.①U471.2

中国版本图书馆CIP数据核字(2016)第138993号

全国中等职业技术学校汽车类专业通用教材

书　　名：	汽车运用基础（第二版）
著 作 者：	冯宝山
责任编辑：	闫东坡　刘　洋
出版发行：	人民交通出版社股份有限公司
地　　址：	(100011)北京市朝阳区安定门外外馆斜街3号
网　　址：	http://www.ccpress.com.cn
销售电话：	(010)59757973
总 经 销：	人民交通出版社股份有限公司发行部
经　　销：	各地新华书店
印　　刷：	北京市密东印刷有限公司
开　　本：	787×1092　1/16
印　　张：	12.5
字　　数：	290千
版　　次：	2004年9月　第1版 2016年7月　第2版
印　　次：	2016年7月　第2版　第1次印刷　累计第9次印刷
书　　号：	ISBN 978-7-114-13136-3
定　　价：	29.00元

（有印刷、装订质量问题的图书由本公司负责调换）

第二版前言
FOREWORD

为适应社会经济发展和汽车运用与维修专业技能型紧缺人才培养的需要,交通职业教育教学指导委员会汽车(技工)专业指导委员会于2004年陆续组织编写了汽车维修、汽车电工、汽车检测等专业技工教材、高级技工教材及技师教材,受到广大中等职业学校师生的欢迎。

随着职业教育教学改革的不断深入,中等职业学校对课程结构、课程内容及教学模式提出了更高的要求。《教育部关于深化职业教育教学改革全面提高人才培养质量的若干意见》提出:"对接最新职业标准、行业标准和岗位规范,紧贴岗位实际工作过程,调整课程结构,更新课程内容,深化多种模式的课程改革"。为此,人民交通出版社股份有限公司根据教育部文件精神,在整合已出版的技工教材、高级技工教材及技师教材的基础上,依据教育部颁布的《中等职业学校汽车运用与维修专业教学标准(试行)》,组织中等职业学校汽车专业教师再版修订了全国中等职业技术学校汽车类专业通用教材。

此次再版修订的教材总结了全国技工学校、高级技工学校及技师学院多年来的汽车专业教学经验,将职业岗位所需要的知识、技能和职业素养融入汽车专业教学中,体现了中等职业教育的特色。教材特点如下:

1. "以服务发展为宗旨,以促进就业为导向",加强文化基础教育,强化技术技能培养,符合汽车专业实用人才培养的需求;

2. 教材修订符合中等职业学校学生的认知规律,注重知识的实际应用和对学生职业技能的训练,符合汽车类专业教学与培训的需要;

3. 教材内容与汽车维修中级工、高级工及技师职业技能鉴定考核相吻合,便于学生毕业后适应岗位技能要求;

4. 依据最新国家及行业标准,剔除第一版教材中陈旧过时的内容,教材修订量在20%以上,反映目前汽车的新知识、新技术、新工艺;

5. 教材内容简洁,通俗易懂,图文并茂,易于培养学生的学习兴趣,提高学习效果。

《汽车运用基础》是汽车运用与维修专业课之一,教材主要内容包括:汽车的使用性能、车辆管理、汽车营运知识,共计3个单元。

本书由河南省交通高级技工学校冯宝山担任主编。编写成员分工是:冯宝山编写单元一的模块1、模块2、模块3、模块4、模块5、模块6、模块7,单元三的模块1,附录1、附录2;河南省交通高级技工学校申琳编写单元二的模块1、模块3、模块4,单元三的模块2;河南省交通高级技工学校池现荣编写单元二的模块2。

限于编者经历和水平,教材内容难以覆盖全国各地中等职业学校的实际情况,希望各学校在选用和推广本系列教材的同时,注重总结教学经验,及时提出修改意见和建议,以便再版修订时改正。

编　者
2016年3月

目录 CONTENTS

单元一 汽车的使用性能 1
    模块 1 汽车的动力性能 2
    模块 2 汽车的使用经济性能 11
    模块 3 汽车的行驶安全性能 17
    模块 4 汽车的操纵稳定性能 24
    模块 5 汽车的通过性能 35
    模块 6 汽车的舒适性能 38
    模块 7 汽车的环保性能 43

单元二 车辆管理 49
    模块 1 车辆的选配 49
    模块 2 车辆运行材料的选用 58
    模块 3 汽车的使用寿命和报废制度 99
    模块 4 车辆保险与理赔 113

单元三 汽车营运知识 137
    模块 1 汽车货物运输 137
    模块 2 汽车旅客运输 157

附录 1 中华人民共和国道路交通安全法 168
附录 2 中华人民共和国道路运输条例 183
参考文献 192

单元一
汽车的使用性能

 学习目标

完成本单元学习后,你应能:
1. 了解汽车常用使用性能指标;
2. 掌握汽车动力性的评价指标及影响动力性的主要因素;
3. 掌握汽车燃油经济性的评价指标及影响燃油经济性的主要因素;
4. 掌握汽车制动性的评价指标及影响制动性的主要因素;
5. 了解汽车操纵稳定性的评价指标及行驶的不稳定现象,熟悉车轮定位内容及作用;
6. 掌握汽车舒适性能的主要评价指标,了解悬架、减振器的检测方法;
7. 了解汽车环保性能的评价指标及控制标准,掌握汽车环保性能的主要内容,了解汽车排气污染、噪声污染检测设备的使用方法,能够对汽车的环保性能做出评价。

建议课时:16课时。

汽车使用性能是指在一定的使用条件下,汽车以最高效率工作的能力。它是决定汽车利用效率和方便性的结构特征表现。

评价汽车工作效率的指标是汽车的运输生产率和成本,基于运输生产率、成本与汽车结构之间的内在联系的研究,确定汽车的主要使用量标。汽车常用的使用性能包括动力性能、燃油经济性能、安全性能、操纵稳定性能、环保性能、行驶通过性能和乘坐舒适性能等。我国目前采用的汽车使用性能指标见表1-1。

本单元主要介绍汽车的动力性能、使用经济性能、行驶安全性能、操纵稳定性能、环保性能、通过性能和舒适性能等使用性能。

汽车使用性能的主要指标　　　　　　表1-1

使用性能	量标和评价参数	使用性能	量标和评价参数
容量	额定装载质量(t) 单位装载质量(t/m³) 货厢单位有效容积(m³/t) 座位单位面积(m²/t) 座位数和可站立人数	速度性能	动力性 平均技术速度(km/h)

续上表

使用性能		量标和评价参数	使用性能		量标和评价参数
使用方便性能	操纵方便性	每百公里平均操纵作业次数 操作力(N) 驾驶员座椅可调程度 照明、灯光、视野、信号完好	越野性能、机动性能		汽车最低离地间隙 接近角 离去角 纵向通过半径 前后轴荷分配 轮胎花纹及尺寸 轮胎对地面单位压力 前后轮辙重合度 低速挡的动力性 驱动轴数 最小转弯半径
	出车迅速性	汽车起动暖车时间			
	乘客上下车、货物装卸方便性	车门和踏板尺寸及位置 货厢地板高度 货厢栏板可倾翻数 有无随车装卸机具			
	可靠性和耐久性	大修间隔里程(km) 主要总成的更换里程(km) 可靠度、故障率(1/1000km) 故障停车时间(h)	安全性能	操纵稳定性	车轮定位 纵向倾翻、横向倾翻
				转向系统性能	转矩 转向盘自由转动量 最小转弯半径
	维修性	维护和修理工时 每千公里维修费用 对维修设备的要求		制动性能	制动效能 制动效能恒定性 制动时方向稳定性
	环保性	噪声级 CO、HC、NO_x排放量 电波干扰	乘坐舒适性能	平顺性能	振动频率 振动加速度及变化率 振幅
燃油经济性能		最低燃油耗量(L/100t·km) 平均最低燃油耗量(L/100km)		设备完备	车身类型 空气调节指标 车内噪声指标(dB) 座椅结构

模块1 汽车的动力性能

汽车的动力性是指汽车直线行驶在良好路面上所能达到的平均行驶速度,也是表示汽车在行驶中能达到的最高车速、最大加速能力和最大爬坡能力。汽车运输效率的高低主要取决于汽车的动力性。动力性能好,汽车就会具有较高的行驶速度,较好的加速能力和爬坡能力。随着我国高等级公路里程的增长、公路路况与汽车性能的改善,汽车的行驶车速越来越高。汽车行驶的平均技术车速越高,汽车的运输生产率就越高,所以动力性是汽车各种性能中最基本、最重要的一种性能。

一、汽车动力性的评价指标

汽车的平均行驶速度是汽车动力性的总指标。为获得尽可能高的平均行驶速度,汽车的动力性主要应由汽车的最高车速、汽车的加速能力和汽车的爬坡能力这三个方面的指标来评定。

1. 汽车的最高车速

最高车速是指汽车以额定最大总质量,在风速≤3m/s的条件下,在干燥、清洁、平直良好路面(混凝土或沥青)上所能达到的最高稳定行驶速度,用符号 v_{amax} 表示,单位为 km/h。它对长途行驶车辆的平均行驶速度的影响最大。一般轿车最高车速为130~200km/h,客车最高车速为90~130km/h,货车最高车速为80~110km/h。

2. 汽车的加速能力

汽车的加速能力是指汽车在各种使用条件下迅速提高行驶速度的能力。它对市区行驶车辆的平均行驶速度有很大影响,特别是轿车对加速度能力尤其重要。加速能力在理论上用加速度来评定,而在实际试验中通常用汽车加速时间来评价。

加速时间是指汽车以额定最大总质量,在风速≤3m/s 的条件下,在干燥、清洁、平直良好路面(混凝土或沥青)上由某一低速加速到某一高速所需要的时间。通常用原地起步加速时间和超车加速时间来表明汽车的加速能力。

原地起步加速时间指汽车由Ⅰ挡或Ⅱ挡起步,并以最大的加速强度(包括选择恰当的换挡时间)逐步换至最高挡后到某一预定的距离或车速所需的时间。一般常用原地起步行驶,以0→400m距离所需的时间秒数来表明汽车原地起步加速能力,也有用原地起步从0→100km/h 行驶速度所需的时间来表明汽车原地起步加速能力。

超车加速时间指用最高挡或次高挡由某一低车速全力加速到某一高速所需的时间。因为超车时汽车与被超车辆并行,容易发生交通安全事故,所以,超车加速能力强,并行行驶时间短,行驶就安全。超车加速能力采用较多的是用高挡由30~40km/h 全力加速行驶至某一高速所需的时间来表示。还有用车速—加速时间关系的加速曲线来全面反映汽车加速能力的。

加速时间对平均行驶车速影响很大,尤其是轿车,对加速时间很重视。

3. 汽车的爬坡能力

汽车的爬坡能力是用满载时汽车在良好路面上的最大爬坡度来表示的。爬坡度可用角度 α 表示,也常用每百米水平距离内坡道的升高 h 与百米之比值 i 来表示,即 $i = h/100 \times 100\% = \tan\alpha$。

最大爬坡度 i_{max} 是指汽车满载时用变速器最低挡位在风速≤3m/s 的条件下,在干燥、清洁良好的路面(混凝土或沥青)上行驶所能克服的最大道路纵向坡度。在坡度不长的道路上,利用汽车加速惯性能通过的坡度称为极限坡度。汽车的爬坡能力对于在山区行驶车辆的平均行驶速度有很大影响。各种车辆的爬坡能力不同:越野汽车要在坏路或无路条件下行驶,因而爬坡能力是一个很重要的指标,它的最大爬坡度要求达到60%左右即30°左右或更高;货车在各种路面上行驶,要求具有足够的爬坡能力,一般 i_{max} 在30%即16.5°左右;轿车主要行驶在良好路面上,车速高,加速快,不要求它的爬坡能力,但实际上它的低挡加速能力大,所以爬坡能力也强。

此外,为了维持道路上各种车辆能畅通行驶,要求各种车辆在常见的坡道上,它们的动力性能相差不能太悬殊。所以,还可以用在常遇到的坡道上,汽车必须保证的一定车速来表明它的爬坡能力。例如要求汽车在3%的坡道上能以60km/h的车速行驶。控制这个指标，可以使各种车辆在通常条件下的爬坡能力接近，有利于交通的畅通。

二、汽车的驱动力与行驶阻力

要确定汽车动力性指标，首先必须对汽车在行驶过程中的受力情况进行分析。因为汽车沿行驶方向的各种运动情况，是作用于汽车行驶方向的各种外力作用的结果。作用在汽车行驶方向的外力有汽车的驱动力和行驶阻力。根据这些力的平衡关系，建立汽车行驶方程式，就可以讨论汽车的动力性。

1. 汽车的驱动力

汽车发动机产生的有效转矩 M_e，经过汽车传动系传到驱动轮上，此时作用在驱动轮上的转矩 M_t 便产生一个对地面向后的圆周力 F_0。根据作用力与反作用力原理，地面对驱动轮产生一个向前的反作用力 F_t，F_t 即为驱动汽车的外力，称为汽车的驱动力。如图1-1所示，其大小为：

$$F_t = M_t / r, N$$

式中：M_t——作用于驱动轮上的转矩，N·m；
　　　r——车轮半径，m。

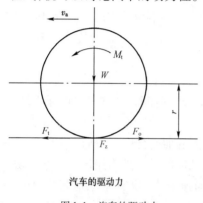

图1-1　汽车的驱动力

若发动机输出的有效转矩为 M_e，变速器的传动比为 i_k，主减速器的传动比为 i_o，传动系的效率为 η_r，则上式可表示为：$F_t = M_e i_k i_o \eta_r / r, N$。

对于装有分动器、轮边减速器和液力传动等装置的汽车，应计入相应的传动比和机械效率。

由上式可知，汽车的驱动力 F_t 与发动机的有效转矩、传动系的各传动比及传动系的机械效率成正比，与车轮半径成反比。

（1）发动机有效转矩

发动机的有效转矩可根据其使用外特性确定。使用外特性曲线是带上全部附件时发动机在试验台架做出的。台架试验是在发动机工况相对稳定，即保持水、机油温度于规定的数值，并且在各个转速不变的情况下测得的转矩、油耗数值。在实际使用中，发动机的工况常是不稳定的，发动机的热状况、可燃混合气的浓度与台架试验有显著差异。所以，在不稳定工况下，发动机所提供的有效功率要比稳定工况时低5%~8%，电喷发动机下降得要少一些。但由于发动机变工况时有效功率不易测量，所以在进行动力性估算时，一般沿用台架试验稳定工况时所测得的使用外特性中的有效功率和有效转矩曲线。

（2）传动系的机械效率

发动机的有效功率为 P_e，经传动系在传动过程中损失功率为 P_t，则驱动轮得到的功率仅为 $(P_e - P_t)$，那么传动系机械效率定义为：

$$\eta_T = (P_e - P_t)/P_e = 1 - P_t/P_e$$

传动系内损失的功率 P_t 是在离合器、变速器、传动轴、主减速器、驱动轮轴承等处机械损失和液力损失功率的总和，其中变速器和主减速器损失的功率所占比例最大。机械损失是指齿轮传动副、轴承、油封等处的摩擦损失,其大小主要取决于啮合的齿轮对数、传递转矩的大小及装配加工的精度等。液力损失是消耗于润滑油的搅动、润滑油与旋转零件表面的摩擦等的功率损失,其大小主要取决于转速、润滑油黏度、工作温度和油面的高度等。

虽然 η_T 受到多种因素影响,但在动力性计算时,只把它取为常数。一般轿车取 0.90 ~ 0.92,单级主传动载货车取 0.85,驱动形式为 4×4 的汽车取 0.85,驱动形式为 6×6 的汽车取 0.80。

(3) 车轮半径

充气轮胎的车轮,在不同状况下有不同的半径。处于无载荷状态下的车轮半径称为自由半径 r_0;在车辆自重作用下,轮心到地面的距离称为静力半径 r_s;在满载行驶状态,根据车轮滚过的圈数 n_w 和汽车行驶过的距离 $s(m)$ 计算出来的半径称为滚动半径 r_r。显然,对汽车作运动学分析时,应采用滚动半径;而作动力学分析应用静力半径。作粗略分析时,通常不计其差别,统称车轮半径 r,即认为 $r_r \approx r_s \approx r$。

2. 汽车的行驶阻力

汽车在水平道路上等速行驶时必须克服来自地面的滚动阻力 F_f 和来自空气的空气阻力 F_w;当汽车在坡道上上坡行驶时,还必须克服重力沿坡道的分力,称为上坡阻力 F_i;汽车加速行驶时还需要克服其惯性力称为加速阻力 F_j。因此,汽车行驶的总阻力为:$\sum F = F_f + F_w + F_i + F_j$。

上述阻力中,滚动阻力和空气阻力是在任何行驶条件下均存在的,上坡阻力和加速阻力仅在一定行驶条件下存在,在水平道路上等速行驶时就没有加速阻力和上坡阻力。

(1) 滚动阻力

滚动阻力是当车轮在路面上滚动时,两者之间相互作用力以及相应的轮胎和支撑面变形所产生的能量损失的总和。它包括道路塑性变形损失、轮胎弹性迟滞损失和其他损失。

汽车在松软路面上行驶时,滚动阻力主要是由路面变形引起的,汽车在硬路面上行驶时,滚动阻力主要是由轮胎变形引起的。汽车滚动阻力构成非常复杂,难以精确计算,而且驱动轮与从动轮也不完全相同。在一般计算中,汽车滚动阻力与汽车总质量 G、滚动阻力系数 f 有关,即:$F_f = Gf$,N。

滚动阻力系数 f 表示了单位车重的滚动阻力。汽车在不同路面上的滚动阻力系数值不一样。滚动阻力系数的数值由试验确定,其数值与轮胎的结构、材料、气压和道路的路面种类状况以及使用条件等因素有关,见表1-2。行车速度对滚动阻力系数影响很大,如图1-2所示。车速在 100km/h 以下时,滚动阻力系数变化不大,在 100km/h 以上时增长较快。车速达某一高速时,如 150 ~ 200km/h,滚动阻力系数迅速增长,因为这时轮胎将发生驻波现象,即轮胎周缘不再是圆形而呈明显的波浪状。出现驻波后,滚动阻力系数显著增加,而且轮胎的温度也很快增加,胎面与轮胎帘布层会产生脱落,出现爆胎现象,这对高速行驶车辆很危险。

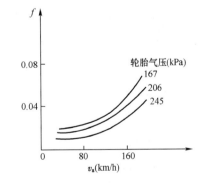

图 1-2 滚动阻力系数与行车速度的关系

不同路面上的滚动阻力系数　　　　　表1-2

路面类型	滚动阻力系数	路面类型	滚动阻力系数
良好的沥青或混凝土路面	0.010～0.018	压紧土路(潮湿的)	0.050～0.150
一般的沥青或混凝土路面	0.018～0.020	泥泞土路(雨季或解冻期)	0.100～0.250
碎石路面	0.020～0.025	干沙	0.100～0.300
良好的卵石路面	0.025～0.030	湿沙	0.060～0.150
坑洼的卵石路面	0.035～0.050	结冰路面	0.015～0.030
压紧土路(干燥的)	0.025～0.035	压紧雪道	0.030～0.050

(2) 空气阻力

汽车在空气介质中行驶时受到的空气作用力在行驶方向上的分力称为空气阻力。空气阻力包括摩擦阻力和压力阻力两大部分。摩擦阻力是由于空气的黏性在车身表面产生的切向力的合力在行驶方向的分力，它与车身表面粗糙度及表面积有关。压力阻力是作用在汽车外形表面上的法向压力的合力在行驶方向上的分力，它包括下列四部分：形状阻力、干扰阻力、诱导阻力和内循环阻力。以上几种阻力的合力在汽车行驶方向上的分力即为空气阻力。空气阻力与空气阻力系数及迎风面积成正比。为了保证必要的乘坐空间，迎风面积不能过多地减少，所以从结构上降低空气阻力主要应以降低空气阻力系数入手。

(3) 上坡阻力

当汽车上坡行驶时，汽车重力在平行于路面方向的分力，称为汽车的上坡阻力，用 F_i 表示，如图1-3所示。

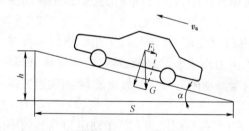

图1-3　汽车的上坡阻力

F_i 与汽车重力 G 及坡度角 α 的关系为：$F_i = G\sin\alpha$，N。

道路坡度常用高与底长之比的百分数来表示：$i = h/s = \tan\alpha$。

我国各级公路及高速公路允许的纵向坡度一般较小。当 $\alpha < 10°$ 时，可认为 $\sin\alpha \approx \tan\alpha \approx i$，则 $F_i = Gi$。

由于上坡阻力与滚动阻力均属于与道路有关的阻力，而且均与汽车重力成正比，故有时把这两种阻力合在一起称为道路阻力，用 F_ψ 表示，即

$$F_\psi = F_f + F_i$$

在坡道上：

$$F_f = fG\cos\alpha$$

所以：

$$F_\psi = G(fG\cos\alpha + \sin\alpha)$$

令：

$$\psi = f\cos\alpha + \sin\alpha$$

ψ称为道路阻力系数,表示单位车重的道路阻力。当α较小时,$\psi = f + i$。则

$$F_\psi = G\psi$$

值得注意的是,当汽车下坡时,F_i为负值,即变行驶阻力为动力。

(4) 加速阻力

汽车在加速行驶时,需要克服其加速运动时的惯性力,就是加速阻力F_j。为便于计算,通常把汽车的质量分为平移质量和旋转质量两部分。加速时不仅平移的质量产生惯性力,旋转的质量还要产生惯性力偶矩。为便于计算,一般把旋转质量的惯性力偶矩转化为平移质量的惯性力,并以系数δ作为计入旋转质量惯性力偶矩后的汽车质量换算系数。F_j与δ成正比,δ主要与飞轮的转动惯量、车轮的转动惯量以及传动系的传动比有关。

三、汽车动力性分析

1. 汽车行驶方程及驱动条件

汽车必须有一定的驱动力,以克服各种行驶阻力才能正常行驶。表示汽车驱动力与行驶阻力之间关系的等式,称为汽车的驱动力平衡方程,即汽车的行驶方程:$F_t = F_f + F_w + F_i + F_j$。

上式说明了汽车行驶中驱动力与各行驶阻力的平衡关系,当上述两边的力发生变化时,则汽车的运动状态不同。

若$F_t > F_f + F_w + F_i$时,汽车将加速行驶;若$F_t = F_f + F_w + F_i$时,汽车将等速行驶;若$F_t < F_f + F_w + F_i$时,汽车将无法起步或减速行驶直至停车。所以汽车行驶的第一个条件为$F_t \geq F_f + F_w + F_i$。该式被称为汽车的驱动条件,它是汽车行驶的必要条件,但还不是汽车行驶的充分条件。

2. 汽车行驶的附着条件及附着力

(1) 汽车行驶的附着条件

要提高汽车的动力性,可以采用增加发动机转矩、加大传动系传动比等措施以增大汽车的驱动力来实现。但是这些措施只有在驱动轮与路面不发生滑转现象时才有效。如果驱动轮在路面滑转,则增大驱动力只会使驱动轮加速旋转,地面切向反作用力并不会增加,汽车仍不能行驶。这种现象说明地面作用在驱动轮上的切向反作用力受地面接触强度的限制,并不能随意加大,即汽车行驶除受驱动条件制约外,还受轮胎与地面附着条件的限制。

地面对轮胎切向反作用力的极限值称为附着力,记作F_φ。在硬路面上附着力取决于轮胎与路面间的相互摩擦,它与驱动轮法向作用力F_z成正比,常写作$F_\varphi = F_z \cdot \varphi$,$\varphi$称为附着系数,它是由轮胎和路面的结构性决定的,表示轮胎与路面的接触强度。

在硬路面上,附着系数φ反映了轮胎与路面的摩擦作用。当轮胎与路面接触时,路面的坚硬微小凸起能嵌入变形的轮胎中,增加了轮胎与路面的接触强度,对轮胎转滑有一定的阻碍作用。在松软路面上,附着系数值φ不仅取决于轮胎与土壤间的摩擦作用,同时还取决于土壤的抗剪切强度。因为只有当嵌入轮胎花纹沟槽的土壤被剪切脱开基层时,轮胎在接地面积内才产生相对滑动,车轮发生相对滑转。

显而易见,地面切向反作用力不能大于附着力,否则,会发生驱动轮滑转,汽车将不能行驶,即满足条件:

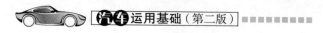

$$F_t \leq F_\varphi = F_z \cdot \varphi$$

此式即为汽车行驶的必要与充分条件——附着条件。将汽车的驱动条件与附着条件联写，则得：

$$F_f + F_w + F_i \leq F_t \leq F_z \cdot \varphi$$

这就是汽车行驶的必要与充分条件，称为汽车行驶的驱动-附着条件。

(2) 汽车的附着力

汽车的附着力 F_φ 取决于附着系数 φ 以及地面作用于驱动轮的法向反作用力 F_z。附着系数主要取决于路面的种类与状况、轮胎的结构和气压以及其他一些使用因素。

① 路面种类与状况。坚硬路面的附着系数较大，路面的坚硬微小凸起部分嵌入轮胎的接触面，使接触强度增大。因长期使用已经磨损和风化的路面附着系数会降低。气温升高时，路面硬度下降，附着系数也会下降。路面被细沙、尘土、油污等覆盖时，都会使附着系数下降。

松软土壤的抗剪切强度较低，其附着系数较小。潮湿、泥泞的土路，土壤表层因吸水量多抗剪切强度更差，附着系数下降很多，是汽车越野行驶困难的原因之一。

路面的结构对排水能力也有很大影响。路面的宏观结构应具有一定的不平度而且有自动排水的能力；路面的微观结构应是粗糙而且有一定的尖锐棱角，以穿透水膜直接与胎面接触。

② 轮胎的结构与气压。轮胎花纹对附着系数的影响也较大。具有细而浅花纹的轮胎在硬路面上有较好的附着能力；具有宽而深花纹的轮胎，在软路面上，使附着能力有所提高。增加胎面的纵向花纹，在干燥的硬路面上，由于接触面积减小，附着系数会有所下降；但在潮湿的路面上有利于挤出接触面中的水分，可以改善附着能力。

为了提高轮胎的"抓地"能力，现在的轮胎胎面上常有纵向的曲折大沟槽，胎面边缘上有横向沟槽，使轮胎在纵向、横向均有较好的"抓地"能力，又提高了在潮湿地面上的排水能力。宽断面和子午线轮胎与地面的接触面积增大，附着系数较高。

轮胎的磨损会使轮胎花纹深度减小，附着系数将显著下降。

降低轮胎气压，可使硬路面上附着系数略有增加，所以采用低压胎可获得较好的附着性能。在松软的路面上，降低轮胎气压，则轮胎与土壤的接触面积增加，胎面凸起部分嵌入土壤的数目也增多，因而附着系数显著提高。如果同时增加车轮轮辋的宽度，则效果更好。对于潮湿的路面，适当提高轮胎气压，使轮胎与路面的接触面积减小，有助于挤出接触面间的水分，使轮胎得以与路面较坚实的部分接触，因而可提高附着系数。

③ 汽车行驶速度。汽车行驶速度提高时，多数情况下附着系数是降低的。在硬路面上提高行驶速度时，由于路面微观凹凸构造来不及与胎面完善地嵌合，所以附着系数有所降低。在潮湿的路面上提高行驶速度时，由于接触面间的水分来不及排出，所以附着系数显著降低。在软土壤上，由于高速车轮的动力作用容易破坏土壤的结构，所以提高行驶速度对附着系数产生极不利的影响。只有在结冰的路面上，车速高时，与轮胎接触的冰层受压时间短，因而在接触面间不容易形成水膜，故附着系数略有提高。但要特别注意，在冰路上提高行驶速度会使行驶稳定性变坏。

综上所述，附着系数受一系列因素的影响。在一般动力性计算中只用附着系数的平均值。在良好的混凝土或沥青路面上，路面干燥时附着系数 φ 值为 $0.70 \sim 0.80$；路面潮湿时 φ

值为 0.50~0.60;干燥的碎石路 φ 值为 0.60~0.70;干燥的土路 φ 值为 0.50~0.60;潮湿土路 φ 值为 0.20~0.40。

附着力与地面对车轮的法向反作用力成正比。而驱动轮的地面反作用力与汽车的总体布置、行驶状况及道路坡度有关。当汽车上坡或加速时,前轮载荷减小,而后轮载荷增加;汽车下坡或减速时,载荷变化与此相反。

由此可见,在一定附着系数的路面上,不同驱动方式的汽车具有不同的汽车附着力。后轮驱动的汽车在上坡和加速时,其驱动轮的法向反作用力大,驱动轮的附着力大,能得到的驱动力大,其加速能力和上坡能力好。只有四轮驱动汽车才有可能充分利用整部汽车和重力来产生汽车附着力。当四轮汽车前、后驱动轮的附着力分配刚好等于其前、后轮法向反作用力的分配时,得到的附着力最大。

3. 汽车的功率平衡

汽车在行驶中,驱动力与行驶阻力互相平衡,在每一瞬时,发动机发出的有效功率 P_e 始终等于机械传动损失功率与全部运动阻力所消耗的功率,这就是汽车的功率平衡。其功率平衡方程式为:

$$P_e = \frac{1}{\eta_T}(P_f + P_w + P_i + P_j)$$

式中:P_f——滚动阻力消耗功率,kW;

P_i——上坡阻力消耗功率,kW;

P_w——空气阻力消耗功率,kW;

P_j——加速阻力消耗功率,kW;

η_T——传动系效率,kW。

四、汽车动力性能的检测方法

汽车动力性能的检测方法包括台架试验和道路试验两种。台架试验是指汽车在实验室环境下,通过一些设备或仪器进行检测和试验,道路试验是汽车在道路环境下所进行的测试和试验。

室外道路测试汽车动力性能会受到道路条件、气候、驾驶员的驾驶技术等因素的影响,所以进行过道路试验后的车辆还应在室内台架上做对比试验。台架试验的测试条件更易于控制,比较适合在用车辆的检测。

汽车动力性能室内台架试验选用的仪器设备有底盘测功机和无外载测功仪。底盘测功机检测汽车的最大输出功率、最高车速和加速性能,无外载测功仪检测发动机功率。

汽车动力性能室外道路试验选用的仪器设备主要是第五轮仪和非接触式车速仪,汽车动力性能道路试验内容为最高车速试验、加速性能试验、爬坡性能试验和滑行试验。

五、影响汽车动力性的主要因素

为了提高汽车的动力性,使汽车具有合理的动力性参数,必须对影响汽车动力性的各种因素进行分析。影响汽车动力性的主要因素有:发动机特性、传动系参数、汽车质量和使用因素等。

1. 发动机特性

发动机特性受其结构类型的影响,不同种类的发动机有不同的特性。

活塞式发动机的汽车在车速低时后备功率小,能提供的驱动力也小,这是因为该发动机在低转速时功率较小,若不利用变速器换挡,只能通过很小的坡度。汽车上配备的发动机的功率越大,则汽车的动力性越好,但功率过大,会使经济性降低。为了评价汽车的动力性能,可用汽车的比功率作为指标。比功率是发动机最大功率 P_{emax} 与汽车总质量 m 之比,即 P_{emax}/m,也称功率利用系数,其值大小因汽车类型的不同而异。

汽车发动机的转矩特性对汽车动力性有很大影响。低速发动机,其转矩变化较大,适应性系数稍高,在低速范围内,具有较大的转矩,但转速低将导致功率下降,降低了高速行驶的汽车动力性。高速发动机,其转矩变化较小,适应性系数稍减,但选择了适当的传动系后,可以使转矩随转速增加而下降缓慢。这样,可以保证汽车在任一挡位的全部速度变化范围内均有良好的加速性。这对高速汽车尤为重要,使其具有良好的超车能力,保证高速行驶。所以现在汽车发动机多向高速方向发展。

2. 传动系参数

传动系对汽车动力性的影响取决于主减速器传动比、变速器挡数与传动比等。

(1) 主减速器传动比

对于装有一定发动机的汽车,其动力性可因改变主减速器传动比 i_0 而有所变化。图 1-4 为汽车功率平衡图,当 i_0 增加时,发动机功率曲线向左移,图中表示具有三种不同主减速器传动比的发动机外特性,其中 $i'_0 < i''_0 < i'''_0$。

由图 1-4a)可知,随着 i_0 的增大,汽车的后备功率加大,但汽车的最大行驶速度 v_{amax} 也发生变化。当主传动比为 i'''_0 时,阻力功率曲线与发动机外特性曲线相交于最大功率处,此时的 v_{amax} 数值最高;若主传动比大于或小于 i'''_0,v_{amax} 的数值均稍有降低。从提高汽车的加速性出发,i_0 应尽可能大,但若过分增大 i_0,将使汽车最高速度 v_{amax} 减小,并使发动机以较高转速工作而影响其寿命。提高 i_0 还将使汽车燃油经济性降低。此外,由于 i_0 加大,与之相应的主传动器外形尺寸加大,使结构过于复杂,并减小了驱动桥的离地间隙,影响汽车的通过性。

对于一般用途汽车,为了保证其有足够的后备功率,在选择 i_0 时,应使阻力功率曲线与发动机功率曲线交点所决定的最大速度高于最大功率时的速度,其比值为 $v_{amax}/v_{ap} = 1.10 \sim 1.25$,其中 v_{ap} 是相当于最大功率时的行驶速度,如图 1-4b)所示,但此时燃油经济性较差。

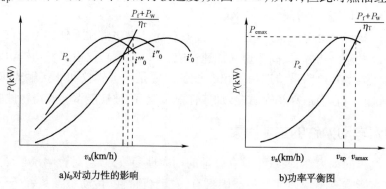

a) i_0 对动力性的影响　　b) 功率平衡图

图 1-4　主传动比对汽车动力性的影响

(2)变速器参数

为了扩大发动机的转矩变化范围,克服活塞式发动机特性曲线上反映出来的缺陷,汽车必须通过传动系中变速器挡位的变换,以改善汽车的动力性。影响汽车动力性的变速器参数有变速器挡数及各挡传动比。

① 变速器挡数。

变速器挡数对汽车动力性有很大影响。装有活塞式发动机和三挡变速器的汽车与装有等功率发动机汽车的动力性对比,较为接近。显然,变速器挡数越多,越接近等功率发动机,若变速器挡数无限增多,即采用无级变速器,则活塞式内燃机就可能总在最大功率 P_{emax} 下工作。

总之,增加变速器挡数,后备功率可以增加,但挡数增多,变速器结构变得复杂,而操纵也显得困难。因此,有级变速器的实际挡数仍有所限制,一般采用三至五挡变速器。

② 变速器传动比。

变速器传动比要分别考虑最低挡传动比和各挡传动比。最低挡传动比对汽车动力性有重大影响,最低挡传动比越大,汽车所能克服的道路阻力越大,但应考虑驱动轮与道路之间的附着情况,驱动轮上的最大驱动力不能大于驱动轮与道路之间的附着力。变速器各挡传动比之间的分配对汽车动力性也有影响,各挡传动比要合理分配。分配得当,能使发动机经常在接近外特性最大功率 P_{emax} 处的大功率范围内运转,从而增加了汽车的后备功率,提高了汽车的加速和上坡能力。如果各挡传动比分配不当,还会使换挡困难,影响汽车的动力性。

3. 汽车总质量

汽车总质量对汽车的动力性有很大影响。除了空气阻力外,所有运动阻力都与汽车总质量有关。在其他条件相同的情况下,汽车总质量增加,则汽车动力性能下降。所以,减轻汽车自重,会改善汽车的动力性。对具有相同载质量的不同汽车,其自重较小者,总质量亦较小,因而动力性较好。对于自重占汽车总质量比例较大的轿车,减轻自重所得的效果亦显著。

4. 使用因素

汽车的动力性还在不同程度上受到汽车运行条件的影响(道路、气候、海拔、驾驶技术、技术维护、交通规则与运输组织等)。汽车在高原行驶时,随着海拔升高,气压逐渐降低,空气密度减小,使充气量下降,发动机动力降低。海拔每增加1000m,大气压力下降约11.5%,空气密度约减少9%,功率下降约12%,扭矩下降11%左右。海拔也影响加速性能,海拔每增高1000m,加速时间和加速距离加长50%,最高车速下降9%左右。随着海拔的增加,大气压力降低,进气管真空度下降,发动机转速下降,致使怠速不良。海拔每增高1000m,怠速降低50r/min。在汽车使用过程中,加强维护,采用正确的驾驶方法,合理的运输组织,充分发挥汽车的动力性能,以提高运输速度与运输生产率。

模块2 汽车的使用经济性能

汽车的使用经济性能是指汽车以最小的运输消耗量完成运输工作的能力,是汽车的主要性能之一,常以百车公里燃油量和千吨公里综合运输成本来评价。由于在汽车运输成本中,汽车燃油消耗费用占总费用的三分之一,所以,汽车的使用经济性常用汽车的燃油经济性来评价。

一、汽车燃油经济性的评价指标

1. 汽车的燃油经济性

汽车的燃油经济性是指汽车以最小的燃油消耗完成单位运输工作量的能力,常用汽车行驶100km所消耗的燃油量(L/100km)来评价。

由于汽车燃油消耗量与发动机类型、结构、制造工艺、调整状态、燃油品质及道路条件、交通状况、气候、驾驶技术等许多种因素有关,因此燃油经济性指标值要根据道路试验或室内台架试验结果来评定,也可以通过理论分析来进行估算。

汽车的燃油经济性常用一定运行工况下汽车行驶百公里的燃油消耗量或一定燃油量能使汽车行驶的里程来衡量。在我国及欧洲,燃油经济性指标的单位为L/100km,即行驶100km所消耗的燃油升数,其数值越大,汽车的燃油经济性就越差。美国为MPG或mile/Usgal,指的是每加仑燃油能行驶的英里数。其数值越大,汽车的燃油经济性就越好。

2. 燃油经济性能的道路试验检测方法

汽车燃油经济性的道路试验检测方法分为不控制的道路试验、控制的道路试验和道路循环试验。因实际条件限制,比较常用的试验方法为道路循环试验。道路循环试验是指汽车完全按规定的车速-时间规范进行的试验。试验对换挡时间、制动时间、行车速度、加速度、制动减速度等数值都加以规定。等速行驶油耗试验和怠速油耗试验是这类试验中最简单的两种道路循环试验方法,我国广泛采用等速行驶百公里油耗试验。

等速行驶百公里的燃油消耗量是常用的一种评价指标,指汽车在一定荷载(我国标准规定轿车为半载,货车为全载)下,以最高挡在水平良好路面上等速行驶100km的燃油消耗量。每隔10km/h或者20km/h速度间隔测出一等速行驶百公里的燃油消耗量,然后在图上连成一曲线,称为等速百公里的燃油消耗量曲线,如图1-5所示。

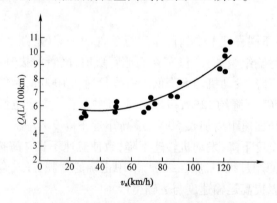

图1-5 汽车等速百公里的燃油消耗量曲线

等速行驶工况并不能全面反映汽车的实际运输情况,特别是在市区行驶中频繁出现的加速、减速、怠速、停车等行驶工况。因此,在对实际车辆进行跟踪测试统计的基础上,各国都制定了一些典型的循环试验工况来模拟汽车实际进行工况,并以其百公里的燃油消耗量(或MPG)来评定相应工况的燃油经济性。

循环行驶工况规定了车速－时间行驶规范,例如,何时换挡、何时制动以及行车的速度和加速度等数值。因此,它在路上试验比较困难,一般多规定在室内汽车底盘测功机(转鼓试验台)上进行测试;而规定在路上进行试验的循环工况均很简单。

我国规定轿车按二十五工况进行循环试验,客车按四工况进行循环试验,总质量＜3500kg 的货车按轿车循环试验进行;总质量为 3500～14000kg 的货车按六工况进行循环试验。工况循环试验以客车四工况为例,见表1-3。

客车四工况试验循环表　　　　　　　　　　表1-3

工况序号	运转状态(km/h)	行程(m)	累积行程(m)	时间(s)	变速器挡位及换挡车速	
					挡位	换挡车速(km/h)
1	0～25 换挡加速	5.5	5.5	5.6	2～3	6～8
		24.5	30	8.8	3～4	13～15
		50	80	11.8	4～5	19～21
		70	150	11.4	5	
2	25	120	270	17.2	5	
3	(30) 25～35	160	430	(20.9) 19.2	5	
4	减速行驶	270	700		空挡	

3. 汽车燃油消耗量限值

近年来,我国原油产量相对平稳,而需求增长较快,进口石油数量逐年增加,能源供需矛盾日益突出,对进口石油依存度连年提高。我国汽车产业持续保持高速发展态势,由汽车消耗的燃油总量不断增长,成为我国新增石油消耗的主体。为此,工信部出台关于《乘用车燃油消耗量限值》《乘用车燃油消耗量评价方法及指标》。《乘用车燃油消耗量限值》标准对新认证车执行日期为 2016 年 1 月 1 日,对在生产车执行日期为 2017 年 1 月 1 日。乘用车燃油消耗量限值,整车整备质量(CM)kg 车型燃油消耗量限值 L/100km CM≤750 5.2 750,装有非手动挡变速器或具有三排及三排以上座椅的乘用车燃油消耗量限值,整车整备质量(CM)kg 车型燃油消耗量限值 L/100km CM≤750 5.6 750。从 2016 年到 2020 年,工信部为当年生产乘用车设立的平均油耗目标分别为百公里 6.7 升、6.4 升、6 升、5.5 升和 5 升。

燃油限值是指汽车燃油消耗量的上限值,它既不是简单的汽车百公里油耗,也不针对单一车型,而是将一个车企整体来进行评价。企业燃油限值是指乘用车企业各车型百公里油耗与各车型数量的乘积之和除以该企业所有车型的数量。如某企业旗下有 A、B、C、D 四款乘用车型,四款车型今年的产量分别是 E、F、G、H,四款车型的百公里油耗为 I、J、K、L,那么企业燃油限值 =(E×I+F×J+G×K+H×L)/(E+F+G+H)。

为了节约能源,国家对现生产及计划投产的载货汽车规定了燃油消耗量限值,考核指标为比燃油消耗量 q(百吨千米的燃油消耗量)。

被考核车型要求在满足动力性的前提下,比燃油消耗量 q 应符合"载货汽车燃油消耗量限值表"的规定,见表1-4、表1-5、表1-6。

汽油载货汽车燃油消耗量限值　　　　　　　　　　表1-4

汽车总质量 (t)	比燃油消耗量 (L/100t·km)	汽车总质量 (t)	比燃油消耗量 (L/100t·km)
2.5～4.0	4.05～3.17	9.0～12.0	2.64～2.50
>4.0～6.0	3.15～2.83	>12.0～15.0	2.48～2.39
>6.0～9.0	2.85～2.65		

柴油载货汽车燃油消耗量限值　　　　　　　　　　表1-5

汽车总质量 (t)	比燃油消耗量 (L/100t·km)	汽车总质量 (t)	比燃油消耗量 (L/100t·km)
2.5～4.0	2.82～2.16	9.0～12.0	1.68～1.55
>4.0～6.0	2.14～1.88	>12.0～15.0	1.53～1.43
>6.0～9.0	1.86～1.76		

重型载货汽车燃油消耗量限值　　　　　　　　　　表1-6

汽车总质量 (t)	比燃油消耗量 (L/100t·km)	汽车总质量 (t)	比燃油消耗量 (L/100t·km)
>15～17	1.42～1.40	>22～26	1.37～1.33
>17～22	1.39～1.37	>26～32	1.321～1.30

4. 汽车燃油消耗量标识

我国《轻型汽车燃油消耗量标示管理规定》明确规定,在中国境内销售的能够燃用汽油或柴油燃油的、最大设计总质量不超过3500kg的乘用车和轻型商用车辆在销售时都将被强制性粘贴汽车燃油消耗量标识,标识内容包括由国家指定检测机构按照统一的国家标准测定的市区、市郊、综合等3种工况下的燃油消耗量,以方便消费者辨识油耗程度或节能效果。

《中国制造2025》规划,到2020年自主品牌纯电动和插电式新能源汽车年销售量100万辆,在国内市场占70%以上;到2025年与国际先进水平同步的新能源汽车年销售量300万辆,在国内市场占80%以上。结合我国乘用车燃油消耗量限值指标,大力发展新能源汽车是国家战略,也是车企发展目标。但新能源汽车的使用经济性能评价已不适应燃油经济性能评价,它与汽车电池的容量与使用年限、满电续行里程、充电量、市场电价等有关。因此,纯电动汽车的使用经济性能应以平均行驶1公里所花费的汽车电池充电电费(元)来评价。即,电池充满一次电耗费电费(元)除以汽车满电续行里程。例如,某品牌电动汽车E160,充满电续行里程160公里,电池充满一次电耗费工业电16元,则该车使用经济性能为0.1元/公里。

二、影响汽车燃油经济性能的因素

为了改善汽车燃油经济性,必须对影响燃油经济性的有关因素进行研究。影响汽车燃油经济性的因素主要两个方面:汽车使用方面和汽车结构方面。

1. 使用方面

在使用方面影响燃油经济性的主要因素为保持汽车完好的技术状况与正确的驾驶操作。主要表现为:

(1) 正确的技术维护

汽车的维护会影响到发动机的性能与汽车行驶阻力,对百公里油耗有相当大影响,所以,正确的技术维护,对改善汽车燃油经济性有很大帮助。

首先对发动机要保持良好的技术状况。对供油系进行保养与检查,防止漏油、漏气,定期清除燃油滤清器中的沉淀及杂质,清洗喷油器嘴胶质,定期清洗、更换空气滤清器,空气滤清器不畅通时,油耗将增加3%左右。要及时清除燃烧室、活塞、进气管上的胶质与积炭,在清除积炭前后,耗油量相差不小。要保持发动机冷却系的正常温度,防止因温度过低而增加机油的黏度以及降低燃油在进气管内的挥发性。冷却水温度过低会使燃油消耗量增加。当冷却水温过高时,发动机易产生爆震,充气系数降低,功率下降,油耗增加。要正确地维护和检查点火系,保持火花塞清洁及正确的电极间隙。火花塞电极间隙一般情况下应适当偏大,这样可提高点火系电极电压,增加点火能量,对提高发动机的经济性是有利的。要检查和防止汽缸漏气,保持正常的汽缸压力,汽缸压力大,表明汽缸、活塞环、气门、气门座、汽缸垫等状况良好,发动机做功行程瞬时产生有效压力越大,混合气点火燃烧速度就快,热损失小,可使发动机得到较高的动力性和经济性。

在汽车底盘方面,要加强对各总成的维护,以保持适当的滑行能力,减少燃油消耗量。汽车的前轮定位、制动器的间隙调整、轮胎气压、各部轴承的紧度、运动摩擦部分间隙以及润滑质量都会对汽车的运动阻力有很大影响,必须按规定进行维护。前轮前束失调时,轮胎在滚动时产生滑移,增加滚动阻力,引起前轮发摆,使油耗增大。当轮胎气压低于标准时,轮胎变形增大,滚动阻力增加,会增加燃油消耗量。轮毂轴承过紧,制动器发咬,都会增加行驶阻力,使油耗增加。底盘传动系统各配合副配合不良,都将消耗发动机的有效功率,使传动效率降低。润滑油使用不当,油耗也会增加,冬季使用夏季油,油耗将增加4%。底盘的行驶阻力减小,滑行距离便增加,油耗下降;反之,滑行距离减少,燃油消耗将增加。此外,手动变速器、离合器打滑,会引起发热,增加发动机转速,使油耗增加。变速器跳挡,会增加换挡次数与中间挡的使用时间,也会增加燃油消耗。

(2) 驾驶操作技术

驾驶技术是影响汽车运行燃油消耗的主要因素之一。正确的驾驶操作可大大降低汽车的燃油消耗量。在其他条件相同时,做到经济性合理地驾驶,可以减少油耗10%左右,其原因在于驾驶员是否能够根据汽车运行条件采用相适应的驾驶操作,使人机配合得当,做到汽车的最佳运行。因此,提高驾驶员的操作技术水平,掌握合理运作工况是改善汽车运行燃油经济性的有效途径。合理的驾驶操作对节约燃油有很大作用。

首先应该正确选用行车速度,采用中速行驶是最经济的,汽车中速行驶时燃油消耗量最低,速度过高或过低都会使燃油消耗量增加。低速时,尽管阻力小,但发动机负荷率低,有效燃油消耗上升,百公里油耗也有所增加。高速时,由于行驶阻力增加很快而使百公里油耗增加,故应中速行驶。

在一定道路上行驶,汽车用不同挡位行驶,燃油消耗量是不一样的。在同一道路条件与车速下,发动机发生的功率相同,在低挡位,后备功率较大,发动机的负荷率低,燃油消耗率高,高挡时则相反,因此,要尽可能用高挡行驶。最经济的驾驶方法是高挡的行驶可能性未用尽前,不应换低挡。换挡时要快,动作要迅速准确。

在保证行车安全的前提下,利用汽车的惯性滑行,使汽车的动能得以充分地利用,这是减少汽车油耗的一种驾驶方法。

驾驶汽车时,踩加速踏板要轻,缓慢加油,一般猛加速比缓慢加速要多耗油30%左右。

(3) 合理组织运输

在使用汽车时,要充分发挥运输工作人员的主观积极性,采取一切先进措施以减少单位运输工作的燃油消耗量。货物运输企业中甩挂运输,减少空车往返,这是提高运输生产率和降低成本、降低燃油消耗量的一项有效措施。

(4) 使用因素

汽车在低温条件下行驶,由于气温低,发动机升温时间长,工作温度低,燃油汽化不良,燃烧不良;再加上润滑油黏度大,摩擦损失大,使发动机输出功率下降。导致燃油消耗增加。如:当发动机(汽油机)冷却液温度自80℃降低到60℃时,耗油量约增加3%;降到40℃时约增加12%;降到30℃时约增加25%。

在高原山区行驶的汽车,由于空气密度下降,充气量会明显降低。通常情况下,随着海拔的增加,将使空燃比变小,混合气变浓,导致发动机的油耗增加;由于坡度陡而长,汽车经常在小负荷的条件下行驶,发动机工作温度高,引起油耗增大;由于大气压力降低,燃油易蒸发,供油系容易发生气阻和渗漏。

2. 汽车结构方面

汽车结构方面影响汽车燃油经济性的因素有下列几点:

(1) 汽车尺寸和质量

汽车尺寸和质量增加,会加大滚动阻力、空气阻力、坡道阻力和加速阻力,为了保证高动力性需装用大排量发动机,行驶中负荷率较低。所以,又大又重的豪华型轿车比小而轻的轻型、微型轿车的油耗量要大得多,因此,广泛采用轻型、微型轿车是节约燃油的有效措施。

货车的质量利用系数影响燃油经济性。货车的质量利用系数即装载质量与整车整备质量之比。质量利用系数越大,有效运输质量比重增加,运输中的单位油耗与成本都将降低。随着生产技术水平的提高,质量利用系数正在逐步提高。

减少汽车尺寸和质量是提高燃油经济性的有效措施,汽车要合理地设计和精心地计算分析,要采用高强度材料和轻质材料。

(2) 发动机

发动机是对燃油经济性最有影响的部件。影响的因素主要有压缩比、燃油供给、功率利用等。

发动机压缩比越大,则其有效效率越高。因此,在容许范围内提高压缩比,汽车的燃油经济性可以得到改善。燃油的汽化、雾化及其与空气的混合,对促进燃烧、提高热效率关系很大。因此,改进喷射系、燃烧室、进排气系等的设计,保证燃油的良好的汽化与雾化以及与空气的均匀混合是很重要的。发动机的功率及其利用率,对燃油经济性有很大影响。一般发动机在60%~80%负荷范围内经济性最高,发动机负荷减小时,其燃油消耗量将增加。发动机的类型对汽车燃油经济性的影响也是很大的。采用柴油发动机对于货车其燃油消耗量可以比汽油发动机降低30%~40%。所以,扩大柴油机的应用范围是改善汽车燃油经济性的主要途径之一。

采用电控燃油喷射技术,是提高汽车燃油经济性及动力性的有效措施。通过喷油量准确控制,不会产生混合气过浓、过稀的现象,既能明显提高燃油经济性,又可降低排气污染。

采用发动机缸内直喷技术、废气涡轮增压技术、可变气门技术及科学合理的汽车起停技术等,均能提高汽车的燃油经济性。

采用闭缸技术。某些高级轿车为了满足汽车最高车速或加速时间的要求,选用功率较大的发动机。但在大部分行驶情况下,发动机在负荷率较低的工况下工作,此时燃油消耗率较高,使汽车的燃油经济性降低。如果能根据运行工况的需要,自动控制参加工作的汽缸数目,使工作的汽缸处于最经济负荷下运行,就可以节约燃油。例如英国伊顿公司研制的变缸机构是通过浮动的摇臂支座,将部分汽缸的进、排气门完全关闭,从而使 V8 发动机的两缸或四缸停止工作。发动机在低负荷时可节省燃油 25%,怠速节省燃油 40%,行驶中节省燃油 10%~15%。

(3)传动系

汽车传动系对燃油消耗的影响,取决于传动系效率、变速器挡数与传动比。传动系效率越高,则损失于传动系的能量越少,因而燃油经济性也越好。

变速器的挡位与传动比对燃油经济性也有影响。虽然汽车行驶时所需的发动机功率与变速器挡位无关,但发动机转速则随所接合的挡位的改变而变化。在汽车行驶速度不变的情况下,接合高挡时,传动比小,发动机的转速低;而接合低挡时,由于传动比加大,发动机转速将增高。在发动机负荷相同的情况下,转速越低,发动机的单位燃油消耗量越少。因此,在一定行驶条件下,传动系的传动比越小,则汽车的燃油经济性越好。现代汽车常采用超速挡,可以减小传动系的总传动比,在良好的道路条件下采用超速挡,可以更好地利用发动机功率,提高汽车燃油经济性。

从制造工艺学角度而论,变速器的挡数增加,使发动机经常保持在经济工况下工作,挡数越多,越容易选择保证发动机能以最经济工况工作的转速,汽车的经济性越好。当变速器的挡数为无限时,即采用无级变速器时,在任何条件下都提供了使发动机在最经济工况下工作的可能性。若无级变速器能维持较高的机械效率,则汽车的燃油经济性将显著提高。

(4)汽车外形与轮胎

汽车外形对燃油经济性有影响,主要表现在高速行驶时的空气阻力。因此,改善车身流线型,降低空气阻力系数 C_D,可以提高燃油经济性,但在城区,由于行驶车速低,对油耗影响较小。

汽车轮胎对燃油经济性也有影响。子午线轮胎的耐磨性、动力性、经济性等综合性能最好,与一般斜交轮胎相比,燃油经济性较好。

模块 3 汽车的行驶安全性能

汽车具有优良的动力性和行驶安全性,是提高汽车平均速度,减少公路交通事故的必要前提。汽车的行驶安全性包括主动安全性和被动安全性。

主动安全性是指汽车本身防止或减少公路交通事故的能力。它主要与汽车的制动性、操纵稳定性、驾驶的舒适性、汽车的质量与尺寸、视野与灯光等因素有关。此外,汽车的动力性越好,超车加速时间越短,可以缩短整个超车过程中两车并行的时间,对行车安全有利。

被动安全性是指发生交通事故后,汽车本身减轻驾乘人员受伤和物质受损的能力,如安全带和空气囊等。

为了保障行驶安全和使汽车的动力性得以充分发挥,汽车必须具有优良的制动性能和转向性能。

本模块主要讨论汽车的制动性能及其主要影响因素。

一、汽车制动性能的评价指标

汽车在行驶时,能在短距离内迅速停车且维持行驶方向稳定性,在下长坡时能维持一定车速,以及在坡道上能长时间保持停住的能力称为汽车的制动性。汽车的制动性直接关系到汽车的行车安全。只有保证汽车安全的前提下才能充分发挥汽车的其他使用性能,诸如提高汽车车速、汽车的机动性能等。汽车的制动性不仅取决于制动系的性能,还与汽车的操纵性能、轮胎的机械特性、道路的附着条件以及与驾驶员的操作有关系。

汽车的制动性能主要由制动效能、制动效能的恒定性和制动时汽车的方向稳定性3个方面来评价。

1. 制动效能

制动效能是指汽车迅速降低行驶速度直至停车的能力,是制动性能最基本的评价指标。它是用制动力、制动减速度、制动距离和制动时间等指标来评定。

(1)制动力

汽车制动时,使具有一定运动速度的汽车减速或停车的外力是由地面制动力和空气阻力提供的。由于空气阻力相对较小,所以主要外力实际上由地面制动力提供。当汽车质量一定时,地面制动力越大,制动减速度越大,制动距离越小。

汽车在制动过程中人为地使汽车受到一个与其行驶方向相反的外力,汽车在这一外力作用下迅速地降低车速以至停车,这个外力称为汽车的制动力。一般汽车多用车轮制动器使汽车车轮受到与汽车行驶方向相反的地面切向反作用力的作用,故这时的汽车制动力又称为地面制动力。

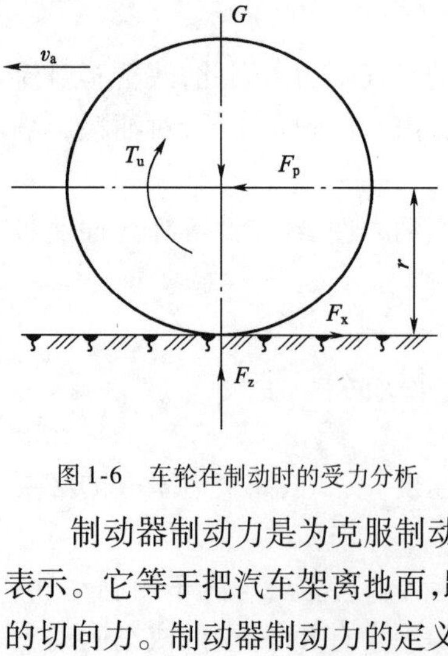

汽车在良好路面上制动时的车轮受力如图1-6所示。图中忽略了滚动阻力矩和减速时的惯性力、惯性力矩(它们相对都比较小);T_u是车轮制动器的摩擦力矩,单位为$N·m$;F_x为地面制动力,单位为N;G为车轮的垂直载荷,单位为N;F_p为车轴对车轮的推力,单位为N;F_z为地面对车轮的法向反作用力,单位为N。

由力矩平衡分析可以得到:$F_x = T_u/r$。

地面最大制动力的大小取决于制动器内制动摩擦片与制动鼓(盘)间的摩擦力及轮胎与地面间的附着力。

图1-6 车轮在制动时的受力分析

制动器制动力是为克服制动器摩擦力矩而在车轮周缘所需施加的切向力,以符号F_u来表示。它等于把汽车架离地面,踩住制动踏板后,在车轮周缘扳动车轮直至它能转动所施加的切向力。制动器制动力的定义为$F_u = T_u/r$。

由此可知,制动器制动力由制动系的设计参数所决定,即取决于制动器的形式、结构尺寸、摩擦系数、车轮半径、制动传动系的油压或气压等。在结构参数一定的情况下,一般它是与制动系的油压或气压成正比的。

汽车制动时,根据制动强度的不同,车轮的运动可简单地考虑为减速滚动和抱死拖滑两种状态。

当制动踏板力较小时,制动器摩擦力矩不大。车轮滚动时的地面制动力与制动器制动力相等,且随着制动系油压或气压的增大而成正比增加。但地面制动力受到轮胎与地面附着力 $F_\varphi = F_z\varphi$ 的限制。故有: $F_x \leq F_\varphi = F_z\varphi$。此时车轮作减速滚动。

当制动踏板力或制动系压力上升到某一极限值时,地面制动力达到地面附着力($F_x = F_\varphi$)时,车轮即被抱死而出现拖滑。此后,再加大制动器摩擦力矩,地面制动力也不再增加,即 $F_{xmax} = F_z\varphi$。

由此可见,汽车的地面制动力首先取决于制动器制动力,同时又受地面附着条件的限制,只有制动器制动力足够,同时地面附着力较高时,才能获得较高的地面制动力。

(2)制动距离

各国对制动距离的定义不一致,在我国安全法规中,是指在指定的道路条件下,机动车在规定的初速度下急踩制动时,从脚接触制动踏板(或手触动制动手柄)时起至车辆停住时止车辆驶过的距离(见 GB7258—2012)。制动距离与行车安全有直接关系,而且最为直观。驾驶员可按预计停车地点的距离来控制制动强度,故政府职能部门通常按制动距离的要求制订安全法规。制动距离与制动过程中产生的地面制动力以及制动传动机构、制动器工作滞后时间有关,而地面制动力与检验时施加在制动踏板上的踏板力或制动系的压力(液压或气压)以及路面的附着条件有关,因此,测试制动距离时必须对制动踏板力或制动系的压力以及轮胎与路面的附着条件做出相应的规定。

(3)制动减速度

对某一具体车辆而言,制动减速度与地面制动力是等效的。因此,也常用制动减速度作为评价制动效能的指标。

制动减速度 j 与地面制动力 F_x 及车辆总质量有关,制动减速度在制动过程中是变化的,当车辆制动到全部车轮抱死滑移时,可得最大制动减速度: $j_{max} = g\varphi$。通常车辆检测时用平均减速度或最大减速度作为制动效能的评价指标。

(4)制动时间

制动过程所经历的时间即制动时间,很少作为单纯的评价指标。但是作为分析制动过程和评价制动效能时又是不可缺少的参数。如对于同一型号的两辆汽车同时产生同样制动力所经历的时间不同,则两辆汽车的制动距离就可能相差较大,对行驶安全将产生不同效果。因此,通常把制动时间作为一辅助的评价指标。制动过程中各阶段的制动时间分 $t_1 \to t_2 \to t_3 \to t_4$ 四个阶段。t_1 为驾驶员反应时间,从接受需要制动的信号到脚踩到制动踏板为止,一般需 0.7~1.0s,该期间车辆按原车速继续行驶。t_2 为制动器作用时间(又称制动协调时间),该期间制动减速度逐渐增大,直至达到最大制动减速度,一般为 0.2~0.7s,主要取决于驾驶员踩制动踏板的速度和制动系的类型和结构。t_3 为持续制动时间,该期间制动减速度基本不变。t_4 为制动释放时间,一般为 0.2~1.0s。

2. 制动效能的恒定性

制动效能的恒定性是指抵抗制动效能的热衰退和水衰退的能力,即汽车在高速行驶或下长坡以及涉水连续制动时制动效能的稳定程度。制动效能指标,是在冷制动时(即制动器的工作温度在100℃以下)讨论的。汽车在下长坡或高速制动的情况下,制动器的工作温度常在300℃以上,有时高达600~700℃,使得制动器的摩擦力矩显著下降,汽车的制动效能会显著降低,该现象称为制动效能的热衰退。制动效能的恒定性主要是指制动器的抗热衰退能力。

抵抗热衰退的能力,常用一系列连续制动后(按规定的次数和达到的减速度),制动效能较冷态制动时下降的程度来表示。

国际标准草案 ISO/DIS 6597 推荐,以一定车速连续制动15次,每次的制动强度为$3m/s^2$,最后的制动效能应不低于规定的冷试验制动效能($5.8m/s^2$)的60%,条件是制动踏板力不变。

有的汽车装有辅助制动装置。在附着系数低的路面上,通过吸收汽车的动能避免使用行车制动而引起汽车侧滑等现象。在下长坡时使用,可以大大减轻行车制动系统的负担,提高了抗热衰退能力。例如安装排气制动装置的车辆,就可实现减少行车制动系使用次数的目的。

热衰退现象产生的原因是:制动蹄的摩擦材料内含有合成树脂、天然或合成橡胶等有机聚合物,它们在加温、加压下制成,在摩擦片工作温度不超过300℃时,石棉基摩擦片与制动鼓的摩擦系数的稳定值为0.3~0.4。在一般制动情况下,摩擦片的温度不超过其成型时的温度,因而具有正常的制动效能。在连续强烈制动及高速制动时,摩擦片温度较高,其内含有的有机物受热分解,产生一些气体和液体,在摩擦表面间形成有润滑作用的薄膜,使摩擦系数下降,而出现制动效能的热衰退现象。严重时,制动蹄表面会烧糊,即使冷却下来,摩擦系数也不能恢复。某试验表明,当蹄片温度达到436~460℃时,制动器的摩擦力矩只有冷态制动时的23%。

制动鼓材料一般为铸铁HT200,硬度为HB170-241,含有90%细密的珠光体。摩擦片材料一般以石棉为材料,采用耐热黏合剂成型。减少有机成分的含量,使摩擦片具有一定的气孔等,可提高抗热衰退能力。

制动器的结构类型对抗热衰退的能力有较大影响。制动器的结构类型不同,其制动效率也不同。盘式制动器较鼓式制动器具有良好的稳定性,因而被广泛应用于轿车和重型矿用汽车。此外盘式制动器的制动盘容易散热,热膨胀后摩擦片与制动盘压得紧,涉水后恢复性能快等均使其能保持恒定的制动效能。

汽车涉水后,由于制动器被水浸湿,制动效能就会降低,这种现象称为制动效能的水衰退现象。为了保证安全,汽车涉水后应踩几脚制动踏板,使制动蹄与制动鼓发生摩擦产生热量,使制动器迅速干燥,恢复正常。

3. 制动时的方向稳定性

汽车制动时的方向稳定性是指在制动过程中,汽车按驾驶员给定的轨迹行驶的能力,也即维持直线或按预定弯道行驶的能力。在制动过程中会出现因制动跑偏、侧滑或失去转向能力,而导致汽车失控、偏离原来的行驶方向,从而引发严重的交通事故。调查表明,在发生人身伤亡的交通事故中,与侧滑有关的比例在潮湿路面上约为30%,在冰雪路面上为70%～80%。而侧滑的产生有50%是由制动引起的。

(1)制动跑偏

制动时原期望按直线方向减停车的汽车自动向左或向右偏驶称为制动跑偏。

在制动过程中,左、右轮地面制动力增大的快慢不一致,左、右车轮地面制动力不等,特别是转向轮,是产生制动跑偏的主要原因。

试验证明,前轴左、右轮制动力之差超过5%,后轴左、右轮制动力之差超过10%,将引起制动跑偏现象。制动跑偏随左、右车轮制动力之差的增大而增大,当车轮抱死时,跑偏程度加大。此外,若左、右轮主销的内倾角不等,即使是制动力相等,也会向主销内倾角较小的一侧跑偏。悬架导向杆系和转向系拉杆的运动不协调,也引起车辆跑偏。

为防止车辆出现跑偏现象,用制动力法检测汽车的制动效能时,提出了左、右轮制动器动力平衡性的要求。

(2)制动侧滑

侧滑是指制动时汽车的某一轴或两轴发生横向移动。侧滑与跑偏是有联系的,严重跑偏有时会引起后轴侧滑,易于发生侧滑的车辆也有加剧跑偏的趋势。

制动时发生侧滑,特别是后轴侧滑,会引起汽车偏转,严重时可使汽车掉头。制动时若后轴比前轴先抱死,就易发生后轴侧滑;若使前、后轴同时抱死或前轴先抱死,后轴不抱死,则可防止后轴侧滑。

制动侧滑试验表明:制动过程中,只有前轮抱死,汽车基本上沿直线减速行驶,汽车处于稳定状态,但汽车丧失转向能力。若后轮比前轮提前一定时间(如对试验中的汽车为0.5s以上)先抱死拖滑,且车速超过某一数值(试验车速为48km/h)时,只要有轻微的侧向力作用,车辆就会发生后轴侧滑,甚至掉头。侧滑的程度与地面的光滑程度、制动距离及制动时间成正比。

(3)转向能力的丧失

转向能力的丧失是指弯道制动时,汽车不再按原来弯道行驶而是沿弯道切线方向驶出,及直线行驶时转动转向盘汽车仍按直线方向行驶的现象。一般汽车如后轴不产生侧滑,前轮就可能丧失转向能力;后轴侧滑,前轮常仍保持转向能力。只有前轮抱死或前轮先抱死时,因侧向附着系数为零,不能产生任何地面侧向反作用力,汽车才丧失转向能力。因此,从保证汽车方向稳定性的角度出发,首先不能出现只有后轴车轮抱死或后轴车轮比前轴车轮先抱死的情况,以防止后轴侧滑。其次,尽量减少只有前轮抱死或前后轮都抱死的情况,以维持汽车的转向能力。最理想的就是避免任何车轮抱死,以确保制动时的方向稳定性。

二、汽车制动性能的检测

汽车制动性能的检测可以用道路试验和台架试验两种方法。道路试验检测一般是在受检的车辆上安装检测仪器,如制动减速度仪和第五轮仪,可以检测制动距离和跑偏量,也可以检测制动减速度和制动时间。道路试验检测应在晴好天气,风速不大于3m/s的条件下,在平坦(坡度不大于1%)、坚实、清洁、干燥的水泥或沥青路面上进行,且轮胎与地面的附着系数不小于0.7。台架试验是在试验室台架上进行,常用的制动性能检测试验台架主要有反力式滚筒试验台和平板式试验台,主要检测制动力和制动时间。因台架试验法检测制动性能不受外界条件的限制,重复性较好,故目前主要采用台架试验检测汽车的制动性能。

三、影响汽车制动性的主要因素

1. 轴间负荷分配的影响

汽车的制动性与汽车的结构及其使用条件有关。诸如汽车轴间负荷的分配、载质量、制动系的结构、利用发动机制动、行驶速度、道路情况、驾驶方法等,均对制动过程有很大影响。

汽车制动时,前轴负荷增加,后轴负荷减小。如果前、后轮制动器制动力根据轴间负荷的变化分配,符合理想分配的条件,则前、后轮同时抱死。如果前、后轮制动器制动力的比例为定值,则只有在具有同步附着系数的路面上,前、后轮才能同时抱死。当 $\varphi > \varphi_0$ 时,后轮先抱死,$\varphi < \varphi_0$ 时,前轮先抱死。空载时总是后轮先抱死。

2. 制动力的调节和车轮防抱死情况的影响

(1)制动力的调节

为了防止制动时后轮抱死而发生危险的侧滑,汽车制动系的前、后轮制动器制动力的实际分配线(β 线)应当总在理想的前、后轮制动器制动力分配曲线(I 曲线)的下方。为了减少前轮失去转向能力的倾向和提高制动系效率,β 线越接近 I 曲线越好。如果能按需要改变 β 线使之达到上述目的,将比前、后轮制动器制动力具有固定比值的汽车具有更大的优越性。为此,在现代汽车制动系中装有各种压力调节装置。

常见的压力调节装置有限压阀、比例阀、载荷控制比例阀、载荷控制限压阀。

采用比例阀,在制动油压达到某一值以后,比例阀自动调节前、后轮制动器油压,使前、后轮制动器制动力仍维持直线关系,但直线的斜率小于 45°。β 线变为折线,β 线总在 I 曲线之下而且接近 I 曲线,但它仅适合于一种载荷下的 β 线与 I 曲线配合。

(2)车轮的防抱死

采用按理想制动器制动力分配曲线来改变 β 线的制动系能提高汽车制动时的方向稳定性,且制动系效率也较高。但各种调节装置的 β 线常在 I 曲线的下方,因此不管在什么 φ 值的路面上制动时,前轮仍将抱死而可能使汽车失去转向能力。另外,汽车的附着能力和车轮的运动状况有关。当滑移率 $s = 10\% \sim 20\%$ 时,附着系数最大;而车轮完全抱死,$s = 100\%$ 时,附着系数反而下降(滑移率是用来表示汽车制动时,车轮相对地面的滑动程度)。一般汽车的制动系,包括装有调节阀能改变 β 线的制动系都无法利用峰值附着系数,在紧急制动时,常常是利用较小的滑动附着系数使车轮抱死。

为了充分发挥轮胎与地面间的潜在附着能力,全面满足对汽车制动性的要求,已采用了多种形式的制动防抱死装置(Antilock Braking System,简称 ABS)。ABS 系统一般由轮速传感器、电子控制器和压力调节器三部分组成。轮速传感器又称速度传感器,其作用是测出车轮的旋转速度送给电子控制器。电子控制器根据车轮的旋转速度计算出车轮的滑移率 s,给压力调节器发出信号,调节制动器制动力的大小。制动过程中,电子控制器不断分析速度传感器测出的车轮运动参数,若判断车轮即将抱死时,立即控制压力调节器,减小制动器制动力;松开制动器后,电子控制器又控制压力调节器,增大制动器制动力。如此以每秒 $10 \sim 20$ 次的频率增、减制动器制动力,使车轮滑移率保持在 $10\% \sim 20\%$ 的范围内工作,获得良好的制动性能。有了防抱死装置,在紧急制动时,能防止车轮完全抱死,而使车轮处于滑移率为的10%~20%的状态。此时,纵向附着系数最大,侧向附着系数也很大,从而使汽车在制动时不仅有较强的抗后轴侧滑能力,保证汽车的行驶方向稳定性,而且有良好的转向操纵性。由于利用了峰值附着系数,也能充分发挥制动效能,提高制动减速度和缩短制动距离。

3. 汽车载质量的影响

对于载质量较大的汽车,因前、后轮的制动器设计,一般不能保证在任何道路条件下都使其制动力同时达到附着极限,所以汽车的制动距离就会由于载质量的不同而发生差异。实践证明,对于载质量为3t以上的汽车,大约载质量每增加1t,其制动距离平均要增加1m。即使是同一辆汽车,在装载质量和方式不同时,由于重心位置变动,也会影响汽车的制动距离。

4. 车轮制动器的影响

车轮制动器的摩擦副、制动鼓的构造和材料,对于制动器的摩擦力矩和制动效能的热衰退都有很大影响。在设计制造中应选用好的结构类型及材料,在使用维修中也应注意摩擦片的选用。

制动器的结构类型不同,其制动器效率不同。制动器效能因数大,则在制动鼓半径和制动器张力相同的条件下,制动器所能产生的制动力矩也大。但当制动器摩擦副的摩擦系数下降时,其制动力矩将显著下降,制动性能的稳定性较差。

制动器的技术状况不仅和设计制造有关,而且和使用维修情况有密切关系。制动摩擦片与制动鼓的接触面积不足或接触不均匀,将降低制动摩擦力矩。而且局部接触的面积和部位不同,也将引起制动性能的差异。

制动摩擦片的表面不清洁,如沾有油、水或污泥,则摩擦系数将减小,制动力即随之降低。如汽车涉水之后,其摩擦系数将急剧下降20%~30%。

5. 制动初速度的影响

制动初速度高时,需要通过制动消耗的运动能量大,制动距离会延长。制动初速度越高,通过制动器转化产生的热量也越多,制动器的温度也越高。制动蹄片的摩擦性能会随温度的升高而降低,导致制动力衰退,制动距离增长。

6. 利用发动机制动

发动机的内摩擦力矩和泵气损耗可用来作为制动时的阻力矩,而且发动机的散热能力要比制动器强得多。一台发动机,在单位时间内大约有相当于其功率1/3的热量必须散发到冷却介质中去。因此,可把发动机当作辅助制动器。

发动机常用作减速制动和下坡时保持车速不变的惯性制动,一般用上坡的挡位来下坡。必须注意的是,在紧急制动时,发动机不仅无助于制动,反而需要消耗一部分制动力去克服发动机旋转质量的惯性力。因此,这时应脱开发动机与传动系的连接。

发动机的制动效果对汽车制动性的影响很大。它不仅能在较长的时间内发挥制动作用,减轻车轮制动器的负担,而且由于传动系中差速器的作用,可将制动力矩平均地分配在左、右车轮上,以减少侧滑甩尾的可能性。在光滑的路面上,这种作用就显得更为重要。此外由于发动机的制动作用,在行车中可显著地减少车轮制动器的使用次数,对改善驾驶条件颇为有利。同时,又能经常保持车轮制动器处于低温而能发挥最大制动效果的状态,以备紧急制动时使用。

有些适合山区使用的柴油车,为了加强发动机的制动效果,在排气歧管的末端装有排气制动器。排气制动器中设有阀门,制动时将阀门关闭,以增大排气歧管中的反压力,从而产生制动作用。这种方法称为排气制动。这时发动机作为"耗功机"(压缩机)。特别是在下长坡时,用发动机进行辅助制动,更能发挥其特殊的优越性。应用这种方法,一般可使发动机制动时所吸收的功率达到发动机有效功率的50%以上。

7. 道路条件的影响

道路的附着系数 φ 限制了最大制动力,故它对汽车的制动性有很大影响。当制动的初速度相同时,随着 φ 值的减小,制动距离随之增加。

由于冰雪路面上的附着系数特别小,所以制动距离增大。特别要注意冰雪坡道上的制动距离,并应利用发动机制动。有计算表明,在冰雪路面上,利用发动机制动的辅助作用可使制动距离缩短20%~30%。

在冰雪路面上制动时方向稳定性变坏,当车轮被制动到抱死时侧滑的危险程度将更大。汽车在冰雪路面上行驶时,应加装防滑链。

8. 驾驶技术的影响

驾驶技术对汽车制动性有很大影响。制动时,如能保持车轮接近抱死而未抱死的状态,便可获得最佳的制动效果。经验证明,在制动时,如迅速交替地踩下和放松制动踏板,即可提高其制动效果。因为,此时车轮边滚边滑,轮胎着地部分不断变换,故可避免由于轮胎局部剧烈发热胎面温度上升而降低制动效果。在紧急制动时,驾驶员如能急速踩下制动踏板,则制动系的协调时间将缩短,从而缩短制动距离。在光滑路面上不可猛踩制动踏板,以免因制动力过大而超过附着极限,导致汽车侧滑。

模块4 汽车的操纵稳定性能

根据道路及交通情况,汽车有时直线行驶,有时沿曲线行驶,在出现意外情况时,驾驶者还要做出紧急的转向操作,以避免事故。此外,汽车在行驶中还不断受到地面不平和大风等外界因素的干扰。为此,汽车应具备良好的操纵稳定性能。

汽车的操纵稳定性是指在驾驶员不感到过分紧张,疲劳的条件下,汽车能遵循驾驶者通过转向系及转向轮给定的方向行驶,且当遭遇外界干扰时,汽车能抵抗干扰而保持稳定行驶的能力。

汽车的操纵稳定性不仅影响到汽车驾驶的操纵方便程度,也是决定高速汽车安全行驶的一个主要性能。随着道路条件的改善,特别是高速公路的发展,而且轿车,连货车以100km/h车速行驶的情况也是十分常见。现代轿车设计的最高车速有的已超过200km/h,运动型轿车甚至达到300km/h。为了保证安全行驶,汽车的操纵稳定性日益受到重视,成为现代汽车的重要使用性能之一。

一、汽车操纵稳定性的评价指标

汽车操纵稳定性涉及的问题较为广泛,它需要采用较多的物理参量从几个方面来评价。汽车操纵稳定性的基本内容及其评价所用的物理参量见表1-7。

汽车操纵稳定性的基本内容及其评价所用的物理参量　　　表1-7

基本内容	主要评价参数
1. 转向盘角阶跃输入下进入的稳态响应——转向特性 转向盘角阶跃输入下的瞬态响应	稳态横摆角速度增益——转向灵敏度 反应时间、横摆角速度波动的无阻尼圆频率
2. 横摆角速度频率响应特性	共振峰频率、共振时振幅比、相位滞后角、稳态增益
3. 回正性	回正后剩余横摆角速度与剩余横摆角、达到剩余横摆角速度的时间
4. 转弯半径	最小转弯半径
5. 转向轻便性 　原地转向轻便性 　低速行驶转向轻便性 　高速行驶转向轻便性	转向力、转向功
6. 直线行驶性 　侧向风稳定性 　路面不平度稳定性 　微曲率弯道行驶性	侧向偏移 侧向偏移 转向操纵力矩梯度
7. 典型行驶工况性能 　蛇行性能 　移线性能 　双移线性能——回避障碍性能 　…	转向盘转角、转向力、侧向加速度、横摆角速度、侧偏角、车速等
8. 极限行驶能力 　圆周行驶极限侧向加速度 　抗侧翻能力 　发生侧滑时的控制性能 　…	极限侧向加速度 极限车速 回至原来路径所需时间

　　汽车操纵稳定的评价方法有主观评价和客观评价两种。所谓主观评价就是感觉评价，其方法就是让试验评价人员，根据试验时自己的感觉来进行评价，并按规定的项目和评价办法进行评分。客观评价则是通过测试仪器测出来表征操纵性能的物理量，如横摆角速度、侧向加速度、侧倾斜角及转向力等，来评价操纵稳定性的方法。

　　汽车等速直线行驶时，急速转动转向盘，然后维持其转角不变即给汽车以转向盘角阶跃输入，汽车经短暂时间后进入等速圆周行驶，这一种稳态称为转向盘角阶跃输入下进入的稳态响应。在等速直线行驶与等速圆周行驶这两个稳态运动之间的过渡过程便是一种瞬态，相应的瞬态运动响应称为转向盘角阶跃输入下的瞬态响应。

　　确定稳态响应与瞬态响应的转向盘角阶跃输入试验及确定横摆角速度频率响应特性的转向盘角脉冲输入试验，就是长期汽车工程实践与专门的主观评价试验所肯定下来的客观评价试验方法。

二、汽车操纵稳定性能的检测

1. 转向系统的检测

转向系统需要检测的项目及参数主要有转向盘的转矩、转向盘最大自由转动量和汽车最小转弯半径等。一般用转向参数检测仪进行检测,转向参数检测仪如图1-7所示。

转向盘的转矩是指汽车在转向过程中驾驶员施加在转向盘上的力。转矩大小可以反映转向系统的操纵轻便性和灵活性。GB 7258—2012《机动车运行安全技术条件》中规定机动车在平坦、干燥和清洁的水泥或沥青道路上行驶,以10km/h的速度,在5s内沿螺旋线从直线行驶过渡到以直径为24m的圆周行驶,施加于转向盘外缘的最大切向力不应大于245N。

转向盘自由转动量是指汽车转向轮处于直线行驶位置静止不动时,转向盘可以自由转动的角度,是转向系统各传动连接部件间隙的总反映。转向盘自由转动量过大,将直接导致汽车转向不灵敏,影响行车安全;由于转向系统内存在着较大的传动间隙,减弱了对转向轮的约束,导致汽车直线行驶时不稳定。GB 7258—2012《机动车运行安全技术条件》中规定机动车转向盘的最大自由转动量为20°(最高设计车速不小于100km/h的汽车)。

最小转弯半径是指转向盘转到极限位置时,车辆外侧转向轮胎面中心到转向轨迹圆中心点的最大距离。汽车的最小转弯半径过大,影响汽车的转向方便性,不利于汽车调头转向。

2. 车轮定位的检测

为了提高汽车的转向操纵稳定性、轻便型、确保车辆直线行驶和自动回正,减少轮胎磨损,汽车车轮与主销设计了多项参数,统称车轮定位参数。由于汽车的转向车轮在前轮,在前轮上设计了前轮前束、前轮外倾角、主销后倾角和主销内倾角等参数,称为前轮定位。后轮定位包括后轮前束和后轮外倾角。前后轮定位统称为四轮定位。四轮定位的作用是使汽车保持稳定的直线行驶、转向轻便,并可减少汽车行驶中轮胎和转向机件的磨损。

四轮定位仪是专门用来测量车轮定位参数的设备,主要包括主机、举升检测台和车轮卡具三部分。四轮定位仪可进行的检测项目包括前轮前束值(角)、前轮外倾角、主销后倾角、主销内倾角、后轮前束值(角)、车辆轮距、车辆轴距、转向20°时的前张角、推力角和左右轴距差等。四轮定位仪可用于汽车四轮定位的调整。四轮定位仪主机如图1-8所示。

图1-7 转向参数检测仪

图1-8 四轮定位仪主机

3. 前轮侧滑的检测

侧滑是指汽车在前进过程中车轮胎面出现的δ向滑移现象。造成侧滑的原因，可能是车轮定位不当，也可能是紧急制动时地面附着力发生变化，前者称为转向轮侧滑或前轮侧滑，后者称为制动侧滑。前轮侧滑对汽车的操纵稳定性影响较大。侧滑量过大，会引起汽车行驶方向不稳，转向沉重，增大轮胎磨损，加大燃油消耗，操纵失准甚至导致交通事故。因此，在汽车的定期检测中，前轮侧滑检测是必不可少的检验项目。

汽车前轮侧滑检测设备是侧滑试验台，分单滑板式和双滑板式两种，可检测车轮侧滑量的大小和方向。GB 7258—2012《机动车运行安全技术条件》中规定，汽车的车轮定位应符合该车有关技术条件，对前轴采用非独立悬架的汽车其转向轮侧滑量应不大于5m/km。侧滑检测台如图1-9所示。

图1-9 侧滑检测台

4. 车轮动平衡的检测

随着汽车行驶速度的不断提高，车轮平衡对汽车稳定行驶影响较大。由于车轮不平衡，在车轮高速旋转时会引起车轮的上下振动和横向摆动，不仅影响乘坐人员的舒服性，还会使汽车驾驶员难以控制行驶方向，影响行车安全，同时也加剧轮胎的磨损。

车轮动平衡检测的设备是车轮平衡机，分为离车式平衡机和就车式平衡机两种。离车式平衡机需把车轮拆下，装在平衡机上检测。就车式平衡机则是车轮仍安装在汽车上，在不拆卸车轮的状态下进行检测，更接近于车轮实际工作状况。但由于安装不便，检测操作烦琐，故常用离车式平衡机检测。若检测出车轮动不平衡，可利用车轮平衡机进行动平衡调整。

三、汽车的稳态转向特性

1. 刚性车轮转向的几何关系

汽车在转弯过程中，在不考虑轮胎侧向偏离的情况下，要保持每个车轮都处于纯滚动，应使各轮均绕同一中心 O 作圆周运动，如图1-10所示。内、外轮转角关系应满足：

$$\mathrm{ctan}\delta_0 - \mathrm{ctan}\delta_1 = \frac{d}{L}$$

式中：δ_0——前外轮转角；

δ_1——前内轮转角；

d——两主销中心线延长线与地面交点之间的距离；

L——轴距。

从转向中心 O 到汽车纵向对称轴线 AB 之间的距离 R_0，称为转弯半径。

$$R_0 = \frac{L}{\tan\delta}$$

式中：δ——前轴中点速度方向与 AB 间夹角。

2. 弹性车轮转向的几何关系

若考虑轮胎的侧偏，汽车的转弯半径和瞬时转动中心位置都会发生变化，如图1-11所示。为研究方便,取前、后轴中点的速度来确定瞬心的位置。δ 是两转向轮转角的平均值,α_1 是前两轴车轮侧偏角的平均值,α_2 是后轴两车轮侧偏角的平均值,瞬心位置 O' 如图,此时的转弯半径为:

$$R = \frac{L}{\tan(\delta - \alpha_1) + \tan\alpha_2}$$

当转角 δ 不大时,α_1、α_2 相应也较少,因而:

$$R = \frac{L}{\delta - (\alpha_1 - \alpha_2)}$$

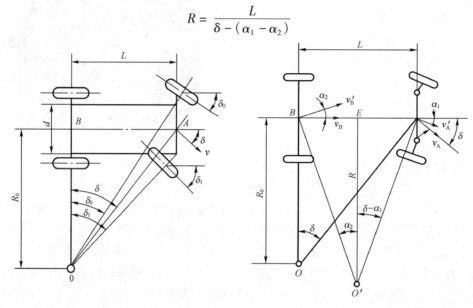

图 1-10 刚性车轮的转向简图　　图 1-11 弹性车轮的转向简图

3. 汽车的稳态转向特性

由以上分析可知,汽车前、后轮的侧偏角不同,其转弯半径的大小也不一样。因此,汽车的稳态响应可分为三类。

(1)中性转向

不难得出,当 $\alpha_1 = \alpha_2$ 时 $R = R_0$,汽车具有中性转向特性。具有中性转向特性的汽车,在转向盘转角不变的条件下,随着车速的提高,转弯半径维持不变。

(2)不足转向

当 $\alpha_1 > \alpha_2$ 时,$R_0 < R$,汽车具有不足转向特性。具有不足转向特性的汽车,在转向盘保持某一固定转角条件下,缓慢加速或以不同车速等速行驶时,随着车速的增加,转弯半径 R 增大。

(3)过多转向

当 $\alpha_1 < \alpha_2$ 时 $R_0 > R$,汽车具有过多的转向特性。具有过多转向特性的汽车,在转向盘转角保持不变的条件下,随着车速的增加,转弯半径越来越小。

过多转向的汽车随车速的增加,其转弯半径越来越小,当达到临界车速时将失去稳定性,此刻只要有微小的前轮转角,也会引起汽车的很大横向摆动,若驾驶员保持转向盘转角不变,其转弯半径也会越来越小,这就意味着转弯半径极小,汽车发生激转而侧滑或翻车。一般汽车不应具有过多的转向特性,也不应具有中性转向特性,因为中性转向汽车在使用条件变动时,有可能转变为过多转向特性。

4. 影响转向特性的因素

(1)汽车的质量分配与车轮侧偏刚度的匹配

在汽车设计及改装中,应使汽车的质量在前后轴上的分配与车轮的侧偏刚度相适应,使稳定性因数 $K>0$,以保证汽车的不足转向性。

前置发动机前驱动的轿车,前轴上的轴荷较大,转弯时前轴承担的离心惯性力较大,在前后车轮侧偏刚度相同的情况下,前轮会产生较大的侧偏角,故趋向于呈不足转向性。反之,后置发动机后驱动的轿车则趋向于呈过多转向性。

(2)轮胎气压的影响

轮胎气压对侧偏刚度影响很大,降低轮胎气压,侧偏刚度下降,可以产生较大的侧偏角。汽车说明书中规定的轮胎气压是考虑了获得不足转向性的数值,故使用中应注意在冷态下检查并按说明书的规定调整轮胎的充气压力。有的高速轿车甚至规定了每种乘坐条件及不同季节时前后轮胎的充气压力,以确保需要的不足转向性。前轮气压低于规定值,仅使汽车不足转向性增大,转向灵敏度即横摆角速度增益下降;而后轮气压过低,后轮的侧偏角加大,甚至使原来不足转向性的汽车变为过多转向性汽车,对操纵稳定性带来严重不良影响。

(3)轮胎结构的影响

不同结构(帘布层数、扁平率等)、不同类型(子午线轮胎、普通斜交轮胎)的轮胎,侧偏刚度不同,可能使汽车具有过多转向性。

子午线轮胎和普通斜交帘线轮胎在车上混合装用对汽车的操纵性有严重影响。子午线轮胎侧偏刚度大,若仅前轮改用子午线轮胎,可使前轮侧偏角 α_1 减少,如果小于后轮侧偏角 α_2,可使原为不足转向性的汽车变为过多转向性汽车。

扁平率小的宽轮胎,侧偏刚度大,产生的侧偏角小。因此,如仅前轮换用扁平率小的轮胎,有使汽车产生过多转向的倾向;如仅后轮换用,则有汽车呈不足转向的倾向。

(4)驱动形式的影响

转向时施加于轮胎上的切向力增加,轮胎的侧偏刚度下降,使产生的侧偏角增加。因此,后轮驱动的车辆,转向时施加驱动力,使后轮侧偏角增加,有减少不足转向性、向过多转向性转化的倾向;前轮驱动的汽车,转向时施加驱动力,使前轮侧偏角增加,有增加不足转向性的作用。

(5)左、右轮垂直载荷再分配的影响

轮胎的侧偏刚度在一定范围内随垂直载荷增加而增加。在侧向力作用下,若前轴左右轮垂直载荷变动量大,则汽车趋向于减少不足转向性。由于增加前悬架的角刚度(车身每侧倾 1°,在前悬架上需施加的侧倾力矩值),能使侧倾力矩分摊到前轴上的数值增加,因而能使前轴左右轮垂直载荷的变动量加大;减少后悬架的角刚度,能使侧倾力矩分摊到后轴上的数值减少,因而后轴左右轮垂直载荷的变动量减少,有利于增加汽车的不足转向性。

(6)轴转向的影响

车身侧倾时,由于悬架导向杆件的运动学关系,会使前轴或后轴相对于车身转动某一角度。这使轮心运动方向发生变化,具有侧偏现象的效果,所以这种现象称为运动学侧偏,或称轴转向。

车身侧倾时,由于悬架变形使后轴沿离心力对该轴中点之矩相反的方向转过某一角度(由虚线转至实线位置),则汽车趋向于增加不足转向性;若后轴沿离心力对该轴中点之矩相同方向转过某一角度,则趋向于减小不足转向性。如果前轴为非独立悬架,也存在轴转向问题,其分析的结论是相同的。

(7)侧倾时车轮外倾角变化的影响

车身侧倾时,由于悬架类型的不同,车轮外倾角会发生变化,使轮心前进方向发生变化,这与轮胎侧偏具有相同效果,可以使汽车的转向特性发生变化。

(8)轮胎回正力矩对侧偏的影响

回正力矩(即稳定力矩),汽车转弯时各轮上都受回正力矩的作用,有使前后轴侧偏角加大的效果。作用在前轮上的回正力矩,有增加不足转向的倾向;作用在后轮上的回正力矩,有减少不足转向的倾向。由于前轮的回正力矩较大,故汽车回正力矩的总效果往往趋向于增加不足转向性。

四、汽车行驶中的不稳定现象

一辆行驶稳定性良好的汽车在平直良好的路面上行驶时,若驾驶员保持转向盘转角不变,能自行抵抗侧向风、微小路面不平等干扰,保持直线稳定行驶。但在上述条件下,有的汽车也会出现行驶跑偏、低速摆头、高速振摆等行驶不稳定现象。弄清这些现象的特点及产生原因,对于恢复和保持汽车行驶稳定性无疑是十分有益的。

1. 行驶跑偏

所谓行驶跑偏,是指汽车在直线道路上行驶时,若驾驶员松握转向盘,行驶方向会自动朝一侧偏离。造成这种现象的原因主要有前轮定位失准、左、右侧轴距不一致、左、右侧行驶阻力不一致、左、右侧车轮半径不一致等。其中前轮定位失准最复杂,它又包括了主销后倾角不等、前轮外倾角不等、主销内倾角不等几种原因。下面分别予以分析。

(1)主销后倾角 γ 不等

汽车转向轮设置主销后倾角 γ 的目的,是要使汽车在行驶中若偶遇外力作用而产生方向偏离时,能产生回正力矩使车轮自动回复到原来的位置。在其他条件相同的情况下,当主销后倾角不等时,汽车可能向主销后倾角较小的一边跑偏。

(2)前外倾角 α 不等

设置前轮外倾角的目的,是为了避免其在承载时变形而出现车轮内倾,使轮胎磨损均匀,减轻轮毂外轴承的负荷。但若左、右轮外倾角 α 不一致,将使地面垂直反力到主销轴线的距离不一致,在其他条件相同的情况下,将使左右轮产生的转动力矩不一致。此时汽车将向处倾角大的一侧偏驶。

(3)主销内倾角 β 不等

主销内倾角既有自动回正作用,又有使转向轻便的作用。但左、右侧主销内倾角不一致,则同样会导致主销轴线接地点到车轮接地点距离不一致,在其他条件相同的情况下,会导致地面切向反力对主销力矩的不一致。对于后轮驱动汽车,前轮切向力方向向后,有促使向主销内倾角较小的一边跑偏的倾向;对于前轮驱动汽车,受驱动力作用时,驱动力方向向前,有促使向主销内倾角较大一边跑偏的倾向;前轮驱动汽车受到制动力的作用时,切向力方向向后,汽车向主销内倾角较小的一边跑偏。

(4)左、右侧轴距不一致

汽车在使用中,由于某种原因车架发生变形,引起左、右侧车轮轴距不一致,此时往往伴随产生车轮定位失准。车轮定位失准的影响已如前述,单就左、右侧轴距不一致而言,则前轴中点的速度方向将偏离汽车纵向对称轴线,行驶方向将偏向轴距较小的一侧。

另外,由于轮胎磨损不一致或气压不一致导致左、右侧车轮运动半径不等,汽车将向运动半径较小的一侧偏驶;由于两前轮轴承松紧度不一致,或一侧制动间隙小,不能完全释放等原因,导致一侧行驶阻力偏大,则汽车会向行驶阻力较大的一侧偏驶;由于调校、润滑等原因导致某一侧转向主销转动不灵,则汽车会向主销转动不灵的一边跑偏。

行驶跑偏现象增加了驾驶员的工作压力和劳动强度,高速时更是危及行车安全,必须予以高度重视。应定期对车轮定位进行检查、调整,提高车辆维护质量,消除其他引起跑偏的原因。

2. 低速摆头

低速摆头又称转向不稳,指汽车在时速 20km/h 以下时就感受到方向忽左忽右不稳定,车头发摆,不能保证直线行驶,运行轨迹出现"蛇形"现象。

造成"低速摆头"现象既有结构上的因素,也有使用中的若干原因。其中结构因素例如非独立悬架因陀螺效应而产生的"轴转向";因悬架与转向传动机构的运动关系不协调而引起转向轮左右摆动等。使用因素例如车架变形引起前轮定位失准;转向器和传动机构间隙过大,连接松动;后轮超载或后轮胎气压不足等。

(1)非独立悬架的"轴转向"

汽车的转向轮通过悬架及转向传动机构与车架相连,这些互相联系的机件组成了弹性振动系统。当汽车在凹凸不平的路面上行驶,或偶遇一侧有凸起或凹坑时,将激发车轴相对于车体在垂直平面内的角振动,由于陀螺效应,由此有使前轴在水平面内产生角振动,即"轴转向"的趋势,但由于前轴通过钢板弹簧和车架相连,无法在水平内摆动,所以可能引发的是前轮绕主销的摆动。其规律是,当左前轮上升时,转向轮将向右偏转;左前轮下降时,转向轮将向左偏转;右前轮上升时,转向轮向左偏转;右前轮下降时,转向轮将向右偏转。产生陀螺效应的条件是,当车轴在垂直平面内产生有振动时,车轮旋转平面产生了偏转。双横臂独立悬架遇路面凹凸不平时,车轮旋转平面发生平移,但未发生偏转,不会产生陀螺效应。各类不同结构的独立悬架系统,追求的主要目标之一就是减小或消除陀螺效应,以提高行驶方向稳定性。

(2)运动干涉引起的方向不稳

当悬架与转向传动机运动不协调时,也会引起转向轮左右摆动。非独立悬架的前端以固定铰链与车架相连,后端以活动吊耳与车架相连,转向机构固定在前轴之后。当路面不平引起前轴在垂直平面内产生角振动时,转向轮将出现水平面内的左右偏摆。

(3)前轮定位失准

如前所述,转向轮设置主销内倾、主销后倾等定位角的主要目的,是使转向轮有自动回正的作用,以克服路面的干扰,维持稳定行驶。不同的悬架系统,前轮定位角不一样。若前轮定位失准,或使用中由于某种原因(特别是车架发生变形),使前轮定位的各个角度发生变化,可能引起自动回正作用下降,当遇到外界干扰时,将使转向轮左右偏摆。

(4)转向器和传动机构间隙过大

转向器和传动机构间隙过大,各连接点松动常常是引起抵速摆头的主要原因。如前所述,当前轴在路面不平的激发下,在垂直平面内产生角振动时,转向轮上会绕主销在水平面内产生摆动,而转向器及传动机构的摩擦阻力则阻止摆动,产生力图维持车轮居中的稳定力矩,当转向器及传动机构间隙过大时,维持车轮居中的稳定力矩将大大减小,转向轮将左右偏摆,导致产生"蛇形"轨迹。

(5)后轮超载或后轮胎气压不足

若由于装载超长货物等原因使后轮超载,或后轮胎气压不足,会引起后轴的侧偏量增加,也会引起汽车行驶方向左右偏摆。

3. 高速振摆

所谓高速振摆,是指汽车在高速行驶,或在某一较高车速行驶时,出现行驶不稳定,车头发摆,甚至转向盘抖动的现象。

高速振摆有两种情况,一种是随着车速的提高,振摆逐渐加剧;另一种是在某一特定的车速范围内出现振摆,偏离该车速范围,振摆消失。

引起低速摆头的各种因素常常也是引起高速振摆的重要原因,除此之外,动不平衡现象和共振现象是引起高速振摆的主要因素。

(1)动不平衡

车轮动不平衡和传动轴不平衡会引起汽车高速振摆。

若传动轴存在动不平衡,离心力会忽左忽右随转动而周期性变化,通过车身、悬架也会使汽车行驶方向左右偏摆不定。

实际上车轮满足动平衡,就肯定满足静平衡。在实际使用中,轮胎修补、轮胎钢圈变形,前轮胎螺栓数量不一致等因素都会导致轮胎动不平衡;传动轴弯曲、平衡块脱落等会引起传动轴动不平衡。由动不平衡引起的振摆,其特点是随着车速的提高,振摆会不断加剧。要避免车轮总成和传动轴动不平衡的影响,必须对车轮和传动轴进行动平衡检测和校正。

(2)共振

如果高速振摆发生在某个特定的车速范围,一般说来是由共振现象引起。任何一个振动系统都有一个固有频率,当外激发力的变化频率接近或与固有频率相重合时,系统将产生强烈的共振现象。由于车轮、悬架、车体构成的振动系统,从理论上讲,其固有频率应避开外界激振频率,但由于制造的原因或使用中汽车技术状况的变化,均会使振动系统的固有频率发生变化,从而导致共振现象的出现。

引起共振的振源主要有呈周期性变化的路面不平,如搓板路面,或者因车轮不平衡产生的离心力矩等。

五、汽车的纵翻和侧翻

1. 汽车的纵翻

汽车在纵向坡道上行驶,例如等速上坡,随着道路坡度增大,前轮的地面法向反作用力不断减小。当道路坡度大到一定程度时,前轮的地面法向反作用力为零。在这样的坡度下,汽车将失去操纵,并可能产生纵向翻倒。汽车上坡时,坡度阻力随着坡度的增大而增加,在坡度大到一定程度时,为克服坡度阻力所需的驱动力超过附着力时,驱动轮将滑转。这两种情况均使汽车的行驶稳定性遭到破坏。

(1)汽车纵翻的条件

汽车在纵向坡道上等速行驶时,其受力如图1-12所示。不难看出,随着坡度的增大,前轮的地面法向反作用力逐渐减小,当 $F_{z1}=0$ 时,汽车将绕后轴纵翻。

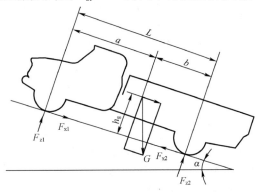

图1-12 汽车在纵向坡道上等速行驶受力图

F_{z1}-作用在前轮的法向反作用力;F_{z2}-作用在后轮的法向反作用力;F_{x1}-作用在前轮的切向反作用力;F_{x2}-作用在后轮的切向反作用力;h_g-汽车的重心高度;a-汽车的重心到前轴之间的距离;b-汽车的重心到后轴之间的距离;L-汽车的轴距;G-汽车的重力;α-道路的坡度角

当坡度较大时,车速较低,空气阻力 F_W 及滚动阻力矩 M_f 都很小,可忽略不计。则前、后轮法向反作用力表达式为:

$$F_{z1} = \frac{bG\cos\alpha - h_g G\sin\alpha}{L}$$

$$F_{z2} = \frac{aG\cos\alpha - h_g G\sin\alpha}{L}$$

当 $F_{z1}=0$ 时,则有:

$$bG\cos\alpha - h_g G\sin\alpha = 0$$

将此式整理可得汽车纵翻的临界条件:

$$\tan\alpha_{max} = \frac{b}{h_g}$$

当道路的坡度 $\alpha \geq \alpha_{min}$ 时,汽车将失控而纵向翻倒。

(2)避免纵翻的条件

另一方面,汽车所能驶上的最大坡道,要受到驱动轮的附着条件限制。以后轴驱动汽车为例,汽车以较低速度等速上坡时,驱动轮不发生滑转的临界状态为:

$$F_{tmax} = G\sin\alpha_{\varphi max} = F_{z2} \cdot \varphi = \frac{aG\cos\alpha + h_g G\sin\alpha}{L} \cdot \varphi$$

式中:$\alpha_{\varphi max}$——汽车后轮不发生滑转所能克服的最大道路坡度角,其大小为:

$$\tan\alpha_{\varphi max} = \frac{a\varphi}{L - \varphi h_g}$$

显然,如果 $\alpha_{max} < \alpha_{\varphi max}$ 当汽车遇有坡度为 α_{max} 的坡道时,驱动轮因受附着条件的限制而滑转,地面不能提供足够的驱动力以克服坡道阻力,因而无法上坡,也就避免了汽车的纵向翻倒。所以汽车避免纵翻的条件是:

$$\frac{\alpha\varphi}{L-\varphi h_g} < \frac{b}{h_g}$$

由此整理可得后轴驱动汽车纵向稳定性条件是:

$$\frac{b}{h_g} > \varphi$$

同样可以求出前轴驱动汽车避免纵翻的条件为 $L > 0$;全轴驱动汽车避免纵翻的条件与后轴驱动相同。

2. 汽车的侧翻与侧滑

(1)汽车的侧翻与侧滑

汽车在行驶中受到重力的侧向力、离心力、侧向风力和道路不平的侧向冲击等各种侧向力的作用。汽车在侧向力的作用下,如车轮的侧向反作用力达到附着力时,汽车将沿侧向力的作用方向滑移。侧向力同时将引起左、右车轮法向作用力的改变,当一侧车轮的法向反作用力变为零时,将发生侧向翻车。

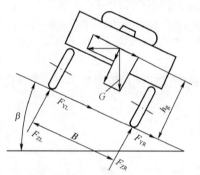

图 1-13 汽车在弯道上等速行驶受力图
F_{ZL}-作用在左侧车轮的法向反作用力;F_{ZR}-作用在右侧车轮的法向反作用力;F_{YL}-作用在左侧车轮的侧向反作用力;F_{YR}-作用在右侧车轮的侧向反作用力;h_g-汽车的重心高度;B-汽车的轴距;G-汽车重力;β-道路的横向坡度角

汽车在弯道上等速行驶的受力如图 1-13 所示。随着车速的提高,其离心力增大,内侧车轮的法向反作用力逐渐减小。当 $F_{zR} = 0$ 时,汽车将失去侧向稳定性开始向外侧翻。此时对应的车速为弯道上产生侧翻的临界车速,用 $v_{\beta max}$ 表示。

$$v_{\beta max} = \sqrt{\frac{gR(B+2h_g\tan\beta)}{2h_g - b\tan\beta}}$$

汽车在侧向力作用下,如车轮的侧向反作用力达到附着力时,也可能发生侧滑现象。侧滑时的临界车速用 $v_{\varphi max}$ 表示:

$$v_{\varphi max} = \sqrt{\frac{gR(\varphi+\tan\beta)}{1-\varphi\tan\beta}}$$

(2)避免侧翻的条件

侧滑与侧翻都是汽车行驶中应避免的失控现象,比较起来侧翻更危险。要避免侧翻,应使汽车侧滑的临界车速低于侧翻的临界车速。即:

$$v_{\varphi max} < v_{\beta max}$$

由此经分析整理可得,避免侧翻的条件为:

$$\frac{B}{2h_g} > \varphi$$

$B/2h_g$ 又称为汽车侧向稳定系数,满足此式,称为满足侧向稳定条件。

汽车的纵翻与侧翻是汽车运行过程中的两种极限状态,当出现这两种状态时,驾驶员将完全丧失对汽车的控制。

模块5 汽车的通过性能

汽车的通过性(越野性)是指汽车在一定装载质量下能以足够高的平均车速通过各种坏路或无路地带(如松软地面、坎坷不平地段)和各种障碍(陡坡、侧坡、壕沟、台阶、灌木丛、水障等)的能力,表征汽车通过性能的主要参数是汽车的几何参数及支承和牵引参数。

汽车的通过性与其他性能有着密切的关系:如良好的动力性可提供足够大的驱动力,以克服越野行驶时较大的道路阻力;较好的平顺性能使汽车在坎坷不平路面上维持较高的车速。

一、通过性的几何参数

由于汽车与越野地面间的间隙不足而被地面托住,无法通过的情况称为间隙失效;当车辆中间底部的零部件碰到地面而被顶住时称为顶起失效;当车辆前端或尾部触及地面而不能通过时,则分别称为触头失效或托尾失效。

与间隙失效有关的几何参数——汽车的通过性几何参数主要有最小离地间隙 h、纵向通过半径 ρ_1、横向通过半径 ρ_2、接近角 γ_1 和离去角 γ_2,如图1-14所示。

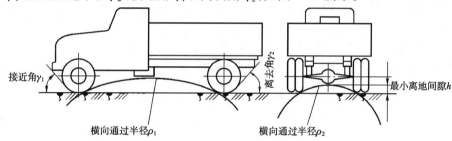

图1-14 汽车通过性的几何参数

1. 最小离地间隙 h

最小离地间隙是汽车除车轮外的最低点与路面之间的距离。它表征汽车无碰撞地越过石块、树桩等障碍物的能力。汽车的前桥、飞轮壳、变速器壳、消声器和主传动器外壳等通常有较小的离地间隙。

2. 接近角 γ_1 与离去角 γ_2

接近角 γ_1 是指从汽车前端突出点向前轮引切线,切线与路面之间的夹角。离去角 γ_2 是指从汽车后端突出点向后轮引切线,切线与路面之间的夹角。它表征了汽车接近或离开障碍物(如小丘、沟洼地等)时,不发生碰撞的能力。接近角和离去角越大,则汽车的通过性越好。

3. 纵向通过半径 ρ_1

纵向通过半径 ρ_1 是指在汽车侧视图上做出的与前后车轮及两轴中间轮廓线相切圆的半径。它表征汽车可无碰撞地通过小丘、拱桥等障碍物的轮廓尺寸。纵向通过半径越小,汽车的通过性越好。

4. 横向通过半径 ρ_2

横向通过半径 ρ_2 是在汽车的正视图上做出的与左、右车轮及与两轮中间轮廓相切圆的半径。它表示起初和通过小丘凸起路面的能力。

各类汽车通过性几何参数的数值范围见表1-8。

汽车通过性的几何参数　　　　表1-8

汽车类型		最小离地间隙 h (mm)	接近角 γ_1 (°)	离去角 γ_2 (°)	纵向通过半径 ρ_1 (m)
轿车	轻型、微型 中型、高级	120～180 130～200	20～30	15～30	3～5 5～8
货车	轻型、中型 重型	180～220 220～300	25～30	25～45	2～4 4～7
越野车		260～370	36～60	30～48	1.9～3.6
客车	小型、中型 大型	180～220 240～290	8～30 8～12	8～20 7～15	5～9

5. 最小转弯半径 R_H 和内轮差 d

车辆在转向过程中，转向盘向左或向右转到极限位置时，车辆外侧前轮所滚过的轨迹中心至转向中心的距离，称为车辆的最小转弯半径。内轮差是指前内轮轨迹与后内轮半径之差。它们表征车辆在最小面积内的回转能力和通过狭窄弯曲地带或绕过障碍物的能力。

安全条件国标规定，机动车辆最小转弯半径，以前外轮轨迹中心线为基线测量其值不得大于24m。当转弯直径为24m时，内轮差不大于3.5m。

二、通过性的支承与牵引参数

汽车通过性的主要支承与牵引参数是附着质量及其系数 K_u、车辆接地比压 P。

1. 附着质量和附着质量系数

附着质量是指轮式车辆驱动轴载质量 m_u，车辆附着质量与总质量 m_a 之比称为附着质量系数 K_u。

附着质量和附着质量系数 K_u 大，有利于汽车在坏路面上行驶，丧失通过性的可能性就小。为了保证车辆的支承通过性，应对车辆附着质量有明确的要求，例如意大利对 4×2 牵引车组成的汽车列车的附着质量系数规定为 0.27，英国规定为 0.263。

2. 车轮接地比压

车轮接地比压是指车轮对地面的单位压力。车辆在松软地面上行驶的滚动阻力系数和附着系数都与车轮接地比压有关。车轮接地比压小，轮辙深度小，车轮的行驶阻力和车轮沉陷失效的概率就小。

车轮接地比压 P 与轮胎气压 P_W 有关，车轮在硬路面上承受额定载荷时，其关系为：$P = K_W P_W$。

系数 $K_W = (1.05～1.2)$，它的大小取决于轮胎刚度的大小，帘布层多的轮胎应取较高的系数值。

当汽车在松软的地面上行驶时，降低车轮接地比压，可减小轮辙深度，从而可减小行驶的滚动阻力。同样，在黏性土壤和松软雪地上，减低车轮接地比压可使得车轮接地面积增加,提高地面承受的剪切力,使车轮不易打滑。

三、影响汽车通过性的主要因素

1. 发动机的动力性

为保证汽车的通过性,必须提高汽车的动力性,提高汽车的最大动力因数。因此,越野汽车首先要有足够大的单位汽车重力发动机转矩 T_e/G,或较大的比功率 P_e/G。

2. 传动系的传动比

当汽车的行驶速度降低时,土壤的剪切和车轮滑转的倾向减少。因此,用低速行驶克服困难地段,可改善汽车的通过性,为此越野汽车传动系最大总传动比一般较大。

3. 汽车车轮

车轮对汽车通过性有着决定性的影响,为了提高汽车的通过性,必须正确选择轮胎的花纹尺寸、结构参数、气压等,使汽车行驶滚动阻力较小,附着能力较大。

(1) 轮胎花纹

轮胎花纹对附着系数有很大影响。正确地选择轮胎花纹,对提高汽车在一定类型地面上的通过性有很大的作用。越野汽车的轮胎具有宽而深的花纹;当汽车在湿路面上行驶时,由于只有花纹的凸起部分与地面接触,使轮胎对地面有较高的单位压力,足以挤出水层;而在松软路面上行驶时,轮胎下陷,嵌入土壤的花纹凸起的数目增加,与地面接触面积及土壤剪切面积都迅速增加。因而同样能保证有较好的附着性能。越野轮胎花纹的形状应具有脱掉自身泥泞的性能。

(2) 轮胎直径与宽度

增大轮胎直径和宽度都能降低轮胎的接地比压。用增加车轮直径的方法来减小接地比压,增加接触面积以减少土壤阻力和减少滑转,要比增加车轮宽度更有效。但增大轮胎直径会使惯性增大,汽车质心升高,轮胎成本增加,并要采用大传动比的传动系统。因此,大直径轮胎推广使用受到了限制。

加大轮胎宽度不仅直接降低轮胎的接地面比压,而且轮胎较宽,允许胎体有较大的变形,而不降低其使用寿命,因而可使轮胎气压取得低些。

(3) 轮胎的气压

在松软的地面上行驶的汽车,应相应降低轮胎的气压,以增大轮胎与地面的接触面积,降低接地比压,从而减小轮胎在松软地面的沉陷量及滚动阻力,提高土壤推力。轮胎气压降低时,虽然土壤的压实阻力减小,但却使轮胎本身的迟滞损失增加。所以,在一定的地面上有一个最小地面阻力的轮胎气压。

在低压条件下工作的超低压越野轮胎,其帘布层数较少,具有薄而坚固又富有弹性的胎体,以减少由于轮胎变形引起的迟滞损失,并保证使用寿命。

(4) 前轮距与后轮距

当汽车在松软地面上行驶时,各车轮都需克服形成轮辙的阻力(滚动阻力)。如果汽车前轮距与后轮距相等,并有相同的轮胎宽度,则前轮辙与后轮辙重合,后轮就可沿被前轮压实的轮辙行驶,使汽车总滚动阻力减小,提高汽车通过性。所以,多数越野汽车的前轮距与后轮距相等。

(5）驱动轮数目

增加驱动轮数目，可增加汽车的相对附着质量，增加驱动轮胎与地面的接触面积，能充分利用其驱动力，因此越野汽车均采用全轮驱动。

4. 液力传动

装有液力变矩器或液力耦合器的汽车可以提高在松软路面上的通过能力。这种汽车在起步时驱动轮的转矩增加缓慢，因而可以避免汽车起步时由于驱动轮转矩急剧增长而产生的对路面的冲击，避免因土壤破坏、轮辙深度增加，而导致车轮滑转。

液力传动的汽车能维持长时间稳定的低速（0.5~1km/h）行驶，可以避免机械式有级变速汽车在坏路面上行驶时所产生的问题，即在换挡时动力中断，惯性力不足以克服较大的行驶阻力，从而导致停车；重新起步，又可能引起土壤破坏使起步困难。

5. 差速器

在汽车传动系中安装差速器，可使左右车轮以不同的角速度转动，普通齿轮式差速器，由于具有在驱动轮间平均分配转矩的特性，因此会大大降低汽车的通过性。这是因为驱动轮上驱动力的大小取决于附着力较小的一侧车轮，所以驱动力可能不足以克服行驶阻力，而使汽车失去通过能力。

差速器中机件间的摩擦作用对提高汽车的通过性是有益的。正是由于这种摩擦作用，差速器才可能将较大的转矩传给不滑转的车轮。越野汽车上通常采用凸块或蜗杆等高速摩擦差速器，总驱动力可增加 10%~15%。如采用强制锁止差速器，总驱动力可增加 20%~25%。

6. 驾驶技术

驾驶技术对汽车通过性影响很大。为提高通过性，应注意以下几点：汽车通过松软地段时，应尽量使用低速挡，以使汽车具有较大的驱动力和较低的行驶速度，尽量避免换挡和加速，尽量保持直线行驶。驱动轮是双胎的汽车，如因双胎间夹泥而滑转，可适当提高车速，以甩掉夹泥。若传动系装有强制锁止式差速器，应在汽车进入车轮可能滑转地段之前挂上差速锁。如果已经出现滑转再挂差速锁，土壤表面会被破坏，附着系数下将，效果会显著下降。当汽车离开坏路段时，应及时脱开差速锁，以免影响转向。汽车通过滑溜路面，可以在驱动轮轮胎上套上防滑链条，提高车轮的附着能力。

模块6 汽车的舒适性能

我们乘车的过程中，会感觉乘坐舒适或疲劳、难受、头晕等主观感觉，这种车辆对人体感觉系统产生影响的能力，被称为汽车的舒适性能。汽车的舒适性能是在保证汽车安全、快速、节能、环保的同时更高层次的需求，是现代汽车的重要使用性能之一。汽车的舒适性能主要通过汽车行驶平顺性、车内装置的操纵性、车内空气调节、车内空间及座椅布置、车身的隔音与密封、上下车的方便性等方面进行综合评价。其中汽车的行驶平顺性尤为重要。

一、汽车行驶的平顺性

汽车行驶的平顺性是指汽车在一般行驶速度范围内行驶时，能保证乘员不会因车身振动而引起不舒服和疲劳的感觉，以及保持所运货物完整无损的性能。由于行驶平顺性主要根据乘员的舒适程度来评价,所以又称为乘坐舒适性。

行驶的汽车是一个复杂的多质量振动系统,如图 1-15 所示,其车身通过悬架的弹性元件与车桥连接,而车桥又通过弹性轮胎与道路接触,其他如发动机、驾驶室等也是以橡皮垫固定于车架上。在激振动力作用(如道路不平而引起的冲击和加速、减速的惯性力等)以及发动机振动与传动轴等振动时,系统将发生复杂的振动,对乘员的生理反应和所运货物的完整性均会产生不利影响,乘员因为必须调整身体的姿势,加剧产生疲劳的趋势。

图 1-15 汽车振动系统方框图

车身的振动频率较低,共振区通常在低频范围内。为了保证汽车具有良好的平顺性,应使车身共振的行驶速度尽可能远离汽车常用的行驶速度。其次,振动产生的动载荷,加速了零件的磨损乃至引起损坏,降低了汽车的使用寿命。此外振动还能引起能量的消耗,使燃油经济性变坏。因此,减少汽车本身的振动,不仅关系到乘坐的舒适和所运货物的完整,而且关系到车的运输生产率、燃油经济性、使用寿命和工作可靠性等。

汽车行驶平顺性的评价方法,通常是根据人体对振动的生理反应及对保持货物完整性的影响制订的,并用振动的物理量,如频率、振幅、加速度、加速度变化率等作为行驶平顺性的评价指标。汽车行驶平顺性的评价指标可分为客观物理量评价指标和主观感觉评价指标。

1. 客观物理量评价指标

客观物理量评价指标常用汽车车身振动的固有频率和振动加速度评价汽车的行驶平顺性。

试验表明,为了保持汽车具有良好的行驶平顺性,车身振动的固有频率应为人体所习惯的步行时身体上、下运动的频率 60~85 次/min(1~1.6Hz),振动加速度的极限值为 0.2~0.3g。为了保证运输货物的完整性,车身振动加速度也不宜过大;如果车身加速度达到 1g,未经固定的货物就有可能离开车厢底板,所以,车身振动加速度的极限值应为 0.6~0.7g。

国际标准化组织 ISO 在综合大量资料基础上,提出了 ISO 2631—1997《人体承受全身振动的评价指南》,它已被许多国家所采用。该标准用加速度的均方根值(rms)给出了在中心频率 1~80Hz 振动频率范围内人体对振动反应的三种不同的感觉界限。我国参照 ISO 2631—1978E 制定了 GB 4970—1996《汽车平顺性随机输入行驶试验方法》、GB5902—1986《汽车平顺性单脉冲输入行驶实验方法》和 GB/T 12477—1990《客车平顺性评价指标及极限》,以此来评价汽车的平顺性。

ISO 2631 的核心内容是用加速度的均方根值给出了在 1~80Hz 振动频率范围内人体对振动反应的三个不同的感觉界限。它们分别是舒适—降低界限、疲劳—工效降低界限和暴露极限。车速特性评价指标反映了汽车的平顺性指标随车速变化的关系。用车速特性评价汽车的平顺性要比在某一车速评价汽车的平顺性更符合实际。

舒适—降低界限与保持舒适有关。轿车、客车用舒适—降低界限车速特性评价。在此界限内,人体对所暴露的振动环境主观感觉良好,并能顺利完成吃、读、写各种动作。

疲劳—工效降低界限与保持工作效率有关。货车用疲劳—工效降低界限车速特性评价。当驾驶员承受振动在此极限内时,能准确灵活地反应,保持正常驾驶;如超过这一界限,就意味着容易疲劳和工作效率的降低。

暴露极限通常作为人体可以承受振动量的上限。当人体承受的振动强度在这个极限之内时,人体不会感觉不适,将保持健康或安全。当车身振动频率低于1.1Hz时,会引起乘员晕车、恶心;当车身振动频率高于1.5Hz时,人体会感受到冲击,会使乘员感到疲劳、不适等。

2. 主观感觉评价

车辆行驶平顺性可根据乘员主观感觉的舒适程度进行评价,一般分四种感觉,见表1-9。

乘员主观感觉的舒适程度　　　　　　　表1-9

舒适程度	主　观　感　觉
正常	振动很小,乘员感到比较舒适,感觉正常
可接受	振动加大,乘员感到不太舒服,但能保证正常驾驶,不致感到疲劳
可忍受	振动更大,乘员感到疲劳,影响正常驾驶,效率降低,但尚可忍受,不致影响健康和安全
无法忍受	振动再加大,乘员无法忍受,以致影响健康和安全

二、汽车舒适性能的检测

影响汽车舒适性能的因素有很多,但主要因素是汽车车身的固有频率,而车身的固有频率的大小主要与汽车的悬架系统及其关键元件——减振器有关。所以,汽车舒适性能的检测主要是对汽车悬架性能和减振器性能进行检测。

1. 汽车悬架的检测

汽车悬架的检测方法有外观检查法、按压车体法和试验台检测法三种。

(1)外观检查法

通过人工从外部检查悬架装置的弹簧是否有裂纹,弹簧和导向装置的连接螺栓是否松动,汽车行驶过程中悬架部分是否有异响等。空气悬架系统如图1-16所示。

图1-16　空气悬架系统

(2)按压车体法

按压车体通常采用人工方法,用力按压车体后,迅速松开,若车体能来回振动2~3次,表明悬架装置性能良好,反之则表明悬架装置弹性不足。

(3)试验台检测法

试验台检测法是利用试验台对汽车悬架进行振动,进而快速、准确地检测悬架,并能对悬架进行定量分析的检测方法。悬架装置检测台可分为跌落式和共振式两种类型。

用跌落式悬架装置检测台进行测试前,先通过举升机装置将汽车升到一定高度,然后突然松开支承机构,使车辆落下产生自由振动。用测量装置测量车体振幅或用压力传感器测量车轮对台面的冲击力,对振幅或压力波形分析处理后,评价汽车悬架装置的工作性能。

共振式悬架装置检测台一般由机械部分和控制部分组成。机械部分由箱体和左右两套相同的振动系统构成,控制部分由微机、传感器、A/D转换器、电磁继电器及控制软件等组成。通过传感器,将汽车的振动参数(振幅值、振动频率、相位差等)采集的信号进行放大、滤波等前期处理后,将采集处理的信号输入计算机,进行信号处理和分析。控制软件对悬架装置检测台测试过程进行控制,同时对悬架装置检测台所采集的数据进行快速处理和分析,获得汽车在衰减振动过程中不同频率时的振幅等参数,最终将检测结果显示并打印。

车轮接地性指数可以表征悬架装置的工作性能,因而可以作为诊断参数。车轮接地性指数是指被测汽车共振时的最小动态车轮垂直载荷与静态车轮垂直载荷的百分比值,它表明悬架装置在汽车行驶中确保车轮与路面相接触的最小能力。GB 18565—2001《营运车辆综合性能要求和检测方法》中规定,对于最大设计车速大于等于100km/h、轴载质量小于等于1500kg的载客汽车,应用悬架装置检测台按规定的方法检测悬架特性测得的车轮接地性指数应不小于40%,同轴左右车轮吸收率之差不得大于15%。

2. 汽车减振器检测

减振器的检测方法有经验法和试验台检测法。

经验检测法是利用经验就车检查,无需对减振器进行拆卸,在车下查看减振器的外观是否存在弯曲、漏油等现象。用力按下车体,然后松开,若汽车有2~3次跳跃,说明减振器工作良好。使汽车在道路条件较差路面上行驶10km以上停车,用手摸减振器外壳,若不够热,说明减振器不工作。当汽车缓慢行驶而紧急制动时,若汽车振动比较剧烈,说明减振器存在问题。

减振器台架检测主要是对新的或经过检查修复的减振器进行检测,判断其是否符合技术标准。一般测量减振器的伸张行程最大阻力以及压缩行程最大阻力。

3. 车内空气调节装置的检测

车内空气调节装置即汽车空调,是指对车内空气的温度、湿度及清洁度进行调节控制的装置。汽车空调系统的作用是在各种气候和行驶条件下,为乘员提供舒适的车内环境,并能预防或除去附在风窗玻璃上的雾、霜或冰雪,以确保驾驶人的视野清晰与行车安全。汽车空调系统主要由制冷系统、采暖系统、通风装置、加湿装置、空气净化装置和控制装置等组成。

汽车空调制冷系统主要由压缩机、冷凝器、储液干燥器、膨胀阀、蒸发器、压力开关等组成,工作过程分为压缩过程、放热过程、节流过程和吸热过程,作用是向车内提供适宜的冷气。冷气控制系统有自动控制和手动控制两种。自动空调能够根据车内乘员设置的温度自动调节。

汽车空调采暖系统的功能是将冷空气送入热交换器,吸收某种热源的热量,提高空气的温度,并将热空气送入车内。目前绝大部分汽车上都采用水暖式取暖设备,水暖式采暖系统利用的是发动机冷却液的热量。

将新鲜空气送入车内,取代车内污染空气的过程,称为通风。通风装置的通风方式一般有动压通风、强制通风和综合通风三种。根据我国对客车的空调新鲜空气的要求,换气量按人体卫生标准最低不少于20m^3/h·人,且车内的二氧化碳的体积分数一般应控制在0.03%以下,风速为0.2m/s。

空气净化装置通常有空气过滤式和静电集尘式两种。前者是在汽车空调系统的送风口和回风口处设置空气滤清装置,它仅能滤除空气中的灰尘和杂物。后者是在空气进口的过滤器后再设置一套静电集尘装置或单独安装一套用于净化车内空气的静电除尘装置,它除具有过滤和吸附烟尘等微小颗粒杂质的作用外，还有除臭、杀菌、产生负氧离子以使车内空气更为新鲜洁净的作用。

汽车空调系统的检测分为人体主观感官评价和客观仪器检测两种。人体主观感官评价具有环境真实性，能够及时评价空调系统的使用性能。客观仪器检测主要检测空调制冷系统的制冷效果，检测项目包括系统泄漏检测、系统高低压管路压力检测、制冷剂检测、抽真空检测、制冷剂回收与加注检测等。

三、影响汽车舒适性的主要因素

1. 行驶平顺性的影响

（1）悬架结构

减少悬架刚度，降低固有频率，可以减少不平路面而引起乘员承受的加速度值，这是改善平顺性的基本措施。为此需要采用软弹簧及低的轮胎气压。但悬架刚度也不宜过小，否则，会引起悬架下质量高频振动幅值加大，影响操纵稳定性；还会引起紧急制动时汽车"点头"现象严重，转弯时产生较大的侧倾角等不良现象。

对于载荷变化较大的公共汽车和载货汽车，为满足不同载荷对悬架刚度的不同需要，常采用非线性悬架，即变刚度悬架。载荷较小时，悬架刚度较小，以避免振动频率过高，平顺性变差；当载荷较大时，刚度急剧增大，使汽车的侧倾和纵向角振动减轻。

为避免出现"共振"，前、后悬架的固有频率应避开激振频率。另外，由于来自路面的激振先作用于前轮，然后才作用到后轮，为减轻由此而引起的纵向角振动，前悬架的固有频率应略低于后悬架，即前轮悬架刚度略低于后悬架。

现代汽车配置了电子控制悬架系统，能使悬架随着不同的路况和行驶状态做出相应的调整，通过调节悬架系统的阻尼力，使悬架的特性与道路状况和行驶状态相适应，保证汽车在行驶过程中获得良好的行驶平顺性和操纵稳定性，使汽车的乘坐舒适性达到令人满意的状态。

（2）悬架阻尼

悬架系统的阻尼主要来自减振器、钢板弹簧叶片之间的摩擦以及轮胎变形时橡胶分子间的摩擦。其作用是使车身的振动迅速衰减，减少传递给乘员和货物的振动加速度，缩短振动时间，改善行驶平顺性，还能改善车轮与道路的接触状况，防止车轮跳离地面，提高操纵稳定性。

在使用中，应防止减振器失效及弹簧片生锈锁住，影响行驶平顺性。

（3）轮胎

轮胎对行驶平顺性的影响主要取决于轮胎的径向刚度，适当减小轮胎径向刚度，可以改善行驶平顺性。比如采用子午线轮胎径向刚度减小，轮胎的静挠度增加40%以上，行驶平顺性得到改善。但轮胎刚度过低，会引起侧向偏离加大，影响汽车的操纵稳定性。在使用中，通过动平衡试验消除轮胎的动不平衡现象，也是保证行驶平顺性的必要措施。

（4）座椅

座椅的布置对平顺性有较大的影响。接近车身中部的座位振幅较小，前、后两端的座位振幅较大，在相同频率下乘员感受到的振动加速度就不一致，所以轿车的座位均布置在前后轴轴距之内。载货汽车和公共汽车,为减小水平前后方向的振幅,座位在高度方向上应尽量缩小与重心间的距离。现代汽车配置的电动座椅,具有前后移动、前端升降、后端升降及前后端同时升降等功能,能满足不同身高和习惯的人乘坐,提高了乘员的舒适性和方便性。

坐垫也有一定减振作用。坐垫的刚度和阻尼要作适当选择,以使人—座椅系统的固有频率避开人体最敏感的 4~8Hz 范围,同时应使阻尼系数达到 0.2 以上。

(5) 非悬架质量

非悬架质量对汽车的平顺性有较大的影响,其质量的大小直接影响到传递到车身上的冲击力。质量越小,冲击力越小,反之将加大。非悬架质量对行驶平顺性的影响,常用非悬架质量与悬架质量之比 m/M 来评价,此比值轿车一般在 10.5%~14.5% 之间,以小些为好。

(6) 路面质量

路面质量是引起汽车振动的主要原因。因路面不平引起的振动性质既因车辆系统的不同而不同,又因路面不平的差异而显示出不同的特点,因此改善路面质量,减少路面的不平度,将会降低车辆的振动,改善乘坐舒适性,为汽车的高速行驶创造条件。

(7) 使用方面的措施

汽车的行驶速度对其平顺性也有很大影响。尤其需要注意的是,具有一定不平度的路面,必然有一个共振车速,因此驾驶时必须使常用车速远离共振车速。

此外,汽车的技术维护水平也会影响平顺性。如板簧之间润滑不好会降低弹性元件的作用,减振器中油液黏度过大或冻结会使减振阻力增大,这些因素都会使汽车在不平路面上行驶时受到冲击。

2. 空调系统的影响

汽车空调系统的使用性能是汽车舒适性能的重要指标。制冷系统出现不能制冷或工作不良故障,夏天行驶将会造成车内温度较高,乘员出现头晕、出汗等不适现象;采暖系统出现故障,冬天行车,车内温度较低,也会造成乘员不舒服现象;通风装置出现故障,会使新鲜空气不能按要求及时送入车内,车内呼吸排出的二氧化碳、蒸发的汗液以及从车外进入的灰尘、花粉等污染物不能顺利排出车外,不利于乘员的健康和舒适;空气净化装置工作不良,不能清除车内的异味、微粒及车外吸入空气中的花粉和灰尘等,车内空气得不到净化,影响乘员的乘坐舒适性。

模块 7 汽车的环保性能

汽车给我们的日常生活带来了极大便利,但同时也对环境造成了较为严重的影响。汽车产生的废气和噪声已经成为城市的两大公害。因此,汽车的环保性能主要体现在汽车排气污染物极限控制及汽车噪声极限控制。

一、汽车排气污染物

随着汽车保有量的不断增加,以燃油发动机为动力的汽车排放的尾气,对城市环境造成的危害越来越严重,汽车排气污染已成为形成雾霾的第三大污染源。因此,各国政府都对在用汽车的尾气排放制定了严格的环保限制标准,并纳入了法规管理体系。汽车排气污染物主要来源于排气管排出的燃烧废气、曲轴箱窜气以及燃油箱燃油蒸发气等。对汽车排气污染物检测的主要内容是排放尾气中的有害成分,以判断是否符合相应的环保要求。

1. 汽油车的排气污染物

汽油车发动机排气管排出的尾气主要有二氧化碳、氧气、水蒸气、一氧化碳、碳氢化合物、氮氧化合物、碳烟及悬浮颗粒。这些成分中的氧气、水蒸气不会对环境造成危害,虽然二氧化碳不会对环境造成直接危害,但全球性的二氧化碳大量增加已经导致了严重的"温室效应"。其中一氧化碳、碳氢化合物、氮氧化合物、碳烟及悬浮颗粒则是严重危害环境的有害物质,如何进一步降低汽车排气有害物质及二氧化碳排放量是国际组织和全球汽车工业日益关注的问题。

2. 柴油车的排气污染物

柴油车发动机排气管排出的尾气也主要是二氧化碳、氧气、水蒸气、一氧化碳、碳氢化合物、氮氧化合物、碳烟及悬浮颗粒。但柴油机排出的颗粒物比汽油机多30~60倍,主要为含碳物质(碳烟)和高分子量有机物(润滑油的氧化和裂解产物)。碳烟是柴油发动机燃烧不完全的产物,主要由直径为0.1~1.0mm的多孔性碳粒构成。当汽车起动、加速、上坡时,由于可燃混合气过浓,碳烟排量增加,或柴油雾化质量不良时,也会增大炭烟的排放量。

二、汽车排放限值及测量方法

为贯彻《中华人民共和国环境保护法》和《中华人民共和国大气污染防治法法》,防治机动车污染物排放对环境的污染,改善环境空气质量,我国环境保护部对 GB 18352.3—2005 标准进行修订。标准修订采用了欧盟(EC)欧Ⅴ和欧Ⅵ机动车污染物排放标准及联合国欧盟经济委员会 ECE R83—06(2001)法规《关于根据发动机燃油要求就污染物排放方面批准车辆的统一规定》,制定了 GB 18352.5—2013《轻型汽车污染物排放限值及测量方法》(国Ⅴ)。自 2018 年 1 月 1 日起,本标准代替 GB 18352.3—2005 标准(国Ⅲ、国Ⅳ),目前我国部分城市已开始实施。

本标准规定了点燃式和压燃式发动机的轻型汽车,在常温和低温下排气污染物、双怠速排气污染物、曲轴箱污染物、蒸发污染物的排放限值及测量方法,污染控制装置耐久性、车载诊断系统的技术要求及测量方法,规定了燃用液化石油气(LPG)或天然气(NG)轻型汽车的特殊要求。本标准使用于以点燃式发动机或压燃式发动机为动力、最大设计车速大于或等于 50km/h 的轻型汽车(包括混合动力电动汽车)。

1. 汽车排放限值

GB 18352.5—2013《轻型汽车污染物排放限值及测量方法》(国Ⅴ)规定了所有汽车常温下冷起动后排气污染物限值,见表1-10。

在制造厂的要求下,最大总质量超过 3500kg 但基准质量不超过 2610kg 的 M1、M2 和 N2 类汽车可按本标准进行型式核准,汽车污染物排放限值可按本限值规定执行。

我国现在执行的 GB 352.3—2005 轻型汽车污染物排放限值(国Ⅳ),对汽油发动机主要检测一氧化碳(CO)及碳氢化合物(HC)排放值是否达标来进行衡量,而对柴油发动机主要检测炭烟值是否符合国家标准。若不符合标准,将列入黄标车有计划地进行淘汰。GB 18352.5—2013《轻型汽车污染物排放限值及测量方法》(国Ⅴ)与 GB 352.3—2005 轻型汽车污染物排放限值(国Ⅳ)相比,提高了汽车污染物排放限值控制要求,修订了颗粒物(PM)质量测量方法并增加了粒子数量(PN)测量要求,提高了轻型汽车环保性能要求。

汽车常温下冷起动后排气污染物限值   表1-10

类别	级别	基准质量（RM）（kg）	限值									
			CO g/km		THC g/km	NMHC g/km	NO$_X$ g/km		THC+NO$_X$ g/km	PM g/km		PN 个/km
			PI	CI	PI	PI	PI	CI	CI	PI[(1)]	CI	CI
第一类车	—	全部	1.0	0.50	0.100	0.068	0.060	0.180	0.230	0.0045		6×10^{11}
第二类车	Ⅰ	RM≤1305	1.0	0.50	0.100	0.068	0.060	0.180	0.230	0.0045		6×10^{11}
	Ⅱ	1305<RM≤1760	1.81	0.63	0.130	0.090	0.075	0.235	0.295	0.0045		6×10^{11}
	Ⅲ	1760<RM	2.27	0.74	0.160	0.108	0.082	0.280	0.350	0.0045		6×10^{11}

注:PI=点燃式,CI=压燃式;

PI[(1)] 仅适用于点燃式装缸内直喷发动机的汽车。

2. 汽车排气污染物测量方法

(1)汽油车排气污染物测量

我国在用车的排气污染物检测方法可大致分为不加载试验法(怠速法、双怠速法)和加载试验法两类。按照 GB 18285—2005《点燃式发动机汽车排气污染物排放限值及测量方法(双怠速及简易工况法)》的规定,目前全国点燃式发动机在用汽车排放监控,应采用该标准规定的双怠速法检测排气污染物排放;在机动车保有量大、污染严重的地区,也可使用加载试验(工况)法。

双怠速法是分别测试发动机处于怠速和高怠速(一般为额定转速的50%)两种工况下的排气检测方法。加载试验(工况)法又称多工况循环试验法,试验过程中需要经历加速、等速、减速等多种工况。目前这类试验经过适当简化后已用于汽车排放污染物的检测,所以也称简易工况法。

目前汽油车采用的检测仪器为尾气分析仪,主要有四气尾气分析仪和五气尾气分析仪两种。汽车维修企业经常使用的是五气尾气分析仪。四气尾气分析仪是对汽油车排放污染物中的碳氢化合物、一氧化碳、二氧化碳和氧气四种气体含量进行检测分析,五气尾气分析仪是对汽油车排放污染物中的碳氢化合物、一氧化碳、二氧化碳、氮氧化物和氧气五种气体含量进行检测分析。汽车尾气分析仪,如图1-17所示。

(2)柴油车排气污染物测量

在用柴油汽车排气污染物主要检测的是炭烟值,国家标准 GB 18285—2005 规定,压燃式发动机汽车排气检测设备为滤纸式烟度计,按自由加速试验法进行检测。

滤纸式烟度计是应用最广泛的烟度计之一,有手动、半自动、全动三种类型。如图1-18所示,其结构都是由取样装置、染黑度检测与检测显示装置及控制装置等组成。烟度计的取样装置通过抽气泵、取样探头从柴油车的排气管内,在规定时间内抽取规定容积的废气,进过测量介质(测试过滤纸)过滤,废气中的炭粒附着在过滤纸上,形成一个规定面积的炭斑,通过测量系统的光电测量探头对烟斑的污染程度进行测量,得出烟度的大小。

图 1-17　汽车尾气分析仪

图 1-18　烟度计

三、汽车噪声限值及检测

噪声被称为城市新公害。统计显示,汽车所产生的噪声甚至已经占到了城市噪声的 85% 以上。汽车行驶在道路上,发动机、喇叭、轮胎等都会发出大量噪声,严重影响人们的身体健康。根据国家标准 GB 7258—2012《机动车运行安全技术条件》的规定,把汽车噪声纳入了环境保护的范畴。

1. 汽车噪声检测限值

(1) 汽车外部噪声的检测限值

GB 1495—2002《汽车加速行驶车外噪声限值及测量方法》规定,汽车加速行驶车外噪声限值应符合以下标准,见表 1-11。

汽车加速行驶车外噪声限值　　　　　　　表 1-11

汽　车　分　类	噪声限值/dB(A)	
	第一阶段	第二阶段
	2002.10.1～2004.12.30 期间生产的汽车	2005.1.1 以后生产的汽车
M1	77	74
M2(GVM≤3.5t)或 N1(GVM≤3.5t): 　　GVM≤2t 　　2t<GVM≤3.5t	 78 79	 76 77
M2(3.5t<GVM≤5t)或 M3(GVM>5t): 　　$P<150kW$ 　　$P\geq150kW$	 82 85	 80 83
N2(3.5t<GVM≤12t)或 N3(GVM>12t): 　　$P<75kW$ 　　$75kW\leq P<150kW$ 　　$P\geq150kW$	 83 86 88	 81 83 84

注:1. M1、M2(GVM≤3.5t) 和 N1 类汽车装用直喷式柴油机时,其限值增加 1dB(A)。

2. 对于越野汽车,其 GVM>2t 时:如果 $P<150kW$,其限值增加 1dB(A);如果 $P\geq150kW$,其限值增加 2dB(A)。

3. M1 类汽车,若其变速器前进挡多于 4 个,$P>140kW$,P/GVM 之比大于 $75kW/t$,并且用第三挡测试时其尾端出线的速度大于 61km/h,则其限值增加 1 dB(A)。

4. GVM—汽车最大总质量,t;P—发动机额定功率,kW。

(2) 汽车内噪声的检测限值

汽车内噪声主要是发动机及传动系在运行中引起的车身振动和车身的孔缝透声形成的。按照 GB 7258—2012《机动车运行安全技术条件》规定,客车车内噪声级不应大于 79Db(A)。

(3) 汽车喇叭噪声的检测极限

按照 GB 7258—2012《机动车运行安全技术条件》的规定,机动车喇叭声级在距车前 2m、离地高 1.2m 处测量时,其测量值对发动机最大功率为 7kW 以下的摩托车和轻便摩托车为 80～112dB(A),其他机动车为 90～115dB(A)。

2. 汽车噪声检测

汽车噪声检测的仪器是声级计,如图 1-19 所示。它是一种近似于人类听觉的用数值显示机动车的行驶噪声、排气噪声和喇叭声音响度的仪器,分为交流式和直流式两种。直流式声级计因操作简单、携带方便而被广泛应用。

汽车外部噪声检测时,按照 GB 1495—2002《汽车加速行驶车外噪声限值及测量方法》规定,必须用符合 GB/T 15173 规定的 1 级声校准器按制造厂规定对声级计进行校准。在没有进行任何调整的条件下,如果后一次校准读数相对前一次校准读数的差值超过 0.5 dB,则认为前一次校准后的测量结果无效。

汽车内噪声检测时,按照 GB/T 18697—2002《声学 汽车车内噪声测量方法》中规定的具体条件进行测量。车辆从 60km/h 或最高车速的 40%(取两者较小值)到 120km/h 最高车速的 80%(取两者较小值)范围内,至少以等间隔的 5 种车速进行 A 级测量。

图 1-19 声级计

汽车喇叭声级检测应将声级计置于距车前 2m、离地高 1.2m 处,按喇叭 3s 以上,读取检测数据。为了获取准确的检测结果,应重复检测 2 次以上。

四、影响汽车环保性能的因素

1. 发动机结构性能

发动机的结构性能对汽车的环保性能影响很大。可燃混合气的浓度常用空燃比和过量空气系数来表示。空燃比就是混合气中所含空气质量与燃油质量之比,过量空气系数是指实际供给的空气质量与理论上燃烧时所需的空气质量之比。过量空气系数小于 1 时为浓混合气,燃烧不充分,产生大量一氧化碳等废气,排气污染较大。而过量空气系数与发动机的燃油供给系统结构设计有关。发动机进排气门结构、配气相位、发动机点火方式、燃油喷射方式、燃烧室形状、进排气歧管类型、排气消声器类型等都对发动机的环保性能有影响。柴油发动机比汽油发动机排气污染大、噪声高,缸内直喷汽油发动机比自然吸气汽油发动机、废气涡轮增压发动机比非增压发动机燃烧更充分;组合式消声器比单一式消声器减少噪声效果好;装配有三元催化转化器的发动机能将汽车尾气中的一氧化碳和碳氢化合物氧化为二氧化碳和水,将氮氧化物还原成氮气和氧气,降低了汽车排气对环境的污染;采用电控高压共轨燃油喷射系统的柴油发动机比传统柴油机燃油喷射压力大,柴油雾化质量和数量及点火时间得到精准控制,排气污染降低。

2. 燃油

目前发动机的燃油主要有汽油、柴油、压缩天然气、液化石油气及醇类燃油等。每种燃油的燃烧性能不同,所产生的废气污染环境情况也不同。环保性能相比,压缩天然气、液化石油气优于醇类燃油,醇类燃油优于汽油,汽油优于柴油。

3. 汽车的技术状况

汽车行驶一定里程后,其技术状况会有所下降。比如汽缸活塞磨损,造成缸壁间隙过大,汽缸漏气,烧机油,汽缸压力下降,燃油燃烧不充分;气门磨损漏气、气门烧结积炭,配气相位失准,进排气管漏气、真空管漏气,喷油嘴胶结,三元催化转化器失效等都会造成发动机排放污染加剧,有时还会伴有噪声加大。汽车传动系机械磨损、悬架机构失效、行驶系技术状况不良等都会造成汽车行驶中噪声加大。

4. 驾驶员行车素养

汽车驾驶员的驾驶习惯对汽车的环保性能也产生一定影响。汽车中速行驶、均速行驶时,过量空气系数大于1,混合气较稀,燃油燃烧充分。如果急加速或急制动或怠速、低速行驶,过量空气系数小于1,混合气过浓,燃油燃烧不充分,排气污染大,同时急加速和急制动也会增加噪声污染。汽车喇叭噪声是城市噪声公害,许多城市规定市内禁止鸣笛。但大部分驾驶员养成堵车及遇障碍鸣笛的陋习,严重增加了城市噪声污染。另外,汽车行驶车速越高,噪声也越大。

单元二
车辆管理

 学习目标

完成本单元学习后,你应能:
1. 叙述车辆选配的基本原则;
2. 叙述车辆选配的方法;
3. 熟悉汽车燃油的主要性能指标、牌号以及选用原则;
4. 了解汽车新能源的类型及发展趋势;
5. 认识汽车润滑材料的使用性能、分类和规格选用;
6. 了解汽车工作液使用性能、分类和规格使用;
7. 认识汽车轮胎的类型结构和使用;
8. 叙述车辆使用寿命的影响因素及我国车辆报废的有关规定;
9. 知道车辆保险的种类、投保方法及快速理赔的程序。

建议课时:28课时。

模块1 车辆的选配

车辆是现代化汽车运输企业运作的物质基础,是运输企业的主要生产设备。组织运输生产首先要有合适的运输车辆。采取科学的管理制度和管理手段,加强车辆管理,是公路运输企业和个体运输户取得良好的投资效益和社会效益的基础工作。车辆选配是车辆管理的前期工作,它涉及车辆后期的维护、修理、使用、索赔及报废诸方面,同经济效益息息相关。因此,应根据运输市场实际情况,以及当地的社会运力、油料供应、运量、运距情况和道路、气候等社会及自然条件,制订出来发展规划,择优选购和合理配置车辆,并做好车辆的分配和投用前的技术准备工作,充分发挥车辆的车辆的效能,提高运输单位的经济效益。

随着汽车工业的发展壮大和汽车销售市场的活跃,车辆选配的空间越来越大,可供选择的车辆类型也越来越多。这无疑给企业和经营者带来更多的福音。如何利用有限的资金,购置性能优越、价格适宜的车辆就显得尤为突出。

一、车辆选配的基本原则

车辆选配是运输经营的重大决策,除应充分考虑车辆的质量、价格、服务等因素外,还必须深入研究车辆的类型、主要使用性能以及运行条件等因素。要合理选配车辆,必须进行全面分析、综合评价,遵循"生产适用、经济合理、维修方便、技术先进"的基本原则进行选配。

1. 生产适用原则

生产适用原则包含三层含义:一是选购的车辆要符合经营的需求,即"用得着",为此,选购车辆之前应首先考虑具体的运输任务和经营要求,避免盲目购置造成闲置,同时要制订企业车辆发展规划,做到有计划购置,努力保持运力与运量的基本平衡,避免盲目增加运力;二是要充分考虑到车辆的使用条件,如营运区域内的道路、桥梁、渡口地环境条件,燃润料配件条件,气候自然条件等,避免购置的车辆"用不上",或者不能充分发挥效能,造成不必要的浪费;三是根据市场运营情况,适时调整车辆配置构成,合理选配不同类型及不同档次的车辆,以期达到最佳配比关系,适应市场需求。

可供选配的车辆类型根据用途可分为乘用车和商用车。

(1)乘用车

乘用车指的是车辆座位少于九座(含驾驶员位),以载客为主要目的的车辆。具体来说,乘用车又分为基本乘用车即轿车、MPV 车型、SUV 车型以及其他车型等。

①轿车:按排量分为微型轿车(排量为1L以下)、普通级轿车(排量为1.0~1.6L)、中级轿车(排量为1.6~2.5L)、中高级轿车(排量为2.5~4.0L)、高级轿车(排量为4L以上)。

②MPV 车型:即多用途汽车。它集轿车、旅行车和厢式货车的功能于一身,车内每个座椅都可调整,并有多种组合的方式,例如可将中排座椅靠背翻下即可变为桌台,前排座椅可作180°旋转等。

③SUV 车型:即运动型多用途汽车。现在主要是指那些设计前卫、造型新颖的四轮驱动越野车。SUV 一般前悬架是轿车型的独立悬架,后悬架是非独立悬架,离地间隙较大,在一定程度上既有轿车的舒适性又有越野车的越野性能。

④其他车型:比如皮卡(PICK—UP)是一种采用轿车车头和驾驶室,同时带有敞开式货车车厢的车型。其特点是既有轿车般的舒适性,又不失动力强劲,而且比轿车、载货汽车适应不良路面的能力强。

(2)商用车

商用车指车辆座位大于九座(含驾驶员位)或者以载货为主要目的的车辆。具体又分为:客车、载货车、半挂车、客车非完整车、载货非完整车。

①客车:是指成批运送旅客用的汽车,按座位数分为小型大客车(座位数为8~15座)、普通大客车(座位数为15~40座)、铰接式小型大客车(座位数为40座以上);按用途可分为旅行客车、城市客车、公路客车和游览客车。

②载货车:又称货车,专门作为运输货物用。按额定载质量的不同,载货汽车有可分为轻型载货汽车(载质量小于3t)、中型载货汽车(载质量为3~8t)和重型载货汽车(载质量在8t以上)。

③半挂车:是主要运输体积大,且不易拆分的大件货物,比如挖掘机等。主要分为自卸式、低平板式、仓栅式、集装箱式、罐式、箱式等。

④客车非完整车:主要指用于改装客车底盘或三类底盘(行驶底盘)的车,比如房车公司买辆没内装饰客车制作豪华房车或客车公司买底盘扣车身制作客车。

⑤载货非完整车:是指使用油罐车、洒水车的专用底盘,以后根据市场需要改装成加(运)油车、洒水车、吸粪车、垃圾车、随车吊、散装水泥粉粒物料车、厢式车、自卸车、半挂车等多个系列的产品的车。

2. 经济合理的原则

经济合理的原则是指车辆选配时既要考虑到车辆的购置费用低,又要考虑到车辆在日后使用过程中维持运转的费用低,即寿命周期总费用最低。它取决于汽车本身的结构、性能是否满足使用要求,技术水平是否先进,使用、维护、管理、零配件是否充分及厂家售后服务是否到位。

3. 维修方便性原则

维修方便性原则是指除应考虑维修操作方便、维修技术简便、维修工作量少、维修费用低及本地区或本企业维修能力等方面外,还应考虑到汽车零配件的选购来源和方便性,以及自制零配件的可能性和经济性,避免因延误维修而造成车辆长期停驶。

4. 技术先进原则

技术先进原则是指车辆在当前和今后一个时期主要的使用性能指标和技术性能指标是先进的或比较先进的。能够体现出车辆的动力性、安全可靠性、耐用性、节能性和环保性能好的优越性。在便于操作及乘坐舒适性方面也优于其他车辆。

二、车辆选配应侧重研究的问题

1. 研究本企业生产发展规划,确定运力需求量

车辆选配时,应首先进行市场运力供需调查,了解已有货主近期或长期生产发展规划,原材料来源及产品流向,本地区工农业生产发展及同行业的运力情况,预测营运区内居民乘车的需求及发展趋势,注意分析运力供需平衡情况,使本企业有充足的运力以保证具有强劲的竞争优势,从而确定运力需求量,制订本企业生产发展规划。

2. 研究区域内车辆的运行条件

根据客观需求和使用条件,科学地选配车辆,充分发挥车辆的使用性能,以便提高运输生产效率,获得较好的经济效果。

①运输条件:指由运送对象的不同性质和要求所决定的各项因素。主要有运输的性质、货物的种类、货运量的批量,运输的时间性、运输的距离和范围、旅客的乘车习惯和流量大小、要求等。

②组织与技术条件:指由企业组织与技术水平所决定的各项因素。主要有车辆运行及运输的规律和管理制度、企业使用经验、车辆维修工作水平及组织制度、运行材料的供应条件等。

③气候条件:指营运区气候变化的规律和特点等。如大气温度、湿度及雨、雪、风、沙、雾等方面对运行的影响。

④道路条件:由道路及交通情况所决定的各项因素。道路是构成汽车运输生产力的一个重要组成部分,营运区域内的道路状况的影响并不次于汽车本身质量所产生的影响。如道路的通过能力、承载质量、坡度大小、路面质量和弯路半径,还有道路等级、过往村镇等也是选择车辆时应予综合考虑的。同时,还应考虑车队设置和车辆停放场地情况,以便于车辆

的进出和管理。

3. 研究车辆的使用性能

通常人们把汽车能够适应使用条件而发挥最大工作效率的能力,称为汽车的使用性能。了解和掌握汽车的使用性能不仅是择优选购车辆重点研究的项目,而且也是科学地进行车辆技术管理和合理运用汽车的基础。

车辆的使用性能主要有:车辆的动力性、燃油经济性、制动性、操作稳定性、行驶平顺性和通过性。与使用因素关系极为密切的动力性、燃油经济性与制动性,是车辆选配的重点。

4. 研究简化车型

选择配置车辆,应尽可能在满足需要的前提下,简化车型。方便管、用、维、修、供。车型过多,厂牌繁杂,必将造成配件种类繁多、采购困难、流动资金占有量大、维修技术生疏、运用经验缺乏和维修机工具种类不足等问题,给经营管理带来不便。

挂车的选配比较单一,除了考虑质量、价格及技术性能因素外,主要应对挂车的使用条件及对主车(牵引车)的适应性进行综合考察。

三、车辆的合理配置

运输企业根据其所承担运输任务的性质、运量、运距和道路、气候以及油料供应情况等条件,合理配备车辆结构,如大、中、小型车辆比例,汽、柴油车比例,通用、专用车比例等,通过合理规划,优化车辆构成,充分发挥车辆吨(座)位和容量的利用率,促进企业发展和满足社会需求。

1. 企业在具体选配营运车辆时的考核内容

①认真调查研究和预测营运区内客货源的特点、数量、运距及淡旺季流量状况。

②认真进行技术和经济的综合分析,对车辆运用条件,如道路、气候、燃润料供应等的变化作超前分析和预测,以确保营运周期的相对稳定,不至于在三五年内发生重大变化。

③分析当前本企业在用车辆的使用情况、适应程度和各项使用性能的发挥情况及存在的问题。还应对附近地区的汽车运输部门进行有针对性的调研,了解他们用车尤其是同类型车辆的使用情况,以便吸取全面的经验和教训。

④对汽车市场的现有车型的动态做全面了解,如销售量、销售覆盖面等,并对其结构特点和使用性能做对比分析,收集有关信息和翔实的资料,使企业能购置到性能好、质量高、价格低的车辆。

2. 企业合理配置车辆的标志

①车型先进,安全可靠,货物装卸(或旅客上下)方便。

②车辆规格齐全、能与当地客货源相适应且配比合理(指吨位大小、座位多少、高中低档车比例等),吨(座)位利用率和容量利用率高。

③车辆的燃润料消耗低、维修费用低、运输成本低但获得的利润高。

④适应市场的变化能力强,既能完成正常的生产任务,又能突出重点、完成特殊任务。

四、车辆选配的方法

购置车辆或进口车辆,必须从技术、经济、使用、维修等方面进行选择和评价。即对多种方案进行比较分析,从中选择出最佳方案。无疑,车辆选配时,应了解车辆的技术性能及对车辆进行经济评价。

1. 车辆的技术性能比较

车辆的技术性能标示着车辆全部特征,车辆的技术参数展示了车辆本身的品质。详细了解和比较车辆的技术性能是选购车辆的重要方法之一。

车辆的主要技术性能指标如下:

①外形尺寸:长×宽×高。
②质量:载质量(货)或乘客座位数。
③厂定最大总质量:载质量+整车整备质量。
④发动机:包括型号、缸径、行程、最大功率、压缩比、油耗及安装位置等。
⑤底盘:包括变速器、离合器、后桥、车架、悬架等。
⑥轴距及轮距:轴间的距离及两轮胎中心线间的距离。
⑦最高车速:汽车满载在平直良好路面上所能达到的最高行驶速度。
⑧最大爬坡度:汽车满载时用变速器最低挡位在坚硬良好路面上等速行驶所能克服的最大道路坡度。用百分比表示,越大则爬坡能力越强。
⑨最小转弯半径、接近角、离去角及最小离地间隙:表示车辆通过性能的优劣。
⑩燃油消耗:一般为百公里消耗量或50公里消耗量。
⑪制动距离:规定车速、道路条件下的车辆制动距离。
⑫制动系:包括行车制动和驻车制动及发动机排气制动配置、气液单双管路配置或助力式和非助力式制动配置等。
⑬转向系:动力转向或非动力转向配置。
⑭轮胎:斜交胎或子午线胎规格尺寸等。
⑮行李舱:包括容积标准及设置位置。
⑯其他:如客车的视听系统、空调设置、自动报警设置及其他选装配置等。

随着汽车工业的发展和社会需求的增加,汽车生产厂家提供给用户的车辆品类也越来越繁多。除了简介车辆的基本技术性能外,往往附设有许多装备,功能也较齐全,如设置卫生间、车载GPS、汽车蓝牙等,购置车辆时可按自己的需求进行选择。一般来说,货运车辆应侧重于功率大、耐用性好及便于装卸方面,购置客车时应侧重于车辆造型、附属装备配置及良好的安全性和舒适性方面。

2. 车辆的经济性评价

对车辆购置进行经济评价的方面的方法有多种,如"投资回收期法"、"费用效率分析法"、"费用换算法"和"投资回收额法"等。

(1)投资回收期法

企业投资购置营运车辆,除了要研究分析车辆在生产中的适用性、技术上的先进性以及维修的方便性等因素外,还要考虑车辆投资能否在短期内收回的问题。在其他方面相同的情况下,应当选择投资回收期最短的方案(车辆)。

投资回收期的计算公式如下:

$$投资回收期(年) = \frac{车辆投资额 - 残值}{年净收益 + 年折旧费}$$

式中:"车辆投资额"包括车辆价格(购置费)、车辆购置附加费、(需要运输时)运输费用等全部投资额;"年净收益"是指车辆投入营运后,预计每年可能获得的净收益额;"残值"是指车辆报废后的残余价值净额;"年折旧费"是指按平均年限法计算的年折旧额。

实例一 购置新车,有Ⅰ、Ⅱ、Ⅲ三种方案可供选择。其投资额、残值、预计年净收益以及年折旧费资料如表2-1所示,选择哪种方案为好?

车 辆 选 择 方 案   表2-1

可选方案	投资额(元)	残值(元)	年净收益(元)	年折旧额(元)
Ⅰ	300000	30000	45000	31375
Ⅱ	450000	40000	65000	31400
Ⅲ	600000	50000	75000	33280

$$方案Ⅰ投资回收期 = \frac{300000 - 30000}{45000 + 31375} = \frac{270000}{76375} \approx 3.53(年)$$

$$方案Ⅱ投资回收期 = \frac{450000 - 40000}{65000 + 31400} = \frac{410000}{96400} \approx 4.25(年)$$

$$方案Ⅲ投资回收期 = \frac{600000 - 50000}{75000 + 33280} = \frac{550000}{108280} \approx 5.08(年)$$

可见方案Ⅰ投资回收期最短,应选择方案Ⅰ。

(2) 费用换算法

这种方法是考虑资金的时间价值,把车辆的购置费加上车辆的使用费算出车辆的总费用,通过比较总费用,来评价不同的经济性优劣。由于车辆购置费是在购车时一次支付的,而使用费则是车辆投入使用后逐年陆续支出的,因此不能将两者简单地相加来进行比较,必须把使用费和购置费换算成同一时间的总费用。按照费用换算的方法不同,费用换算法可分为年费法和现值法两种。

① 年费法。年费法是将购置车辆时一次支付的车辆购置费换算成相当于投产后每年的支出。然后加上每年的使用费,即得每年的总费用。比较年总费用,在不考虑其他条件时,应选购年总费用最低的方案。

每年车辆购置费支出按下式换算:

$$平均每年购置费用 = 车辆购置费用 \times \frac{i(1+i)^n}{(1+i)^n} \qquad ①$$

式中:i——年利率;

n——车辆使用年限。

车辆每年总费用按下式计算:

$$车辆每年总费用 = 平均每年购置费用 + 每年使用费用 \qquad ②$$

实例二 现有两种车辆购置方案的有关资料如表2-2所示,问选择哪个方案较好?

表2-2

购车方案	购置费用(元)	使用年限(元)	年利率(元)	每年使用费(元)
车型Ⅰ	208000	10	10%	36800
车型Ⅱ	178000	10	10%	38100

按①式计算平均每年购置费用：

$$车型Ⅰ \quad 208000 \times \frac{0.1 \times (1+0.1)^{10}}{(1+0.1)^{10}-1} = 33850.96(元)$$

$$车型Ⅱ \quad 178000 \times \frac{0.1 \times (1+0.1)^{10}}{(1+0.1)^{10}-1} = 28968.61(元)$$

按②式计算两车每年总费用：

车型Ⅰ　每年总费用 = 33850.96 + 36800 = 70650.96(元)

车型Ⅱ　每年总费用 = 28968.61 + 38100 = 67068.61(元)

比较两车每年总费用，车型Ⅱ费用较少，应选车型Ⅱ有利。

②现值法。现值法就是把车辆使用过程中每年支出的费用换算成现值。再加上车辆的购置费，然后比较总费用，选购总费用最少的方案。计算公式如下：

$$各年使用费换算的现值 = 每年的使用费 \times \frac{i(1+i)^n - 1}{(1+i)^n} \qquad ③$$

车辆总费用(现值) = 车辆购置费 + 各年使用费换算的现值　　　④

我们还用上例的数据说明如下。先将各年的使用费按③式换算成现值：

$$车型Ⅰ \quad 36800 \times \frac{(1+0.1)^{10}-1}{0.1 \times (1+0.1)^{10}} \approx 226120(元)$$

$$车型Ⅱ \quad 38100 \times \frac{(1+0.1)^{10}-1}{0.1 \times (1+0.1)^{10}} \approx 234108(元)$$

按④式计算两车的总费用现值：

车型Ⅰ　总费用现值 = 208000 + 226120 = 434120(元)

车型Ⅱ　总费用现值 = 17800 + 234108 = 412408(元)

可见车型Ⅱ总费用现值低于车型Ⅰ，应选购车型Ⅱ。用不同的换算方法进行评价，结论是一致的。

3. 车辆的性能价格比分析

车辆的性能价格比在客户选择车辆的过程中是应该首先考虑的问题，下面我们就现在市面上畅销的别克威朗、本田新雅阁、帕萨特和南京依维柯几款车进行比较分析，见表2-3、表2-4、表2-5。

(1)技术性能比较

①别克威朗(2015款20T双离合领先型)。其技术参数见表2-3。

别克威朗技术参数　　　　　　　　表2-3

排气量(L)	1.5T	转向方式	电动助力
最大功率	124kW(5600r/min)	轴距	2700mm
最大扭矩	250Nm(4400r/min)	轮距(前/后)	1540/1558mm
油耗	6.1L/100km	长	4718mm
最高时速	205km/h	宽	1802mm
驱动方式	前置前驱	高	1471mm
制动方式	通风盘/盘(前/后)		

②雪佛兰科鲁兹(2016款1.4T自动旗舰版)。其技术参数见表2-4。

雪佛兰科鲁兹技术参数　　　　　　　　　　　　　　　表2-4

排量L	1.4	转向方式	电子助力转向
最大功率	150/5600kW/rpm	轴距	2662mm
最大扭矩	235/(1600~4000)Nm/rpm	轮距(前/后)	1540/1558mm
油耗	5.9L/100km	长	4567mm
最高时速	200km/h	宽	1786mm
驱动方式	前置前驱	高	1454mm
制动方式	前通风盘/后盘式制动		

③迈腾1.8TSI(智享领先型)。其技术参数见表2-5。

迈腾1.8TSI(智享领先型)技术参数　　　　　　　　　　表2-5

排量L	1.798	转向方式	EPS电动随速助力转向
最大功率	118/(5000~6200)kW/rpm	轴距	2812mm
最大扭矩	250/(1500~4500)Nm/rpm	轮距(前/后)	
油耗	6L/100km	长	4865mm
最高时速	215km/h	宽	1820mm
驱动方式	前置前驱	高	1475mm
制动方式	前通风盘/后盘式制动		

(2)性能评价

①动力性。别克威朗配备了三套通用全球最新研发的动力总成系统,并全系标配发动机启停功能。20T车型搭载了新一代Ecotec发动机家族中性能最强的1.5T SIDI中置直喷涡轮增压发动机,其荟萃中置直喷、DVVT连续可变气门正时系统、缸盖一体化的排气歧管布置、水冷增压器等动力科技,与7速DCG智能双离合变速器配合,可输出124kW/5600rpm最高功率和250Nm/1700~4400rpm最大扭矩,具有高性能、低油耗以及出色的静音与耐久性等突出优势,使威朗能在8.8秒内轻松实现加速破百,而百公里综合油耗仅6.1升,树立了同级新标准。

全新科鲁兹是一款设计简洁流畅、极具现代感的一款家用级车型。其长宽高比老款是整体缩小了一圈,不仅如此,2662mm的轴距也较上一代有所减少。1.4T发动机动力表现抢眼,最大功率为150马力/5600rpm,最大扭矩为235牛·米/1600~4000rpm;1.4T车型提供6挡手动与7挡DCG双离合器变速器。

迈腾出色的动力性能源于所搭载的代表德国大众最新技术的1.8TSI发动机,这款发动机的最大特点就是低转速大扭矩,从1500转持续到4200转,发动机都能输出250牛·米的最大扭矩;当转速上升至5000转以上时,迈腾更是源源不断地释放出118kW(160马力)的最大功率;配以5速手动变速器,可带来超乎想象的动力加速感,能让迈腾在9.4秒之内从静止加速到100公里,这在中高级轿车中处于绝对的领先地位。

②可操控性。别克威朗底盘系统采用全新优化的增强型前麦弗逊、后复合扭杆梁悬架结构,配合欧宝专利的瓦特连杆设计,加上全新带传动式电子助力转向系统、全铝六点连接

全框式副车架、液压衬套、铝质转向节等,使车辆拥有出色的底盘刚性和跟随性,从而获得精准扎实的操控性能和敏捷动感的驾驭乐趣,凸显"天生爱跑"的动感个性。

全新科鲁兹全系采用的是前麦弗逊独立悬架 + 全铝副车架及后扭力梁 + 瓦特连杆非独立悬架的结构。0~100km/h 加速测试中,由于双离合起步会保护的缘故,起步时车辆没有太多"冲劲儿",轮胎轻微打滑,恢复抓地力之后的动力表现还不错,最终用时只有 8.75 秒,在同级别车型中是个很出色的成绩。在日常驾驶中,1.4T 的车型中段加速能力不错,非常适合在城市中驾驶。全新科鲁兹的底盘调校令人满意,在保证舒适性这个大前提不动摇的情况下,也很好地兼顾了该车在运动性以及驾驶乐趣方面的诉求。弯道中,科鲁兹的侧倾被控制得很好,这得益于坚韧的悬架,还有瓦特连杆的帮助等。

迈腾 1.8TSI 操控一流,配备了和德国本厂同步的全部先进技术,科技含量高,同档次车中油耗相对较少,加速感明显,最值得推崇的是采用了原厂设计而未加长,保持了纯正血统,完美的空气动力学。生产的平台技术成熟,小毛病较少。

4. 个人选购汽车应注意的问题

随着汽车进入千家万户,个人购买汽车越来越多,在购买汽车时应注意下列问题。

(1)明确购车目的

个人购车的目的是用来代步或用来从事营业性客运或货物运输,或是两者兼顾等。城市家庭用车以代步为主,则以方便和舒适为主要考虑要素,所以轿车是首选目标;若是从事营业性运输,如出租、客运、货运等,即以赢利为目的,则以价格低廉、适用的汽车为首选目标。

(2)考虑自身承受能力

个人购车应考虑自身的经济承受能力。因汽车从购置到使用,除需缴纳购置费、消费税、第三者责任保险费、上户费、年检费等必须缴纳的费用之外,在使用中还必须支出燃油费、维修费,以及许多隐形的开支,如违章违纪罚款、停车费、过路费、过桥(隧道)费、洗车费等。车辆从投入使用到报废的整个寿命期内,车辆的使用费用是购置汽车费用的 5~7 倍,一般认为,购买一台价值 10 万元左右的轿车,月收入应在 5000 元以上。

(3)确定汽车种类及型号

在选择车种和型号之前,首先应做好深入细致的调查研究,尽可能了解产品的技术性能指标;其次应与当地汽车管理部门或生产厂家取得联系,参考一些有经验的汽车驾驶员及维修人员的建议,从中了解所购车型的具体情况。在选择时,具体应注意:

①汽车的整备质量。汽车的车身长、质量大,行驶稳定性较好,而且稳重大方,豪华气派。但若从经济性角度分析,其使用的经济性不如质量轻的小型汽车。实验表明,小型汽车质量每增加 40kg,燃油消耗增加 1% 左右。

②发动机类型的选择要根据车辆的用途、使用者的经济状况、当地对汽车排放的要求来加以确定。在同类型发动机中虽然排量大的功率大、动力性好,但排量小的燃油经济性较好。

③车身式样的选择一般按汽车的用途和购车者的爱好选择。

④售后服务的选择。售后服务包括汽车的维护、零配件的供应及技术资讯三个方面的内容。应选择售后服务网络健全、信誉好、有保障的品牌型号。

(4)检查样车

确定了汽车的型号和品牌后,首先应对样车进行全面的检查。

①汽车的外表检查包括：汽车外部油漆颜色是否均匀一致，有无划痕、掉漆、开裂、起泡、锈蚀及修补的痕迹等；检查轮胎、备胎规格是否符合规定；各灯光信号设施是否齐全，有无损伤，前、后风窗玻璃有无损伤；车窗、车门是否完整和开、关是否自如。

②车内检查主要包括：车内装饰件及有关装备是否完整有效，操纵是否正常，密封是否良好，乘坐是否舒适等；接通电源开关，检查刮水器、风窗玻璃洗涤装置工作是否正常；检查前照灯、制动灯、转向灯、防雾灯、倒车灯等是否正常，里程表有无记录数字等。

③起动发动机检查包括：汽车运行材料是否符合标准添加量，不足时或质量不符合标准时进行添加或更换；将变速器置空挡，拉紧驻车制动，接通点火开关，起动发动机，观察各种仪表及报警装置工作是否正常，倾听发动机的运转声音是否平稳、有无异响；急踩加速踏板检查发动机的加速性能，观察发动机转速变化的响应情况；松开加速踏板，观察发动机怠速是否稳定；下车观察发动机排气管的烟色是否正常等。

④路试检查包括：汽车的加速性能、操纵稳定性能、行驶平顺性、乘坐舒适性、制动性能是否良好，汽车上的各种装备是否工作正常等；在汽车行驶中注意观察和倾听有无异响、异常；停车后观察有无渗漏油（包括燃油、润滑油、制动液等）、水（冷却液、电解液等）、气等现象。

（5）办理购车手续

从进入市场选购汽车开始，到正式将车开上路，其中要经过办移动证和保险、验车、缴附加费、上牌、领照、缴养路费、缴车船使用税、建档等程序。目前，不少交易市场内已设有现场办事机构，一些手续在市场内就可完成。具体步骤如下：

①在经销商那里提车，检查好车的外观和随车附件（备胎、千斤顶、工具、三角警告牌、点烟器、天线等）。

②拿好购车发票，一共三联（发票联、注册登记联、报税联），拿好机动车整车出厂合格证（简称合格证），把车架号拓印好。

应注意核对购车发票，检查所填写的车型、颜色、排量、发动机号、底盘号等是否与实际车辆相符，如有错误要及时更正，否则无法正常办理汽车入户登记手续。

③将身份证复印三份（一份保险公司、一份国税、一份车管所），合格证复印二份（一份保险公司、一份国税）。

④带发票和以上的复印件去国税局车购办交税，拿好购置税本和发票。

⑤带身份证和合格证复印件去办理保险。

⑥带上以上所有东西去车管所上牌，先验车，然后拿车验车单加所有材料去办证厅登记，选号，然后拍照，装牌，拿行驶证和车辆登记证书。

模块2　车辆运行材料的选用

一、车用汽油的选用

汽油是汽油机的主要燃油，是从石油中提炼而得到的密度小、易挥发的液体燃油，自燃点为415～530℃。汽油使用性能的好坏，对于汽油机的动力性、经济性、可靠性及排气污染等均有很大的影响。

1. 车用汽油的使用性能及评定指标

(1) 汽油的蒸发性及评价指标

①适宜的蒸发性。蒸发性是指汽油由液体状态转变为气体状态的性质。汽油的蒸发性越好,就越易汽化,形成的油气混合物也越均匀。汽化良好的混合气燃烧速度快,发动机易起动,加速及时,加速踏板响应快,同时可以减少发动机的机械磨损,降低油耗及汽车尾气有害物质的排放。但物极必反,若蒸发性过高,汽油在炎热气候和大气压较低的地区易发生"气阻"而使车辆出现加油不畅、加速不起、易死火等故障,同时也会使汽油的储运损失增大。因此汽油应具有适当的蒸发性。

②评定指标。评定汽油蒸发性的指标是馏程和蒸气压力。

馏程是指在石油产品馏程测定仪上对100ml油品蒸馏时,从初馏点到终馏点的温度范围。汽油的馏程以初馏点、10%馏出温度、50%馏出温度、90%馏出温度、终馏点和残量来表示。

初馏点指对100ml汽油在规定条件下蒸馏时,得到第一滴汽油时的温度。

10%馏出温度指对100ml汽油在规定条件下蒸馏时,得到10%汽油馏分的温度。10%馏分温度表示汽油中所含轻质馏分的多少,对汽油机冬季起动的难易程度及夏季是否发生"气阻"有很大的关系。该温度低,发动机易起动,起动时间短,耗油少;但不宜过低,过低时,在夏季易产生"气阻"。10%馏出温度与汽油机可能起动的最低气温见表2-6。国家有关标准规定各牌号汽油的10%馏出温度不高于70℃,但未规定汽油10%馏出温度的下限,而是通过饱和蒸气压来控制。一般认为,10%馏出温度应在60~65℃之间。

汽油10%馏出温度与汽油机可能起动的最低温度　　　　表2-6

可能起动的最低温度(℃)	-29	-18	-7	-5	0	5	10	15	20
10%馏出温度(℃)	36	53	71	88	98	107	115	122	128

50%馏出温度指对100ml汽油在规定条件下蒸馏时,得到50%汽油馏分的温度。50%馏出温度表示汽油的平均蒸发性。此温度低,对汽油机的加速性、工作稳定性及起动后迅速升温(暖车)有利。国家标准中规定各牌号汽油50%馏出温度不高于120℃。

90%馏出温度表示汽油中含重质成分的多少。90%馏出温度高,表明汽油中重馏分含量多,重馏分汽油不易挥发,特别冬季时,来不及蒸发燃烧的重馏分汽油沿汽缸壁流到下曲轴箱,冲掉汽缸壁上的润滑油膜,稀释润滑油导致汽缸、活塞环等零件及其他配合副机械磨损加剧。同时也造成混合气燃烧不完全,尾气排放污染增加,耗油量增加,电喷汽油机喷嘴易结胶。国家标准中规定各牌号汽油90%馏出温度不高于190℃。

终馏点指对100ml汽油在规定条件下蒸馏时,蒸馏结束时的温度。它的影响与90%馏出温度一样,国家有关标准规定各牌号汽油的终馏点不高于205℃。

残留量指对100ml汽油在规定条件下蒸馏时,所得残留物质的体积百分数。

饱和蒸气压是指在一定的温度下,汽油的液气两相达到平衡状态时汽油蒸气所产生压强。

汽油饱和蒸气压越高,汽油含轻质馏分越多,低温下汽油机越容易起动,蒸发性越好。大气压强越低或环境温度越高,汽油饱和蒸气压也随之提高。但饱和蒸气压不能过高,过高易产生"气阻",影响汽油机正常工作,甚至中断供油。

实验表明,汽油不产生气阻的最大饱和蒸气压与气温的关系见表2-7。由表可知,汽油使用的环境温度高的地区和季节应限制饱和蒸气压。

各种气温下不致引起气阻的汽油最大饱和蒸气压力 表 2-7

气温(℃)	10	16	22	28	33	38	44	49
最大饱和蒸气压(kPa)	93.3	84.0	76.0	69.3	56.0	48.7	41.3	36.7

（2）汽油的抗爆性及评定指标

①抗爆性。汽油的抗爆性是指汽油在燃烧室中燃烧时防止爆燃的能力。是汽油的重要性能之一。

汽油机在正常燃烧过程中是火花塞跳火,产生高能量的电火花,使其电极间的可燃混合气温度急剧升高并被点燃,形成火焰中心。火焰前锋约以 20～30m/s 的速度迅速向燃烧室远离火花塞的各点传播,使混合气绝大部分燃烧完毕释放出热能。这样的正常燃烧过程,汽缸内的压力升高率每度曲轴转角不大于 200kPa,温度上升也很均匀,汽油机工作柔和平稳,动力性能得到充分发挥。爆燃则是在正常火焰前锋到达之前,由于火焰前锋的压缩和热辐射作用,温度急剧地升高而自燃着火,形成多个火焰中心,使火焰传达速度高达 1000～2000m/s,燃气压力在燃烧室壁、活塞顶和汽缸壁产生金属敲击声,并引起发动机振动。爆燃将使得发动机功率下降,油耗增加,使活塞、气门等零部件损坏,汽缸异常磨损,因此要求汽油应有良好的抗爆性。压缩比越高的车越易爆燃,对汽油的抗爆性要求也越高。

②评定指标。评定汽油抗爆性的指标是辛烷值。

汽油的辛烷值主要由其烃类组成和各类烃分子的化学结构决定。同时也与所含烃化合物的种类,数量以及馏分组成有关。从总的概念来说,芳香烃和异构烷烃的辛烷值最高,正构烷烃最低,环烷烃和烯烃居中。

辛烷值(或抗爆指数)越高,表示汽油的抗爆性越好。辛烷值是代表汽油机燃油抗爆性的一个约定数值。在规定条件下的标准发动机实验中,通过和标准燃油进行比较来测定,用和被测定燃油具有相同抗爆性的标准燃油中异辛烷的体积百分数表示。测定方法有研究法（RON）和马达法（MON）两种。

马达法辛烷值表示汽油在发动机重负荷条件下高速运转的抗爆能力,它模拟载货汽车在公路条件下行驶的工况;研究法辛烷值表示汽油发动机在常有加速条件下低速运转时的抗爆能力,它模拟轿车在城市道路条件下行驶的工况。同一种汽油用研究法测定的辛烷值比马达法测定的辛烷值要高 6～10 个单位,这一差值叫作汽油的灵敏度,可用来反映汽油抗爆性随运转工况激烈程度的增加而降低的情况,汽油灵敏度越小越好。

由于研究法辛烷值和马达法辛烷值都不能全面反映车辆运行中燃烧的抗爆性能,一些国家引用一个叫抗爆指数的指标,它是同一种汽油研究法辛烷值与马达法辛烷值的平均数。即:

$$AKI = \frac{RON + MON}{2}$$

抗爆指数也叫平均辛烷值,可反映在一般条件下汽油的平均抗爆性。

我国用研究法辛烷值作为汽油抗爆性的评定指标,并以此划分汽油牌号。

③提高车用汽油辛烷值的方法。

近年来,汽油机的主要发展方向之一是提高压缩比,因而相应要求汽油的辛烷值也越高,否则会产生爆燃。提高辛烷值的常用方法有两种:采用二次加工的炼制工艺(如烷基化、加氢裂化),以得到含有较高比例的异构烷烃和芳香烃,可使辛烷值大幅提高;在汽油中调入辛烷值改善组分。高辛烷值汽油调和组分—含氧化合物如甲基叔丁醚(MTBE)和叔丁醇(TBA)等。MTBE 的研究法辛烷值为 117,不仅抗爆性好,因含氧,燃烧性能好,使车用汽油在有较高辛烷值的同时,排放更加干净,它已成为提高汽油辛烷值的主要手段。

(3)汽油的安定性及评定指标

①化学安定性。汽油的化学安定性是指汽油在储存、运输、加注和其他作业时,抵抗氧化生胶的能力。安定性差的汽油在使用过程中,受到空气的氧、环境温度和光等的作用,会发生氧化缩合而生成胶质和酸性物质,使辛烷值降低,汽油颜色变黄并产生黏稠沉淀。这些胶质会黏附在油箱、输油管、滤清器以及喷油器中,造成供油不畅甚至中断。因此,为了保证汽油机可靠工作,要求车用汽油具有良好的化学安定性。评定汽油化学安定性的指标是实际胶质和诱导期。

②物理安定性。汽油的物理安定性是指汽油在使用过程中(如加注、运输、储存),保持不被蒸发损失的性能。它主要决定于汽油中所含低沸点烃类的多少。为了改善汽油机的起动性,希望汽油中含低沸点烃类多些,但这些烃类容易蒸发逸散,导致损耗增加,使汽油的物理安定性变差。评定汽油物理安定性的指标是饱和蒸气压和馏程。

(4)腐蚀性及评定指标

①腐蚀性。汽油在运输、储存、发放和使用过程中,要接触各种金属,如果汽油具有腐蚀作用,就会腐蚀运输设备、储油容器和发动机的零部件,所以要求汽油应无腐蚀性。汽油成分中的各种烃类,都是没有腐蚀性的,而引起腐蚀的物质主要是硫、硫化物、有机酸、水溶性酸、碱等。

②评定指标。

评定汽油腐蚀性的指标是硫含量、铜片腐蚀试验、水溶性酸或碱、酸度和博士试验。

(5)汽油的清洁性及评定指标

①清洁性。清洁性是指汽油中是否含有机械杂质和水分的性质。

汽油中不应含有机械杂质和水分,但在储存和使用过程中各种机械杂质和水分会混入汽油。机械杂质会造成喷油器堵塞,气门和燃烧室积炭,汽缸、活塞和活塞环的磨损加剧。水分混入汽油中,会加速汽油的氧化,与低分子有机酸生成酸性水溶液而腐蚀机体。所以车用汽油中应严格控制机械杂质和水分的混入。

②评定指标。评定汽油清洁性的指标是机械杂质和水分。

2. 车用汽油的规格和牌号

目前我国车用汽油标准执行的是 GB/T17930—2011《车用汽油》,车用汽油(Ⅳ)按研究法辛烷值分为 90 号、93 号和 97 号三种牌号。

根据 2013 年 2 月 6 日国务院常务会议对油品质量升级工作的要求,为落实国务院《大气污染防治行动计划》,国家质检总局、国家标准委于 2013 年 12 月 18 日发布了第五阶段车用汽油国家标准 GB/T17930—2013《车用汽油》。该标准自发布之日起实施,自 2018 年 1 月 1 日起全国范围内供应第五阶段国 Ⅴ 标准车用汽油。与第四阶段车用汽油国家标准相比较,国五车用汽油标准最主要变化是"三降低两调整一增加",即降低了硫、锰和烯烃的含量,调整了蒸汽压和牌号,增加了密度限值。硫含量是车用汽油中最关键的环保指标,为进一步提高汽车尾气净化系统的能力,减少汽车污染物排放,标准将硫含量指标限值由第四阶段的 50ppm 降为 10ppm,降低了 80%。锰对人体健康具有潜在风险,对车辆排放控制系统也会产生不利影响,标准采取预防的原则,将锰含量指标限值由第四阶段的 8mg/L 降低为 2mg/L,并禁止人为加入含锰添加剂。由于降硫、禁锰引起的辛烷值减少,以及我国高辛烷值资源不足,结合我国炼油工业的实际,将第五阶段车用汽油牌号由 90 号、93 号、97 号分别调整为 89 号、92 号、95 号;同时考虑汽车工业发展的趋势,在标准的附录中增加了 98 号车用汽油的指标要求,如果企业生产和销售 98 号车用汽油,则必须符合附录中的指标要求。

为防止冬季因蒸气压过低而影响汽车发动机冷起动性能,导致燃烧不充分、排放增加,冬季蒸气压下限由第四阶段的 42kPa 提高到 45kPa;为进一步降低汽油中挥发性有机物质(VOCs)的排放,减少大气污染,夏季蒸气压上限由第四阶段的 68kPa 降低为 65kPa,并规定广东、广西和海南全年执行夏季蒸气压。降低烯烃含量是为了进一步降低汽油蒸发排放造成的光化学污染,减少汽车发动机进气系统沉积物,烯烃含量由第四阶段的 28% 降低到 24%。标准首次规定的车用汽油的密度指标为 20℃ 时 720~775kg/m^3,这是为了进一步保证车辆燃油经济性相对稳定。

第五阶段车用汽油国家标准的制定既考虑了我国当前和今后一个时期大气污染防治和空气质量改善的迫切要求,也考虑了我国车用汽油产品生产、储运和使用的现状,以及油品生产企业技术改造和汽车排放控制技术的需求,有助于减少机动车排放污染物,对于保护环境,改善空气质量具有重要意义。

据测算,国五车用汽油标准实施后将大幅减少车辆污染物排放量,预计在用车每年可减排氮氧化物约 30 万吨,新车 5 年累计可减排氮氧化物约 9 万吨。

车用汽油标准(Ⅴ)与车用汽油标准(Ⅳ)其规格区别见表 2-8。

汽油标准国(Ⅴ)与国(Ⅳ)质量指标区别　　　　　　表 2-8

项　目		国(Ⅳ)			国(Ⅴ)		
		90	93	97	89	92	95
抗爆性							
研究法辛烷值(RON)	≥	90	93	97	89	92	95
抗爆指数(RON+MON)/2	≥	85	88	报告	84	87	90
铅含量(g/L)	≤	0.005			0.005		
铁含量(g/L)	≤	0.01			0.01		
锰含量(g/L)	≤	0.008			0.002		
馏程							
10% 蒸发温度(℃)	≤	70			70		
50% 蒸发温度(℃)	≤	120			120		
90% 蒸发温度(℃)	≤	190			190		
终馏点(℃)	≤	205			205		
残留量(体积分数)(%)	≤	2			2		
蒸汽压(kPa)							
11 月 1 日至 4 月 30 日		42~85			45~85		

续上表

项　　目		国(Ⅳ)			国(Ⅴ)		
		90	93	97	89	92	95
5月1日至10月31日		40~68			40~65		
溶剂洗胶质含量(mg/100mL)	≤	5			5		
诱导期(min)	≥	480			480		
硫含量(质量分数)(%)	≤	0.005			0.001		
硫醇(须满足下列之一)							
博士试验		通过			通过		
硫醇硫含量(质量分数)(%)	≤	0.001			0.001		
铜片腐蚀(50℃,3h),级	≤	1			1		
水溶性酸或碱		无			无		
机械杂质及水分		无			无		
苯含量(体积分数)(%)	≤	1			1		
芳烃含量(体积分数)(%)	≤	40			40		
烯烃含量(体积分数)(%)	≤	28			25		
氧含量(质量分数)(%)	≤	2.7			2.7		
甲醇含量(质量分数)(%)	≤	0.3			0.3		

3. 车用汽油的选用

(1)汽油的选用

汽油牌号的选择应恰当,如果选择的汽油牌号过高,会增加费用;如果选择的汽油牌号过低,则会使发动机产生爆燃,影响动力性和经济性,严重时还会使汽油机损坏。因此,正确选用汽油牌号不仅可以延长发动机的使用寿命,而且还可以达到节油的目的。一般情况下,选择汽油牌号时应从以下两方面考虑。

①根据汽车使用说明书的要求选择汽油牌号。目前,按照国五标准我国大部分载重汽车及部分轿车可采用89号国产汽油,如 CA1091、EQ1091、桑塔纳、奥迪 V6、捷达、本田雅阁、富康轿车等;上海别克、夏利轿车使用92号国产汽油;上海帕萨特 B5、日产风度、奔驰 S600 轿车等使用95号国产汽油。

②根据汽车发动机压缩比 ε 选择。以正常条件下发动机不发生爆燃为前提,选择适当牌号的车用汽油。通常压缩比在7.5~8应选用89号车用汽油;压缩比在8~9应选用92号车用汽油;压缩比在9以上应选用95号车用汽油。

(2)汽油的使用注意事项

①燃油的品质直接影响整车的动力性、经济性、排放性及机件的使用寿命。因此,必须按车辆规定的牌号加注汽油。

②油箱要经常装满油,尽量减少油箱中的空气含量,以减少胶质的生成。同时应保持油箱盖通气阀作用良好,按要求定期清洁油箱与汽油滤清器。

③当换用其他汽油牌号时,发动机的点火提前角(若能人工调整的话)要做相应的调整。当由低牌号汽油换用高牌号汽油时,应适当提前点火提前角;而当由高牌号汽油换用低牌号

汽油时,应适当推迟点火提前角。

④汽车由平原驶入高原时,应换用低牌号汽油或适当推迟点火提前角,以免发动机发生过热,影响发动机的动力性;而汽车由高原驶入平原时,应换用高牌号汽油或适当提前点火提前角,以免发动机发生爆燃。

⑤不同牌号或不同用途的汽油尽量不要掺兑使用,严禁与其他燃油掺兑使用,以免影响发动机的正常使用。

⑥不要使用长期存放的变质汽油,因为其辛烷值下降、结胶严重会导致发动机的喷嘴堵塞,而影响发动机的正常使用。

⑦当燃油报警灯亮时,就要及时加油。因为燃油箱底部含有较多的水分和杂质,会影响发动机的正常工作,降低燃油泵、喷油器的使用寿命,也容易造成油路堵塞。

⑧汽油是易燃、易爆品,易产生静电,有一定的毒性,使用时要注意安全。在汽油存放点的附近禁用明火,不能用塑料桶存放汽油。

二、车用柴油的选用

我国民用汽车保有量中,柴油车约占四分之一。由于柴油的能量密度和热效率都高于汽油,所以柴油车有越来越多的趋势。因此了解柴油的使用性能及规格选用显得十分重要。

1. 车用柴油的使用性能及评定指标

柴油分轻柴油和重柴油,车用柴油主要是轻柴油(简称为柴油)。与汽油相比,轻柴油的黏度大,自燃点低(为240~400℃),蒸发性不如汽油好,所以柴油的使用性能与汽油不同。

(1)柴油的燃烧性能及评定指标

①燃烧性。柴油的燃烧性是指其自燃能力。主要取决于发火延迟期的长短,发火延迟期是指从柴油喷入燃烧室到开始着火的时间。如果柴油的燃烧性能差,发火延迟期就长,喷入燃烧室的柴油积聚量多,一旦着火,就有过量的柴油着火燃烧,使汽缸内压力上升过急,产生强烈的发动机震击现象,通常把这种现象称为发动机工作粗暴。柴油机的工作粗暴与汽油机的爆震一样,会使发动机曲柄连杆机构承受过大的冲击作用,产生强烈的金属敲击声,加速零件的磨损并且使柴油机起动困难,造成柴油机功率下降,油耗增大。燃烧性能良好的柴油,其自燃点低,在发火延迟期,燃烧室的局部易于形成高密度的过氧化物,成为着火中心,着火延迟期短,整个燃烧过程发热量均匀,汽缸压力升高平缓,柴油机工作柔和。因此要求柴油具有良好的燃烧性。

②评定指标。柴油燃烧性的评定指标是十六烷值。

十六烷值高的柴油,其燃烧性能好,发火延迟期短,速燃期内压力升高率不过大,柴油机不易产生工作粗暴;反之,十六烷值低的柴油,其燃烧性能差,发火延迟期长,易产生工作粗暴。

十六烷值除了影响柴油机工作粗暴以外,对柴油机的起动性能也有一定的影响。十六烷值高的柴油,即使在较低的气温条件下也易起动。但十六烷值不宜过高,否则,由于柴油十六烷值过高其分子量过大,使柴油的低温流动性、喷雾和蒸发性均受到影响,致使燃烧不完全,降低发动机功率,增加油耗。一般选用十六烷值为40~50的柴油基本可满足工作要求。

(2)雾化和蒸发性及评定指标

①雾化和蒸发性。柴油机为了保证动力性和经济性,燃烧过程必须在活塞位于压缩行

程上止点附近迅速完成。要求喷油持续时间极为短促,只有15°~30°的曲轴转角,可燃混合气形成时间只有汽油机的1/20~1/30,在已决定的燃烧室的喷油设备条件下,柴油的雾化和蒸发性决定了柴油在燃烧室内形成混合气的质量和速度。因此,要求柴油有良好的雾化和蒸发性能。

②评定指标。评定柴油的雾化和蒸发性的主要指标是运动黏度、馏程、闪点和密度。

运动黏度:液体受外力作用时,液体分子间所呈现的内部摩擦力叫黏度。运动黏度表示液体在重力作用下流动时内摩擦力的量度,是表示柴油稀稠程度的一项指标。

运动黏度不仅影响着柴油的流动性,更主要的是影响着柴油的雾化质量。现代高速发动机,柴油通过喷油器的高压喷射,使喷入燃烧室的柴油被分散成细小的油滴并在汽缸内散布开来,形成一团由无数细粒组成、外形与火炬相似的油雾。油雾雾粒的平均直径小,说明柴油被雾化的好。

实践证明,柴油黏度不可太大,也不可太小。柴油的黏度过大,分子间相互作用力大,这种作用力有阻止油柱分散的作用。因此,柴油喷入燃烧室的油滴直径大,射程远,圆锥角小,使油滴的有效蒸发表面积减小,混合气形成不良,燃烧不完全,油耗增加;柴油黏度过小,喷入燃烧室的油柱射程短,锥角大,贯穿力小,混合气的燃烧将在喷油器喷口处进行,而不能利用燃烧室内全部空气,使燃烧不完全,柴油机功率下降,同时黏度过小又会影响耦合件的可靠润滑,引起磨损加剧。

馏程:测定柴油的馏程和测定汽油的馏程的方法大致相同,所不同的只是柴油馏程的测定项目有50%、90%和95%馏出温度。

50%馏出温度越低,说明柴油中的轻质馏分含量越多,蒸发速度越快,柴油机越易起动。柴油50%馏出温度与起动时间的关系见表2-9。

柴油 50% 馏出温度与起动时间的关系　　　　　表2-9

柴油50%馏出温度(℃)	200	225	250	275	285
柴油机的起动时间(s)	8	10	27	60	90

但柴油中轻质馏分含量越多,会使喷入汽缸的柴油蒸发太快,易引起全部柴油迅速燃烧,造成压力剧增,使柴油机工作粗暴。

90%和95%馏出温度越低,说明柴油中重质馏分含量少,使混合气燃烧完全,不仅可以提高柴油机的动力性,减少机械磨损,避免发动机过热现象,而且还可以降低油耗。

闪点:在规定的条件下,加热油品所逸出的蒸气和空气组成的混合物与火焰接触发生瞬间闪火的最低温度,叫闪点,以℃表示。

柴油的闪点既是控制柴油蒸发性指标的指标,也是保证柴油安全性的指标。闪点低,说明柴油中轻质馏分多,蒸发性能好,但不能过低,以防轻质馏分过多,蒸发过快,造成汽缸内压力突然上升,引起柴油机工作粗暴,而且在使用中不安全。

密度:柴油的密度越大,其黏度越增大,雾化质量就越差,无法形成良好的混合气,使燃烧条件变坏,排气冒黑烟,耗油量增加。柴油的密度大也是柴油内存在芳香烃的标志,它将导致柴油机的工作粗暴现象。

(3)柴油的低温流动性及评定指标

①低温流动性。柴油的低温流动性是反映柴油在低温条件下具有一定的流动状态的性能。

柴油的低温流动性能直接影响到柴油能否可靠地供给汽缸,发动机能否正常工作。

②评定指标。评定柴油低温流动性能的指标有凝点、浊点、冷滤点。

凝点:是将柴油装在规定的试管内,冷却到预期的温度,将试管倾斜45°,经过1min液面不移动,此时的温度,便是柴油的凝点。我国的轻柴油按凝点划分牌号。

浊点:是柴油中开始析出石蜡晶体,柴油失去透明时的最高温度。柴油达到浊点后虽然未失去流动性,但在燃油供给系中易造成油路堵塞,使供油减少以致逐步中断供油。

冷滤点:是指在规定的冷却条件下,柴油在1.96kPa压力进行抽吸试油,1min通过缝隙宽度45μm金属滤网的柴油体积少于20ml的最高温度。

由于冷滤点测定的条件近似于使用条件,所以冷滤点与柴油的实际使用最低温度有良好的对应关系,可作为根据气温选择柴油牌号的依据。

(4)柴油的安定性及评定指标

①安定性。柴油的安定性是指柴油在运输、储存和使用过程中保持其外观颜色、组成和使用性能不变的能力。使用安定性差的柴油,易生成胶状物质使发动机供油系堵塞。

②评定指标。安定性的评定指标有:实际胶质、10%蒸余物残炭、颜色等。

(5)柴油的腐蚀性及评定指标

①腐蚀性。柴油中含有硫及硫化物、水分及酸性物质,对零件产生腐蚀作用,燃烧后的排放污染严重,而且促进柴油机沉积物的生成。所以要求柴油具有无腐蚀性。

②评定指标。腐蚀性可用硫含量、硫醇硫含量、酸度、铜片腐蚀试验、水溶性酸或碱等指标评定。

硫含量:柴油中硫含量高,不仅会增加柴油机机件的磨损,还使柴油机的沉积物增加,排气污染严重。因此,现代柴油发动机要求使用清洁柴油。

硫醇硫含量:硫醇硫含量用其在柴油中所占的质量百分数表示。硫醇硫含量高会增加柴油机机件的磨损,特别是供油系统零件的磨损,并对人造橡胶有不良影响。

2. 车用柴油的牌号和规格

目前我国柴油的标准采用GB 252—2011《普通柴油》,柴油国五标准即将在2018年前实施,国五柴油与国四主要区别就是柴油的品质,国五柴油的品质更高,排放的废气更少,污染更少。该标准将柴油按凝点分为10、5、0、-10、-20、-35和-50七种牌号。表示其凝点分别不高于10℃、5℃、0℃、-10℃、-20℃、-35℃和-50℃。其质量指标见表2-10。

柴油国(Ⅴ)与国(Ⅳ)质量指标区别　　　　　表2-10

项　目		国(Ⅳ)					国(Ⅴ)				
		5#	0#	-10#	-20#	-35#	5#	0#	-10#	-20#	-35#
标准		DB 11/239-2007					DB 11/239-2012				
色度(号)	≤	3.5					3.5				
氧化安定性(总不溶物)(mg/100mL)	≤	2.5					2.5				
硫含量(质量分数)(%)	≤	0.005					0.001				
酸度(mgKOH/100mL)	≤	—					7				
10%蒸余物残炭(质量分数)(%)	≤	0.3					0.3				

续上表

项　目		国(Ⅳ)					国(Ⅴ)				
		5#	0#	-10#	-20#	-35#	5#	0#	-10#	-20#	-35#
灰分(质量分数)(%)	≤	0.01					0.01				
铜片腐蚀(50℃,3h)(级)	≤	1					1				
水分(体积分数)(%)	≤	痕迹					痕迹				
机械杂质		无					无				
润滑性											
磨痕直径(60℃)(μm)	≤	460					460				
多环芳烃含量(质量分数)(%)	≤	11					11				
运动黏度(20℃)(mm²/s)		3.0~8.0		2.5~8.0		1.8~7.0	2.5~7.5		2.0~7.5		1.3~6.5
凝点(℃)	≤	5	0	-10	-20	-35	5		-10	-20	-35
冷滤点(℃)	≤	8	4	-5	-14	-29	8		-5	-14	-29
闪点(闭口)(℃)	≥	55					55				
着火性											
十六烷值	≥	49		46		45	51		49		47
十六烷指数	≥	46		46		43	46		46		46
馏程											
50%蒸发温度(℃)	≤	300					300				
90%蒸发温度(℃)	≤	355					355				
95%蒸发温度(℃)	≤	365					365				
密度(20℃)(kg/m³)		820~845		800~840			800~850		790~840		
脂肪酸甲酯(体积分数)(%)	≤	—					—				

3. 车用柴油的选用

(1) 车用柴油的选择

柴油牌号的选用原则是：

① 根据当地当月最低气温进行选择。气温高选用高凝点的油，气温低选用低凝点的油，为保证在最低气温下柴油机能正常工作，凝点应比环境气温低5℃以上。高温地区若选用低凝点柴油，会造成使用成本增加。

② 对照当地当月风险率为10%的最低气温选油。为了安全起见，GB252—2011规定了部分地区风险率为10%的最低气温见表2-11。各地风险率是由全国152个气象台从1961~1980年共20年逐日最低气温记录整理出来的。风险率为10%的最低气温反映最低气温低于该值的概率为10%。

城市车用柴油一般可按照下列情况选用：

10号城市车用柴油——适用于有预热设备的柴油机；

5号城市车用柴油——适用于风险率为10%的最低气温在8℃以上的地区使用；

0号城市车用柴油——适用于风险率为10%的最低气温在4℃以上的地区使用；

-5号城市车用柴油——适用于风险率为10%的最低气温在-1℃以上的地区使用；

−10号城市车用柴油——适用于风险率为10%的最低气温在−5℃以上的地区使用；

−20号城市车用柴油——适用于风险率为10%的最低气温在−14℃以上的地区使用。

部分地区风险率为10(%)的最低气温(℃)　　　　表2-11

月份 地区	1月	2月	3月	4月	5月	6月	7月	8月	9月	10月	11月	12月
河北省	−14	−13	−5	1	8	14	19	17	9	1	−6	
黑龙江省	−44	−42	−35	−20	−6	1	7	1	−6	−20	−35	−43
山东省	−12	−12	−5	2	8	14	19	18	11	4	−4	−10
江苏省	−10	−9	−3	3	11	15	20	20	12	5	−2	−8
广东省	1	2	7	12	18	21	23	23	20	13	7	2
云南省	−9	−8	−6	−3	1	5	7	7	5	−1	−5	−8
西藏自治区	−29	−25	−21	−15	−9	−3	−1	0	−6	−14	−22	−29
河南省	−10	−8	−2	4	10	15	20	18	11	4	−3	−8
四川省	−21	−17	−11	−7	−2	1	2	1	0	−7	−14	−19

(2)使用注意事项

①不同牌号的柴油可掺兑使用,以降低高凝点柴油的凝点。

②不能在柴油中掺入汽油,因为汽油的发火性能差,掺入汽油会导致起动困难,甚至不能起动。

③低温起动可以采取预热措施,也可使用低温起动液。

④柴油加入油箱前,要经过沉淀和过滤,沉淀时间不少于48h,以除去杂质,确保柴油的清洁。

三、汽车新能源

汽车的燃料大部分是石油产品。但据目前探明的石油资源测算,世界上的石油仅能开采数十年,石油资源将面临枯竭。由于常规能源的不断减少和污染环境,今后世界的能源发展战略是减少对石化资源的依赖,寻求新能源,建立一个再生的、干净的、持久的能源体系,使目前的能源结构向新的能源结构过渡,减少对石油资源的依赖,开发汽车新能源已成为现代汽车技术发展的重要课题。

新能源汽车是指除汽油、柴油发动机之外的其他能源汽车。开发、使用污染小且有一定的发展前景的清洁代用燃料已成为世界各大汽车公司竞争的热点。21世纪汽车的新型清洁能源主要是电能、氢气、天然气、液化石油气、醇类燃料、生物燃料等。它们之所以被称为清洁能源,是由于它们的相对分子质量比汽油、柴油小得多,对燃料和空气的混合、燃烧、抑制炭烟都有利。采用这类气体或液体代用燃料代替汽油、柴油作为汽车燃料,其尾气排放CO、HC、CO_2等污染比汽油、柴油低得多。根据汽车的特点,使用的代用燃料或新能源应具备如下条件:储量或原料丰富,能满足汽车的大量需求;能量密度高,保证汽车有足够的续驶里程;污染环境小;价格低廉,比使用汽油或柴油更经济;使用安全,运输、储存方便。

1. 电能

电能是二次能源,它可以来源于如风能、水能、核能、热能、太阳能等多种方式。以电能为动力的汽车称为电动汽车。目前电动汽车上常用的蓄电池主要有铅酸电池、镉镍电池、氢镍电池、锂电池及燃料电池等。

（1）电动汽车作为汽车代用燃料的特点：

①环保性好。电动汽车是世界上唯一可以达到零排放的机动车，电动汽车在使用时不排放任何有毒有害物质，即使按耗电量来换算为电厂的发电时所产生的污染来计算，除硫和微粒外，其他污染物显著减少，由于电厂一般在城市的郊区，远离城市，对城市污染的影响较小，而且电厂的排放比较集中，容易集中处理有害物质。

②无噪声。它没有内燃机，是靠电池驱动电动机来工作的，它在行驶运行中基本是无声的，使用电动车有助于降低城市中的汽车噪声污染。

③高效率。这是电动汽车的最显著的特点，在城市的道路上，如果遇上红灯，传统的燃油汽车在怠速时，内燃机的混合气是浓混合气，燃烧不充分，消耗大量的燃油，而且还会排出大量有毒有害气体污染空气，而电动汽车却没有这样的麻烦，遇到红灯时，电动车松开加速踏板，电动汽车电池就停止供电，既不浪费资源也不污染环境。

④结构简单。电动汽车结构简单，使用和维修方便，与传统燃油汽车相比，电动汽车容易操控、结构简单，由于电动汽车的运动部件相对于汽车较少，无须更换机油、油泵、消声装置等，也无须添加冷却水，这样就减少了用户维修和保养的工作量。

⑤适用范围广。电动汽车对环境要求低，可在不通风、寒冷、缺氧的条件下使用。

⑥经济性好。以比亚迪 F6 为例跑 250 公里耗电 60 度，电价按 0.5 元/度计算，则百公里运营成本为 12 元，而另一辆紧凑型燃油动力汽车百公里油耗 7 升，按 8 元/升计算，百公里运营成本为 56 元，则使用电动汽车百公里可省 44 元。

⑦购车成本高。电动汽车的购车成本过高主要是电池中使用了大量的贵重金属，从而使电动汽车的价格不菲，弱化了购车需求，虽然电动汽车的耗电成本不足燃油汽车的四分之一，但初始的购车价格还是让很多想购买电动汽车的人望而却步。

⑧电池技术不够成熟。蓄电池是制约电动汽车发展的最大因素。目前大约有 90% 的电动汽车用的都是铅酸。铅酸电池技术比较成熟，比功率大，寿命为 800~1000 次，成本较低、快速充电技术还不成熟，但在未来几年仍是电动汽车的主流电池。而且蓄电池使用后会产生污染。

⑨充电时间长。目前，电动汽车的充电业务大体上可分为三类：一是常规充电，常规充电可利用家庭电源给电动汽车来充电，充电时间一般为 5~9 个小时，充电的功率在 2~3kW；二是快速充电，快速充电需要到电动汽车充电站完成，充电时间在 20~40 分钟即可完成，充电的功率在 30~50kW；三是电动汽车电池更换，电动汽车用户需到电动汽车运营商指定地点更换电动汽车电池，更换时间在 2~9 分钟。

电动汽车再充电所耗的时间太多，而更换电池又增加了运营商的运营成本而且还需要较大的场地，与传统燃油汽车相比浪费时间或增加运营成本。

（2）现状与前景

电动汽车在限定范围内应用的技术已经成熟，但电动汽车广泛应用还存在许多问题，还需要一定的时间，但有希望成为未来汽车的主体。尽管目前电动汽车在研发和推广应用中还遇到不少问题，但是这些年研究所取得的成果为电动汽车展现了美好的发展前景。在未来石化资源日趋紧张,其他替代能源技术与基础设施还不完善,电动汽车就成了代用燃油汽车的最好选择。现在纯电动汽车的电池性能和燃油汽车相比还有很大差距,要想让电动汽车替代燃油汽车,必须提高电池性能,制造出比能量高、比功率大、使用寿命长、成本更低的高效电池,这样纯电动汽车的续驶里程、加速性、购车成本都得到明显改善,才有利于电动汽车的推广。

2. 天然气(NG)

天然气主要成分是甲烷,约占85%~95%,其余为乙烷、丙烷、丁烷和少量其他物质。按其存在形式分为压缩天然气(CNG)和液化天然气(LNG)两种,目前广泛用于汽车上的是压缩天然气。

(1)天然气作为汽车代用燃料的特点

①环保性好。天然气是一种无色无味的气体,汽车用天然气做代用燃料时,燃烧过程中除了产生少量的二氧化碳几乎没有其他污染物产生,对人和自然环境影响较小。

②资源丰富。我国拥有非常丰富的天然气,在已经探明的天然气约为1.8万亿立方米,按现在的开采量可维持80年以上。

③密度低。由于天然气的密度相对空气密度为0.57~0.59,当天然气发生泄露时由于密度低,将很快在空气中消散,不易聚集,很难达到爆炸点火的浓度。

④辛烷值高。天然气的辛烷值在120以上,是现在市面上任何汽油都不能相比的。

⑤经济性好。用天然气作为汽车的代用燃料可以降低汽车的运营成本,以一辆家用中型汽车为例,家用轿车每百公里耗油8L,按汽油每升8元计算,汽车每百公里燃油的费用为64元;改成天然气汽车后每百公里耗气5.27kg,按天然气3.35元/kg计算则天然气汽车费用为17.65元,每百公里可省46.35元。

⑥工况好。天然气汽车燃烧后基本上没有积炭产生,这就使得天然气汽车的发动机运行更平稳,而且还可以延长发动机的使用寿命。

⑦动力性差。由于天然气是气体燃料,在形成可燃混合气时与汽油机相比占的缸内容积较大,而能量密度低,在同样的汽缸下,天然气作为汽车的代用燃料时发动机功率下降10%~30%。

⑧行驶里程短。天然气是气体燃料,占体积较大,能量密度低,一次出行无法携带太多的燃料,影响其行驶的里程。

⑨投资大。气体燃料不方便运输和储存,需要液化装置液化,还需要建设比传统加油站投资更大的加气站。

(2)现状与前景

天然气是世界公认的"清洁燃料",天然气以其丰富的自然资源和低排放性能受到各国的普遍重视,其中有富气贫油的国家,如意大利、加拿大、新西兰、阿根廷、澳大利亚、巴西等;也有环保要求严格的国家,如美国、日本等。我国天然气汽车发展较早,起步于20世纪50年代,曾中断20年,到80年代至90年代天然气用作汽车的代用燃料出现了前所未有的发展,截至2015年底,我国天然气汽车的保有量已达150万辆。根据市场预测,未来5年复合增长率将超过25%。在石油上涨、能源短缺的未来,天然气作为汽车的代用燃料将大有可为。

3. 液化石油气(LPG)

液化石油气是由以三个或四个碳原子的烃类如丙烷、丙烯、丁烷、丁烯为主的一种混合物。液化石油汽车主要包括纯液化石油气汽车、LPG-汽油两用燃料汽车及PLG-柴油双燃料汽车。目前,对于加气站不足的地区,还不具备发展纯LPG汽车的条件。因结构复杂,改造工作量大,发展也缓慢,大多数国家仍以发展液化石油气-汽油两用燃料汽车和液化石油气-柴油双燃料汽车为主。

(1)液化石油气作为汽车代用燃料的特点

①热值高。以质量计算热值高于汽油。

②抗爆性能好。液化石油气研究法辛烷值在100~110范围内。

③环保性好。燃烧完全、积炭少、排放污染物低,液化石油气与空气混合均匀,有利燃烧。

④着火温度高。火焰传播的速度慢,需要较高的点火能量。

(2)现状与前景

液化石油气汽车在替代能源汽车中发展最快。在美国、加拿大、意大利和荷兰等国,液化石油气已广泛使用在汽车上。

4. 醇类燃油

醇类燃料汽车是指以甲醇或乙醇为燃料的汽车。甲醇可从天然气、煤、石油、重质燃油、木材和垃圾等物质中提炼。乙醇的原料主要是含糖作物、含淀粉作物,如甘蔗、甜菜、土豆、玉米、草秆等。

(1)醇类燃料作为汽车代用燃料的特点

①辛烷值比汽油高。可采用高压缩比提高热效率。但是,醇类的抗爆性敏感度大,中、高速时的抗爆性不如低速好。普通汽油与15%~20%的甲醇混合,辛烷值可达到优质汽油的水平。

②醇类燃料含氧,还可以使燃烧更完全,燃烧温度降低,使NO_x排放量减少。

③常温下为液体,操作容易,储带方便。

④可燃界限宽。燃烧速度快,可以实现稀燃技术。

⑤与传统的发动机技术有继承性,特别是使用汽油-醇类混合燃料时,发动机结构变化不太大。

⑥热值低。甲醇的热值只有汽油的48%,乙醇的热值只有汽油的64%。因此,与燃用汽油相比,在同等的热效率下,醇类的燃料经济性差。

⑦沸点低。蒸气压高,容易产生气阻。

⑧甲醇有毒。会刺激眼结膜,通过呼吸、消化系统和皮肤接触进入人体,会造成人体中毒。

⑨腐蚀性大。醇具有较强的腐蚀性,能腐蚀锌、铝等金属。醇与汽油的混合燃油对橡胶、塑料的溶胀作用比单独的醇或汽油都强,混合20%醇时对橡胶溶胀作用最大。

⑩醇混合燃油容易发生分层。醇的吸水性强,混合燃油进入水分后易分离为两相。醇类燃料在汽车上应用主要有三种类型:掺烧、纯烧和改质。

(2)现状与前景

醇类燃料汽车发展得较早,和天然气汽车一样,都是新能源和低公害汽车。在众多的代用燃料中,醇类燃料来源广泛、丰富,抗爆性好,与石油燃料的理化性能相近,因而受到更多的重视。到目前为止,在技术方面和成本方面醇类汽车已达到实用阶段,已有40多个国家和地区利用甲醇或乙醇作为汽车燃料,尤其在盛产甘蔗的巴西,有30%以上的汽车是乙醇汽车。我国醇类燃料有着广泛的发展前景,尤其是煤矿丰富的地区和南方产糖地区。

5. 氢气

氢气的来源主要是从水中通过裂解制取,或者来源于各种工业副产品。用氢气作为燃料的汽车称为氢燃料汽车。

(1)氢气作为代用燃料的特点

①资源丰富。氢气可以从水、天然气、煤中制取。

②环保性好。氢气在燃料电池内的反应,只生成水,没有其他物质生成,对环境没有污染。

③无噪声,燃料电池运行安静,噪声大约只有55dB,相当于人们正常交谈的水平。

④高效率。燃料电池的发电率在50%以上只是由燃料电池的转换性质决定的,直接将化学能转换成电能,不需要经过热能和机械能的中间变换。

⑤成本高。氢燃料电池中有稀有金属制造成本高,大约是普通汽油机的100倍。

⑥可靠性差。氢燃料汽车发展的时间短,技术不成熟,造成氢燃料汽车的可靠性差。

⑦车身重。由于氢燃料电池是氢燃料汽车的主要动力来源,氢燃料电池的技术不成熟,无法做到100%的高效率转化,氢燃料电池做得小就影响汽车的行驶里程,故氢燃料汽车的电池往往很大很沉,这就意味着能源消耗也相应地增加。

(2)现状与前景

氢燃料汽车是新能源汽车,它具备了许多传统汽车不具备的优良性能,如零污染、噪音小、高效率等,同时还具有电动汽车所不具备的优良性能,如有良好的续航能力、燃料加注时间比电动汽车短等,发展氢燃料汽车符合当今各国所提倡的可持续发展的战略,在未来汽车代用燃料里,氢燃料电池成为主要的代替能源之一。氢气作为汽车燃料最大的问题是制取与携带。氢气制取的方式很多,但成本都非常高,目前阶段没有找到解决的办法。

目前,氢燃料汽车还处在研究探索阶段,真正应用的很少。但随着石油资源的减少和人类科技的不断进步,氢燃料汽车的前景十分光明。由于氢燃料电池技术不成熟,我国计划在2010~2020年间小批量的生产试验,2020~2035年将技术基本成熟的氢燃料汽车进行商业化量产,2035~2050年将技术成熟的氢燃料汽车在全国推广使用。

(3)国外氢燃料的概况

英国政府将大力发展氢燃料汽车,计划在2030年之前使英国氢燃料汽车保有量达到160万辆,并在2050年之前将其市场占有率提高到30%~50%。英国已从2015年起实现氢燃料汽车的本土化生产,并自行研发相关技术。

德国对氢燃料汽车前景抱有乐观态度,德国计划在未来的三年里在德国主要城市建造1000座氢气加气站,让氢燃料汽车可以商业化运行,到2020年,让德国拥有50万辆氢燃料汽车。

日本对氢燃料汽车非常重视,政府为购买氢燃料汽车的用户提供40%的政府补贴以鼓励民众购买,日本政府还计划在2025年建成1000座氢气加气站,200万辆氢燃料汽车投入使用。

四、发动机润滑油的选用

用来润滑汽车发动机各摩擦部件的润滑油,称为汽车发动机滑油,简称机油。它是以精制的矿物油、合成油为基础,加入金属清净剂、无灰分散剂、抗氧抗腐剂、黏度指数改进剂、降凝剂、消泡剂、缓蚀剂等各种添加剂而制成的,是车用润滑油中用量最大、性能要求较高、品种规格繁多、工作条件异常苛刻的一种油品。随着汽车的使用范围扩大和档次的提高,要求汽车发动机润滑油不仅质量要高,而且要有多种功能。因此,在汽车润滑油的使用中,要根据发动机的性能,结构并结合使用条件来正确选用。这样不仅能减少磨损,延长机器寿命,还能节约燃料。

1. 发动机润滑油的作用

①润滑减磨。润滑作用是发动机润滑油的主要功能。发动机在高速运转时,润滑油被发动机润滑系统送到各摩擦表面形成油膜,使金属间的干摩擦变成润滑油层间的液体摩擦,从而减少机件的磨损,保证机件的正常运转。

②清洗清洁。发动机润滑油在循环过程中,能把附在摩擦表面上的脏杂物带走,当它们通过机油滤清器时,这些脏杂物被截留在滤清器中,而干净的润滑油又继续进行洗涤作用,这样反复循环可使机件保持清洁及正常运转。

③密封防漏。润滑油膜可以附在发动机内部运动部件之间的间隙(如汽缸和活塞之间的间隙)内,这样既可以起到油封的作用,有利于防止漏气或漏油。

④防锈防蚀。机油通过零件的运动,会在零件表面形成油膜,这层油膜可以吸附在零件表面上,防止水、空气等与零件表面接触而使零件腐蚀生锈。

⑤冷却降温。机油能够将发动机中的部分热量带回机油箱,再散发至空气中,起到帮助冷却液冷却发动机的作用。

⑥减振缓冲。当发动机起动时,汽缸口压力急剧上升,突然加剧活塞、活塞销、连杆和曲轴轴承上的负荷,这个负荷经过轴承的传递润滑,吸收冲击并减小振动,起到缓冲的作用。

2. 发动机润滑油的使用性能

由于发动机润滑油在温度变化大(汽缸内最高可达300℃,曲轴箱内最低只有80~90℃)、压力高、活塞速度变化大等十分苛刻的条件下工作,使发动机润滑油容易变质,发动机零件表面难以形成理想的润滑状态而产生异常磨损和擦伤。特别是采用发动机净化装置,使发动机的工作条件进一步恶化。因此,为保证发动机润滑油的作用,对其的使用性能提出了很高的要求。

(1)适当的黏度

液体受外力作用产生移动时,液体分子间所呈现的内部摩擦力叫黏度。通俗的说黏度就是表示油的稀稠程度。

黏度是发动机润滑油的重要性能指标。不仅是润滑油分类的依据之一,而且对发动机工作有很大的影响。黏度过小,在高温高压下容易自摩擦面流失,不能形成足够厚度的油膜,摩擦和磨损加剧;密封作用不好,汽缸漏气,功率下降,机油受到稀释和污染;黏度小的油蒸发性大,加上机油容易窜入燃烧室,不仅增大机油消耗量,而且造成发动机工作不良。但是黏度也不能过大,过大时低温起动困难,油的泵送性能差,此时容易出现干摩擦或半液体摩擦,据试验,汽缸、活塞环和轴瓦等零件的磨损量有三分之二是起动时造成的,这是发动机磨损的主要原因;阻力增加,致使功率损失和燃油消耗增加;油的循环速度慢,冷却和洗涤作用差,因此,使用中要求润滑油的黏度要适当。

(2) 良好的黏温性

油品的黏度是随温度变化的。温度升高,黏度减小;温度降低,黏度增加。发动机润滑油这种由于温度升降而改变黏度的性质,叫作黏温性。由于发动机油工作温度范围很宽,自汽车起动温度到摩擦面 200~300℃ 的高温,若黏温性不好,就会出现低温时黏度过大,高温时黏度过小的不良影响,造成机件磨损和损坏,因此要求发动机油具有良好的黏温性。

黏温性可以用黏度指数表示,它是表示黏度随温度变化这个特性的一个约定值。黏度指数越大,黏度受温度的影响越小。它是发动机润滑油的一个十分重要的指标。一般溶剂精制的石油润滑油黏度指数最高只有 90~100。使用这种润滑油,若适应了高温时的黏度要求,低温时往往黏度过大,而适应了低温时的要求,高温时往往黏度过小,这就是普通机油为什么要在不同季节换用不同黏度机油的道理。这种只能适应较窄的温度范围使用要求的机油称为单机油。要想生产出在很宽温度范围内都能保持适当黏度的机油,必须在轻质基础油中加入黏度指数改进剂(也叫增稠剂),制得的机油黏度指数常在 100 以上,有的可高达 170 或更高。这种机油的黏温曲线平缓,有良好的黏温性:既能在高温时保持足够的黏度,以便形成有效的油膜;又能在低温时黏度不过分增加,以保证发动机有良好的冷起动性能。所以,这种能适应很宽温度范围使用要求的机油被称为多机油。

(3) 良好的清净分散性

所谓清洁分散性是指发动机润滑油能将发动机机件表面生成的胶状物、积炭等不溶物分散、疏松,使其悬浮在油中,不易沉积在机件表面,同时能将已沉积在机件上的胶状物洗涤下来的性能。

(4) 抗氧化性

在一定条件下,发动机润滑油抵抗氧化变质的能力,叫作发动机油的抗氧化性。

发动机油在一定的条件下便会发生化学反应,由于氧化使油品颜色变深,黏度增加、酸性增大,并析出沉积物。发动机油的氧化是发动机沉积物生成、发动机油变质的前提,抗氧性也是发动机油的重要性质,它决定发动机油在使用中是否容易变质、对零件腐蚀程度和生成沉积物的多少,是决定发动机润滑油在使用限期的重要因素。发动机润滑油的氧化有两种情况:

①厚油层氧化。发动机油底壳的发动机滑润油是处在厚油层、低压和低温的情况下,主要生成各种酸性物质。

②薄油层氧化。在发动机的活塞与汽缸壁部位,发动机润滑油处在薄油层、高温、高压和有金属催化作用的影响下,生成物是胶状沉淀。

为使发动机滑润油具有良好的抗氧性,在基础油中通常加入性能良好的抗氧添加剂。

(5) 抗腐蚀性

发动机润滑油腐蚀性表示润滑油长期使用后对发动机的腐蚀程度。无论润滑油的品质多么好,在发动机高温、高压和有水分的工作条件下,也会逐渐老化。润滑油中的抗氧化剂也只能起到抑制、延缓油料的氧化过程,减少氧化物,但不能从根本上消除润滑油的老化。造成润滑油老化的主要原因是润滑油氧化后产生的无机酸,无机酸虽然属于弱酸,但在高温、高压和有水的环境下也会对一些金属造成腐蚀。因此,在润滑油中加有各种抗腐、抗氧添加剂,可抑制、延缓润滑油的氧化过程,减少氧化物的产生。

(6)抗泡沫性

发动机消除泡沫的性质,叫作发动机油的抗泡沫性。发动机润滑油由于快速循环和飞溅,将空气混入油中,必然会产生泡沫。如果泡沫太多或泡沫不能迅速消除,就会产生气阻,造成摩擦表面供油不足,以至破坏正常的润滑。在润滑油中加泡沫添加剂,以提高抗泡性能。

3. 发动机润滑油的分类、规格和牌号

发动机润滑油的分类多采用黏度分类法和使用性能分类法。国际上广泛采用美国汽车工程师协会(SAE)的黏度分类和美国石油协会(API)的使用性能分类法。

(1)SAE 黏度分类法

SAE 黏度分类法是目前应用最广泛的分类方法。润滑油牌号中的数字表示其黏度级别。根据使用范围不同,润滑油分为单级油和多级油。

① 单级油黏度分类。如果润滑油的低温性能各项指标和100℃运动黏度仅满足冬用润滑油或夏用润滑油黏度分级之一者,称为单级油;它只能满足低温或高温一种黏度级号的要求,在温差较大的地方不能冬夏通用。根据适用温度的不同,单级油分为单级冬季润滑油和单级夏季润滑油,见表2-12。单级冬用油以最大低温黏度、最高边界泵送温度和100℃时的最小运动黏度划分为0W、5W、10W、15W、20W、25W 六个等级(W 表示冬用);在单级冬季用油中,符号 W 前的数字越小,说明其低温黏度越小,低温流动性越好,适用的最低气温越低。例如0W 适合在 -35℃地区使用,5W 适合在 -30℃地区使用,10W 适合在 -25℃地区使用,15W 适合在 -20℃地区使用,20W 适合在 -15℃地区使用,25W 适合在 -10℃地区使用。

发动机油 SAE 黏度分类　　　　　　表2-12

黏度分级	低温黏度最大值		最高边界泵送温度(℃)	最高稳定倾点(℃)	100℃运动黏度(mm^2/s)	
	黏度(Cp)	温度(℃)			最小	最大
0W	3250	-30	-35		3.8	
5W	3500	-25	-30	-35	3.8	
10W	3500	-20	-25	-30	4.1	
15W	3500	-15	-20		5.6	
20W	4500	-10	-15		5.6	
25W	6000	-5	-10		9.3	
20					5.6	小于9.3
30					9.3	小于12.5
40					12.5	小于16.3
50					16.3	小于21.9
60					21.8	小于26.1

春秋和夏用润滑油的分类,按100℃时的运动黏度分为20、30、40、50、60 五个等级,数字越大,其黏度越大,适用的最高气温越高。

② 多级油黏度分类。如果润滑油的低温性能各项指标和100℃运动黏度能同时满足冬夏两种黏度分级要求的,称为多级油,即冬夏通用油。常用的多级润滑油有:0W/40、5W/20、5W/30、5W/40、5W/50、10W/20、10W/30、10W/40、15W/20、15W/30、15W/40、15W/50、

20W/20、20W/30、20W/40、25W/40 共 16 种。例如 10W/30，既可以作为 10W 号用于冬季，也可作为 30 号用于夏季。

（2）API 使用性能分类

API 使用性能分类也称为质量分类法。该分类法将发动机润滑油分为汽油机润滑油和柴油机润滑油。汽油机定为 S 系列；柴油机定为 C 系列。根据国标 GB/T 11121—2006《汽油机油》和 GB/T 11122—2006《柴油机油》，在 S 系列中有：SE、SF、SG、SH、GF-1、SJ、GF-2、SL、GF-3；排序越靠后的质量等级越高，主要是抗氧化性、清净分散性和抗腐蚀性好。在 C 系列中有 CC、CD、CF、CF-4、CH-4、CI-4；与汽油机润滑油一样，后一级比前一级好。当"S"和"C"两个字母同时存在，则表示此机油为汽柴通用型，如 SE/CC15W/40。上述各类润滑油的特性和使用场合见表 2-13 和表 2-14。

汽油机润滑油的级别、特性和使用场合　　　　　　　表 2-13

级　别	特性和使用场合
SE	含有清净分散剂、抗氧化剂、抗腐蚀剂、缓蚀剂和抗磨剂等添加剂，此种油品的抗氧化性、控制汽油机高温和低温沉积物及抗磨损、抗锈蚀、抗腐蚀的性能优于 SC 和 SD，可代替 SC 和 SD 油品；适用于安装有符合欧洲 I 号标准的开环控制电子燃油喷射系统发动机的轿车轻型卡车和某些载货汽车，也适用于国外 1971~1972 年型汽油机
SF	抗氧化性和抗磨损性能比 SE 级油更高，还具有控制汽油机沉积物、锈蚀和腐蚀性能；适用于安装有符合欧洲 II 号标准的开环和闭环控制电子燃油喷射系统发动机的轿车、轻型卡车和某些载货汽车，也适用于 1980~1987 年型进口车。由于该机油里的磷和硫含量较高，会对尾气排放控制装置（三元催化转化器）造成严重破坏，到了 20 世纪 90 年代以后发达国家的汽车基本上不再使用 F 级的汽车机油
SG	含有与 SF 级的汽车润滑油种类相同的添加剂，但其抗磨性较 SF 级高出 30% 左右，但润滑油里的磷和硫含量很低，对氧传感器和三元催化转化器破坏比 SG 级低，适用于安装有符合欧洲 II 号标准的开环和闭环控制电子燃油喷射系统发动机的轿车、轻型卡车和某些载货汽车，也适用于 1990~1993 年型进口车
SH	其质量在磨损、锈蚀及沉积物的控制和油抗氧化性方面优于 SG。由于润滑油里磷和硫含量很低，对氧传感器和三元催化转化器破坏比 SG 级低，适用于安装有符合欧洲 II 号标准的开环和闭环控制电子燃油喷射系统发动机的轿车、轻型卡车和某些载货汽车，也适用于 1994~1995 年型进口车
GF-1	性能比 SH 级油更高，润滑油里的磷和硫含量更低，对氧传感器和三元催化转化器破坏比 SH 级低，适用于安装有符合欧洲 III 号标准的开环和闭环控制电子燃油喷射系统发动机的轿车、轻型卡车和某些载货汽车，也适用于 1996~1997 年型进口车
SJ	性能比 SH 级油更高，为了更有效地保护氧传感器和三元催化转化器，推荐用于安装有符合欧洲 II 或 III 号标准的开环和闭环控制电子燃油喷射系统发动机的轿车、轻型卡车和某些载货汽车，也适用于 1998~2000 年型进口车
GF-2	性能比 SJ 级油更高，推荐用于安装有符合欧洲 III 号标准的开环和闭环控制电子燃油喷射系统发动机的轿车、轻型卡车和某些载货汽车，也适用于 2001~2002 年型进口车
SL	性能比 GF-2 级油更高，其质量对磨损、锈蚀及沉积物的控制和油的抗氧化性方面优于 GF-2；推荐用于安装有符合欧洲 III 或 IV 号标准的开环和闭环控制电子燃油喷射系统发动机的轿车、轻型卡车和某些载货汽车，也适用于 2003~2004 年型进口车
GF-3	含有与 SL 级的汽车机油种类相同的添加剂，但质量性能比 SL 级油高；推荐用于安装有符合欧洲 IV 号标准的开环和闭环控制电子燃油喷射系统发动机的轿车、轻型卡车和某些载货汽车，也适用于 2004 年型以后的进口车

柴油机润滑油的级别、特性和使用场合　　　　表2-14

级别	特性和使用场合
CA（废除）	用于使用优质燃油,在轻到中负荷下运行的柴油机以及要求使用 API CA 级油的柴油机,有时也用于运行条件温和的汽油机,具有一定的高温清净性和抗氧抗腐性
CB（废除）	用于燃油质量较低,在轻到中负荷下运行的柴油机以及要求使用 API CB 级柴油机,有时也用于运行条件温和的汽油机,具有控制发动机高温沉积物和轴承腐蚀的性能
CC	具有防止高低温沉积物、防锈和轴瓦抗腐蚀的能力。对于汽油机具有控制锈蚀、腐蚀和高温沉积物的性能;适用于中、重等负荷条件下运行的非增压、低增压式柴油机,以及工作条件苛刻(或热负荷高)的非增压的高速柴油机
CD	用于需要高效控制磨损和沉积物或使用包括高硫燃油非增压、低增压及增压式柴油机以及国外要求使用 API CD 级油的柴油机;具有控制轴承腐蚀和高温沉积物的性能,并可代替 CC 级
CF	适用于在低速高负荷和高速高负荷条件下运行的涡轮增压式四冲程柴油机,以及高效防止高、低温沉积物的形成,特别是新型的低排放发动机的使用;同时,也满足 CD 级润滑油性能要求
CF-4	用于涡轮增压式高速四冲程柴油机,以及要求使用 API CF-4 油的柴油机;在油耗和活塞沉积物控制方面,性能优于 CF 并可代替 CF,此种油品特别适用于高速公路行驶的重负荷卡车
CH-4	具有严格控制高、低温沉积物和磨损,尤其是控制高烟怠速引起的黏度增加和配气机构磨损的能力,可增加发动机动力;可有效降低摩擦因数,改善油耗,减少废气排放,利于环保;适用于要求使用 SJ 级及以下级别的汽油发动机和要求使用 CH-4 级以下级别的涡轮增压四冲程柴油发动机的润滑
CI-4	具有增强发动机动力,提高油品稳定持久性;减少发动机高低温起动时对各润滑部位的磨损,降低摩擦因数,有效改善油耗,减少废气排放,利于环保;优良的汽柴通用性能,适用于要求使用 SL 级及以下级别的汽油发动机和要求使用 CI-4 以下级别的高速四冲程柴油发动机的润滑

4. 发动机润滑油的牌号

发动机润滑油的牌号包括质量等级和黏度等级两部分。在每种发动机润滑油的包装桶上都标有一个代号,例如,SF15W 表示 15W 号 SF 级汽油机油(冬季用油),CD30 表示 30 号 CD 级柴油机油(夏季用油),SE10W/30 表示 10W/30 号 SE 级汽油机油(冬夏通用,冬季作为 10W 号使用,夏季作为 30 号使用)。

5. 发动机油的选用及注意事项

发动机润滑油是保证发动机正常工作的必要条件。如果选择不当,不仅影响发动机的使用性能,严重时还会导致发动机的突发故障,造成安全隐患。同理,选择了正确的润滑油,还要了解正确的使用方法;若使用不当,所选用的润滑油也将发挥不了作用。

(1)汽油机润滑油的选择

汽油机润滑油的选择主要依据发动机的结构特点、使用条件、气候条件等选择润滑油的质量等级和黏度级别。根据发动机的结构性能和使用条件选择相应的润滑油质量等级,再根据使用地区的气温选择润滑油黏度级别。

①汽油机润滑油质量等级的选择。有汽车使用说明书的用户,依据说明书要求选取,无使用说明书时,汽油车可以按照发动机设计年代、发动机的压缩比、曲轴箱是否安装正压通风装置(PCV)、是否安装废气循环装置(EGR)和三元催化转化器等因素选取润滑油。如夏利、大发、昌河等要求使用 SE 级油;奥迪 100、捷达、红旗、上海桑塔纳、神龙富康、上海帕萨特 B5、北京切诺基、广州标致、日产阳光、日产风度(A33)等要求使用 SF 级油;奔驰 S320、奔

驰 S600、宝马、菱、桑塔纳 2000、红旗 7220AE、捷达、本田雅阁等要求使用 SG 或 SH 级油;上海别克要求使用 SJ 级油。另外,加装排气净化装置也会使发动机油的工作条件恶化,国外一些汽车可按净化装置的类型选择适当级别的发动机油。如有三元催化转换器的汽油机必须选用 SF 级油;有废气再循环装置(EGR 系统)的汽油机要选用 SE 级油;有曲轴箱正压通风装置(PGV 阀)的汽油机要选用 SD 级油;不设尾气净化装置的则可选用 SG 级油。

②汽油机润滑油黏度等级的选择。根据气温、工况和发动机的技术状况选择发动机油的黏度级别。

发动机的黏度要保证发动机低温易于起动,而热车后又能维持足够黏度保证正常润滑。

考虑工况:重载低速和高温下应选择黏度较大的发动机油;轻载高速应选择黏度较小的发动机油。

发动机油黏度级别的选择,还与发动机的技术状况有关。新发动机应选择黏度较小的发动机油;磨损严重的发动机应选择黏度较大的发动机油。

发动机油黏度级别选择可参考表 2-15。

SAE 黏度级号适用的气温 表 2-15

黏度等级	使用温度(℃)	黏度等级	使用温度(℃)
5W	-30 ~ -10	5W/30	-30 ~ 30
10W	-25 ~ -5	10W/30	-25 ~ 30
20	-10 ~ 30	10W/40	-25 ~ 40
30	0 ~ 30	15W/40	-20 ~ 40
40	10 ~ 50	20W/40	-15 ~ 40

(2)柴油机润滑油的选择

①柴油机润滑油质量等级的选择。柴油机润滑油的选择主要依据汽车使用说明书,在没有说明书时,也可根据柴油机的强化程度来选用。柴油机的强化程度,可用柴油机的强化系数 K 来表示,强化系数越大,其热负荷和机械负荷就越大,发动机油的工作条件也就越苛刻,要求使用的柴油机油的级别也越高。

K≤50 时,应选用 CC 级柴油机油;

K≥50 时,应选用 CD 级柴油机油。

目前使用的柴油车黄河 JN171、跃进 NJ1061 等,可选用 CC 级柴油机油;康明斯、斯太尔重型汽车、日野 ZM400、五十铃 4BD2 等可选用 CD 级油;南京依维柯可选用 CF-4 级油。

除上述的选择外,也可选用汽油机和柴油机通用的润滑油。如市售的 SF/CC、SG/GE 等汽柴通用润滑油。SF/CC 表示适用于要求使用 API SF 级油(包括 SE、SD 及 SC 级)的汽油机或适用于要求使用 API CC 级油的柴油机;SG/CE 表示适用于要求使用 API SG 级油的汽油机或适用于要求使用 APICE 级油(包括 CD、CC 级油)的柴油机。

②柴油机润滑油黏度等级的选择。柴油机润滑油黏度选择原则与汽油机相同,考虑到柴油机工作压力比汽油机大但转速又低的特点,在选择黏度时应略比汽油机高一些。

(3)使用注意事项

选择了合适的润滑油等级和黏度级别后,还要注意正确的使用方法。如果使用不当,同样会造成发动机磨损加剧,甚至出现拉缸、烧轴瓦的故障。因此,使用时应注意以下几点:

①在发动机油黏度等级的选择上,应在保证活塞环密封良好、机件磨损正常的条件下,

适当选用低黏度的发动机油。只有在发动机磨损严重,或运行条件特别恶劣的情况下,允许使用比该地区气温所要求的黏度级提高一级的机油。

②在选发动机油的使用级别时,级别低的发动机油不能用在高性能的发动机上,以防润滑性能不足,造成磨损加剧;级别高的发动机油可以用在稍低性能的发动机上,但经济上不合算,造成资源浪费。

③保持正常油位,注意常检查。正常油位应位于油尺的满刻度标志之间,不可过多或过少。

④不同牌号的发动机油不可混用,同一牌号但不同生产厂家的润滑油也尽量不要混用。

⑤保持空气滤清器和机油滤清器的清洁,并及时更换滤芯,保持发动机油清洁。

⑥定期更换润滑油,一般情况下机油质量等级越高换油期越长。例如:SE 为 4000~5000km,SF 为 6000km 左右,SG 为 8000~10000km,SH、SJ 为 10000km,CD 为 250h,CE 为 300h。随着车况的下降换油期就要相对缩短一些,换油时同时换掉润滑油滤芯。

五、齿轮油的选用

车辆齿轮油是指用于汽车、拖拉机和工程机械等车辆的手动变速器和驱动桥齿轮传动机构的润滑油。它是以精制润滑油为基础油,加入抗氧化、防腐蚀、防锈、消泡、极压抗磨等多重添加剂调和而成。因此具有良好的润滑性能。它和其他润滑油一样,具有减磨、冷却、清洗、密封、防锈和降噪等作用,但其工作条件与发动机油不同,对车辆齿轮油性能的要求也不同。

1. 车辆齿轮油的工作条件

①齿轮传动效率高,一般圆柱齿轮传动效率可达 98%,与轴承相比,齿轮的当量曲线半径小,油楔条件差。

②齿轮传动齿与齿之间是线接触,因此,接触面积小,单位接触压力高。一般汽车齿轮单位接触压力可达 2000~3000MPa,而双曲线齿轮可达 3000~4000MPa。

③齿轮传动不仅有线接触,还有滑动接触,特别是双曲线齿轮,齿轮间有较高的相对滑动速度,一般可达 8m/s 左右。这在高速大负荷条件下,会使油膜变薄甚至局部破裂,导致摩擦与磨损加剧,甚至引起擦伤和咬合。

④齿轮油的工作温度一般较发动机润滑油低,在很大程度随环境的温度变化而变化,车辆齿轮油的工作温度一般不高于 100℃。现代轿车采用双曲线齿轮,因其轴线偏置较大,转速高时会使齿轮面间的相对滑动速度很高,使油温达到 160~180℃。

2. 车辆齿轮油的使用性能

(1)润滑性和低温流动性

为了使车辆齿轮油的润滑性和低温流动性能良好,应具有适当的黏度和良好的黏温性。黏度不能过低,以保证形成油膜,实现液体润滑状态。为带走摩擦产生的热量和低温时迅速供油,车辆齿轮油的黏度又不能过大,所以油的黏温性有重要的意义,和发动机润滑油一样,其多级油通常要加入黏度指数改进剂,以提高其黏温性。齿轮油要求在低温时也能保持一定流动性,否则低温起动阻力增加,将使燃油消耗增多。

评定润滑油和低温流动性的指标有:黏度指数、倾点、成沟点及表观黏度等。

(2)油性及极压抗磨性

油性是指齿轮油能有效地使润滑油膜吸附于运动着的润滑面之间,具有降低摩擦作用的性质。油性的好坏,主要取决于齿轮油化学组成有无对金属具有良好的亲和力和极压物质存在。齿轮油的极压抗磨性是指当摩擦面接触压力非常高时,油膜能抵抗破裂的性能。齿轮传动大都是滚动摩擦和滑动摩擦混合存在的线接触,造成极大的单位压力,特别是双曲线齿轮传动的单位压力更大。为了减少摩擦磨损,防止齿轮表面黏结或擦伤,一般在齿轮油中加入具有化学活性的含氯、硫、磷化合物等极压添加剂。

(3) 热氧化安定性

车辆齿轮油抵抗高温条件下氧化作用的能力,叫热氧化安定性。汽车主减速器使用的齿轮油温度较高,使油的氧化倾向增大,再加上齿轮箱中金属的催化作用,容易使油的使用性能变坏。因此,要求车辆齿轮油在较高的温度下不易氧化变质。

(4) 抗腐性和防锈性

在车辆齿轮传动装置的工作条件下齿轮油防止齿轮,轴承腐蚀和生锈的能力,叫作抗腐性和防锈性。齿轮传动装置可能从外界渗入水分,工况变化、冷却交替也可能出现冷凝水分。油内的水分和氧化生成的酸性产物,是齿轮和轴承腐蚀、生锈的主要原因。此外,加有极压添加剂的齿轮油,因极压添加剂中含有硫化物,硫对金属极易产生腐蚀,而且极压添加剂的活性越强,腐蚀作用越大。生锈和腐蚀将加速磨损,使材料强度降低。因此,齿轮油应选择适当的极压抗磨添加剂和加入抗腐剂和防锈剂。它能在金属表面形成保护膜,防止腐蚀性物质侵蚀金属。

(5) 良好的抗泡性

齿轮油应具有良好的抗泡性。以保证齿轮在剧烈搅拌过程中产生的泡沫少并易于消失。在齿轮油中,泡沫一旦形成,油和空气会一起到达润滑部位,油就不能充分供给,必然导致齿轮磨损和胶合等破坏。为减少泡沫,一方面要破坏已产生的泡沫,另一方面要抑制泡沫的产生。前者可用醇类实现,后者一般采用在齿轮油中添加抗泡剂来达到目的。

3. 车辆齿轮油的分类

在我国,车辆齿轮油的分类与发动机润滑油一样,采用美国汽车工程师协会(SAE)的黏度分类和美国石油协会(API)的使用性能分类法。

(1) SAE 车辆齿轮油黏度分类

SAE 汽车齿轮油黏度分类见表 2-16。该分类的黏度等级有两组共七种。

SAE 车辆齿轮油的黏度分类 表 2-16

SAE 黏度级号	达到150Pa·S 的最高温度(℃)	100℃运动黏度($mm^2 \cdot s^{-1}$)	
		最低	最高
70W	-55	4.1	—
75W	-40	4.1	—
80W	-26	7.0	—
85W	-12	11.0	—
90	—	13.5	<24.0
140	—	24.0	<41.0
250	—	41.0	—

带有 W 是冬用齿轮油,不带 W 是夏用齿轮油,车辆齿轮油也有多级油,常见的多级齿轮油有 75W/90、80W/90、85W/90、85W/140 等黏度等级。例如 80W/90 表示这种油在冬天使

用时相当于 80W,其 -26℃表面黏度不大于 150Pa·S;在夏天使用时相当于 90 号,其 100℃运动黏度控制在 13.5~24.0mm²/s。由于多级齿轮油具有良好的低温起动性和良好的高温润滑性,能够同时满足不同地区、不同季节温度下齿轮润滑的要求,因此许多汽车用户使用多级齿轮油。

(2)API 车辆齿轮油使用性能分类

API 车辆齿轮油使用性能等级,根据工作条件的苛刻程度划分为 GL-1、GL-2、GL-3、GL-4、GL-5 和 GL-6 六级。

级别中数值排列越靠后,级别越高,表示齿轮油越能满足更为苛刻的工作要求。选用齿轮油首先要看这个质量级别标识。GL1、GL2、GL3 属于已淘汰型号,使用较多的是 GL-4 和 GL-5 两类。

①GL-4 在高速低扭矩,低速高扭矩下操作的各种手动变速器、螺旋齿轮,特别是客车和其他各类车辆用旋伞齿轮和使用的双曲线齿轮,规定用 GL-4 类齿轮油。

②GL-5 在高速冲击负荷,高速低扭矩操作下的各种齿轮,特别是客车或苛刻的其他车辆用的双曲线齿轮,规定用双曲线齿轮及其他 GL-5 类齿轮油。

③GL-6 在高速、冲击负荷下工作的各种齿轮,特别是客车和各类车辆用的高偏置双曲线齿轮(偏置量大于 2.0 英寸或接近大齿圈直径的 25%)规定用 GL-6 类齿轮油。

(3)我国车辆齿轮油的分类

我国国家标准 GB/T17477—1998《驱动桥和手动变速器润滑剂黏度分类》等同采用 SAE 车辆齿轮油黏度分类;而车辆齿轮油使用性能为四类;即普通车辆齿轮油、中负荷齿轮油、重负荷齿轮油和超重负荷高偏置齿轮油四个品种,它们与 API 使用分类的对应关系见表 2-17。

我国车辆齿轮油分类与 API 对应关系 表 2-17

分 类	API 品种	特性和使用说明	使用部位
普通车辆齿轮油	GL-3	适用于中等速度和负荷比较苛刻的手动变速器和螺旋伞齿轮的驱动桥	手动变速器、螺旋伞齿轮驱动桥
中负荷车辆齿轮油	GL-4	适用于在低速高扭矩、高速低扭矩下操作的各种齿轮,特别是客车和其他各是种车辆的准双曲面齿轮	手动变速器、螺旋伞齿轮和使用条件不太苛刻的准双曲面齿轮的驱动桥
重负荷车辆齿轮油	GL-5	适用于在高速冲击负荷、高速低扭矩下操作的各种齿轮,特别是客车和其他各是种车辆的准双曲面齿轮	操作条件缓和或苛刻的准双曲面齿轮及其他各种齿轮的驱动桥,也可用于手动变速器
超重负荷高偏置齿轮油	GL-6	适用于在高速冲击负荷运转中汽车的各种齿轮,特别是高偏置准双曲面齿轮,偏置大于 50mm 或接近从动轮直径的 25%	重载、超重载、中长途及负荷特别大的载重车辆后桥及变速器四驱越野车辆的变速器、分动器及前后驱动桥齿轮

4.车辆齿轮油的规格

(1)普通车辆齿轮油

普通车辆齿轮油分为 80W/90、85W/90 和 90 号三个黏度牌号。

(2)中车辆齿轮油

中负荷车辆齿轮油分为 80W/90、85W/90 和 90 三个黏度牌号。

(3) 重负荷车辆齿轮油

重负荷车辆齿轮油分为 75W、80W/90、85W/90、85W/140、90 和 140 号六个黏度牌号。

5. 车辆齿轮油的选用

与发动机油一样,车辆齿轮油的选择也包括使用性能级别的选择和黏度级别的选择这两个方面。

(1) 使用性能级别的选择

车辆齿轮油使用性能级别的选择,主要根据齿面压力、滑动速度和油温等工作条件,即根据工作条件的苛刻程度来选择车辆齿轮油的使用性能级别。

工作条件的苛刻程度可用齿轮接触压力和滑动速度的乘积 PV 值来量度。PV 值与发热量成正比,是表示齿面烧结危险的主要标准。此外,压力和速度的变化剧烈,也使工作条件恶化,轿车及部分载重汽车驱动桥双曲线齿轮,接触压力在 3000MPa 以上,滑动速度超过 10m/s,油温高达 120~130℃,工作条件苛刻,如奥迪 V6、本田雅阁、上海别克、夏利等必须使用重负荷车辆齿轮油;国产东风 EQ1092、北京 BJ2020 等驱动桥也采用单级双曲线齿轮,但其齿面接触压力在 3000MPa 以下,滑动速度在 1.5~8m/s 之间,使用条件不太苛刻,中负荷车辆齿轮油可满足其使用要求;解放 CA1091 采用普通螺旋锥齿轮驱动桥,可使用普通齿轮油。但不是说所有采用螺旋锥齿轮驱动桥的车辆,都可加这种普通齿轮油,许多进口载货汽车虽然也采用螺旋锥齿轮驱动桥,但其负荷较重,要求使用中负荷齿轮油。这类车辆曾因换用普通车辆齿轮油,造成齿轮早期磨损和损坏。

为减少同一辆车有齿轮油的用油级别,在汽车各传动装置对齿轮油使用性能级别要求相差不大情况下,可按选用中使用性能级别最高的油选择同一级别的齿轮油。

(2) 黏度级别的选择

车辆齿轮油黏度的选择,主要根据最低气温和最高油温,并考虑车辆齿轮油换油周期较长的因素。

车辆齿轮油的黏度应保证低温下的车辆起步,又能满足油温升高后的润滑要求。车辆齿轮油的低温表观黏度达 150Pa·s 时的最高温度决定其适用的最低温度。75W、80W 和 85W 号油的最低使用温度分别为 -40℃、-26℃ 和 -12℃。应对照当地冬季最低气温来选用。齿轮油的最高工作温度下的黏度要求不低于 10~15mm^2/s。一般地区,如长江流域及其他冬季气温不低于 -10℃ 的广大地区,可全年使用 90 号齿轮油;只有在天气特别热或负荷特别重的车辆上,如夏季气温 40℃ 的南方炎热地区,宜选用 140 号或全年使用 85W/140 的齿轮油;长城以北及冬季气温不低于 -26℃ 的寒区,可全年使用 80W/90 号齿轮油;黑龙江、内蒙古、新疆等冬季最低气温在 -26℃ 以下的严寒地区,冬季应使用 75W 号齿轮油,夏季则换用 90 号单级齿轮油。

(3) 车辆齿轮油使用的注意事项

① 不能将使用级较低的车辆齿轮油用在要求较高的车辆上,但使用级较高的车辆齿轮油可以用在要求较低的车辆上,只是使用经济成本增大。

② 不要误认为高黏度的车辆齿轮油润滑性好。使用黏度级别过高的齿轮油,将使燃油消耗及磨损显著增加,特别是高速轿车影响较大,应尽可能使用合适的多级齿轮油。

③ 不同使用级别的车辆齿轮油不能混用,以免发生设备事故。

④加油量要适当。加油量过多会增加齿轮运转时的搅拌阻力,造成能量损失;加油量过少,会造成润滑不良,加速齿轮磨损。此外,应经常检查齿轮箱渗漏情况,保持各油封、衬垫完好。

⑤车辆齿轮油工作温度不算太高,使用寿命较长,消耗量较少,一般行使2~3万公里时换油。如车辆经常处在苛刻的运行条件下,要缩短换油周期。如使用单级齿轮油,在换季维护换油时,放出的旧油如尚未达到换油指标,可在再次换季换油时使用,旧油应妥善保存,严防污染。

⑥使用中,严禁向齿轮油中加入柴油等进行稀释,也不要在冬季起动车时烘烤后桥、变速器,以免齿轮油严重变质。冬季寒冷气候条件下应使用低黏度的多级齿轮油。

⑦齿轮油应按规定的换油指标换油。无油质分析手段时,可按期换油。

六、液力传动油的选用

现代轿车及重型载货汽车传动系发展趋势之一,就是越来越多地采用自动液力变速器,其工作介质就是液力传动油,例如汽车自动变速器油,简称 ATF 油。

1. 液力传动油的使用性能

液力传动油是一种多功能液体,应具备传能、控制、润滑和冷却等多种功能。

（1）黏度和黏温性

液力传动油的使用温度范围很宽,一般 -40~170℃,因自动变速器的功能,它对液力传动油十分敏感。而组成自动变速器的各部件对液力传动油的黏度要求不同。从提高液力变矩器的传动效率、控制系统动作的灵敏性角度看,黏度低有利;为满足齿轮和轴承的润滑要求,减少液压控制系统和油泵泄漏,确保换挡正常,液力传动油的黏度不能过低。但黏度也不宜过高,过高不仅使变矩器的传动效率下降,而且会造成低温起动困难。综合考虑传动效率、低温起动性和润滑要求,液力传动油100℃时的运动黏度一般在 $7mm^2/s$ 左右。因此,液力传动油要兼顾多种功能,具有适当的黏度和良好的黏温性。

（2）热氧化安定性

液力传动油的热氧化安定性在使用中极为重要,因为液力传动油的使用温度很高,如热氧化安定性不好,则会生成油泥、漆膜和沉淀物,少量沉淀物便会使自动变速器液压控制机构的管路和阀门的工作受到影响,油内氧化生成的酸或过氧化物对轴承、橡胶密封材料也有损害。因此,对液力传动油热氧化安定性要求严格。

（3）抗磨性

为确保自动变速器的行星齿轮机构、轴承、垫圈和油泵等长期正常工作,要求液力传动油必须润滑良好。变速机构中主要零件的接触面多为钢和钢、钢和青铜等,液力传动油应保证对不同材料的摩擦副都应具有良好抗磨性。

（4）与橡胶材料的适应性

液力传动油不应使自动变速机构中使用的丁腈橡胶、丙烯橡胶和硅橡胶等密封材料过分膨胀、收缩和硬化,否则将会产生漏油和其他危险。

（5）抗泡沫性

液力传动油产生的泡沫对传动系统危害极大。泡沫使液力变矩器传动效率下降;泡沫影响自动控制系统的准确性;泡沫的可压缩性导致系统压力波动和下降,甚至供油中断。因此,要求液力传动油有良好的抗泡沫性。

2. 液力传动油的分类、牌号和规格

(1) 国外液力传动油的分类

国外液力传动油的规格多采用美国材料试验学会(ASTM)和美国石油学会(API)共同提出的 PIF(Power Transmission Fluid)使用分类,将 PTF 分为 PTF-1、PTF-2、PTF-3 三类。

PTF-1 类油主要用于轿车、轻型货车作液力传动油。其特点是低温起动性好,对油的低温黏度及黏温性有很高的要求。典型的品种是美国通用汽车公司 GM Dexron Ⅱ。PTF-2 类油主要用于重负荷的液力传动系统,如重型载货汽车、大型客车、越野车和工程机械的自动变速器。其特点是适于在重负荷下工作,对极压抗磨性要求很高。现在典型的品种是通用公司的阿里森 C-3。PIF-3 类油主要用在农业和建筑业机械的低速运转的变速器中,对耐负荷性和抗磨性的要求比 PTF-2 类更严格。典型的品种有约翰迪尔 J-20A、福特 M2c41A、麦赛-福格森 M-1135。

(2) 国内液力传动油的品种、牌号和规格

目前,我国液力传动油的分类按照中国石油总公司的标准,将其分为 6 号、8 号和 8D 号三种,都是采用精制的基础油加入油性剂、抗磨剂、抗氧化剂、黏度指数改进剂和抗泡沫剂等。8 号液力传动油相当于国外 PTF-1 类油中的 GM Dexron Ⅱ规格,黏温性、抗磨性好,主要用于轿车的液力传动油。6 号液力传动油相当于国外 PTF-2 类油,抗磨性好,但黏温性稍差,主要用于内燃机车、载货汽车以及工程机械的液力传动系统。8D 号液力传动油凝点较低,专用于严寒地区液力传动系统的润滑。

3. 液力传动油的选择与使用

按车辆使用说明书的规定,选用适当品种的液力传动油。轿车和轻型货车应选用 8 号油,进口轿车要求用 Dexron Ⅱ型液力传动油的均可用 8 号油代替。重型货车、工程机械的液力传动系统则应选用 6 号油。

4. 液力传动油使用注意事项

①注意保持油温正常。长期重载低速行驶,油温上升,加速油的氧化变质,生成沉积物和积炭,阻塞通孔和油管,最终导致变速器损坏。

②经常检查油面高度。车辆停在平地上,发动机保持运转,油应处在正常工作温度下(如果车辆在长途行驶或拖带挂车后,要在过半小时后检查),此时油面高度应在自动变速器油尺上下刻线之间(如果分冷、热刻线,则以热刻线为准),不足时应及时添加。如液面下降过快,应检查是否有漏油现象。

③按使用说明书更换液力传动油和滤清器(或清洗滤网),同时拆洗自动变速器油底壳,并更换其密封垫。通常每行驶 1 万 km 应检查油面,每行驶 3 万 km 应更换油液。

④在检查油面和换油时,注意油液的状况。在手指上涂上少许油液,用手指互相摩擦看是否有渣粒存在,并从油尺上嗅闻油液气味,通过对油液的外观检查,可反映部分问题。

⑤传动油是一种专用油品,加有染色剂,系红色或蓝色透明液体,绝不能与其他油品混用,同牌号不同厂家生产的也不宜混兑使用,以免造成油品变质。

七、汽车润滑脂的选用

润滑脂是石油产品中的一大类,它是将稠化剂分散于液体润滑剂中所组成的一种稳定

的固体或半固体产品。实际上是一种稠化了的润滑油。润滑脂主要由基础油、稠化剂、添加剂及填料三部分组成。润滑剂在常温下可附着于垂直表面不流失,并能在敞开或密封不良的摩擦部位工作,具有其他润滑剂所不可能替代的特点。因此,在汽车和工程机械的许多部位,都使用润滑脂作为材料。

1. 润滑脂的使用性能指标

(1)滴点

滴点是指润滑脂在一定试验条件下,从不流动状态转变为流动状态过程中滴出第一滴润滑脂时的温度,它是润滑脂的耐热性指标,能反映出润滑脂最高使用温度。滴点高的润滑脂,耐热性好,不易流失和变质失效。通常,润滑脂的使用温度应比其滴点低 20~30℃。

(2)安定性

①氧化安定性 氧化安定性是指润滑脂在储存和使用中抵抗氧化的能力。润滑脂中的基础油和稠化剂与空气接触时,会在不同程度上被氧化,使其酸值增加,易腐蚀金属,稠度变小,使用寿命缩短。

②胶体安定性 胶体安定性是指润滑脂在储存和使用中避免胶体分解,防止液体润滑油被析出的能力。但若润滑油完全不分离出来,则它也起不到润滑作用。因此,对润滑脂的分油性能要有适当的要求,既不能太大,也不能太小。

③机械安定性 机械安定性表示润滑脂在机械工作条件下抵抗稠度变化的能力。润滑脂在使用过程中因受到机械运转的剪切作用,稠化剂的纤维结构不同程度遭到破坏,使稠度有所下降。

(3)稠度

稠度是指润滑脂的稀稠程度。汽车上有些部位(如轮毂轴承等)之所以使用润滑脂,就是因为它具有一定的稠度能附在摩擦面上,起到长久润滑作用。稠度通常用针入度表示。针入度是指用标准尺寸、形状和质量的金属锥体,在一定温度下沉入润滑脂内5s,其沉入深度(单位为 mm)的 1/10mm 的数值。

(4)抗水、抗磨性

抗水性决定润滑脂是否适用于潮湿或有水的场合。抗水性差的润滑脂,遇水后稠度下降,甚至乳化而流失。润滑脂的抗磨性是指润滑脂在运动部件间形成和保持油膜,防止金属之间相互接触的能力。润滑脂中的稠化剂本身就是油性剂,因此润滑脂的抗磨性能一般比基础油好。

(5)防腐性

润滑脂能吸附在金属表面以保护金属不受外界物质的腐蚀,但是润滑脂本身如果含有过量的游离酸、碱或活性硫化物,或在储存、使用过程中因氧化产生有机酸,都可能腐蚀金属。

2. 汽车常用润滑脂的牌号和规格

(1)钙基润滑脂

由动植物脂肪酸与石灰制成的皂钙稠化矿物润滑油,并以水作为胶溶剂制成的,它是30年代的老产品,有1、2、3、4 四个稠度牌号。滴点在 80~90℃之间,使用温度范围为 -10~60℃。抗水性好。容易黏附于金属表面,胶体安定性好,但耐热性差,使用寿命短。

(2)钠基润滑脂

是由动植物脂肪酸与氢氧化钠制成的钠皂稠化矿物润滑油,它耐高温但不耐水,有2、3两个稠度牌号,滴点可达160℃。可在120℃下长时间工作,有较好的承压抗磨性能,但抗水性能差,不能用于潮湿环境或水接触的部件。

(3)汽车通用锂基润滑脂

由动植物脂肪酸与氢氧化锂制成的锂皂低凝固点润滑油,并加抗氧、防锈剂制成。稠度为2号,滴点在180℃。具有良好的机械安定性、胶体安定性、防锈性、氧化安定性和抗水性,适用于30~120℃下,汽车轮毂轴承、底盘、水泵和发电机等各摩擦部位润滑,为普通推荐使用的汽车通用润滑脂。

(4)极压复合锂基润滑脂

它与汽车通用锂基润滑脂的区别是具有更高的极压抗磨性,可适用于-20~160℃的高负荷机械设备的齿轮和轴承润滑,有1、2、3号三个稠度牌号,部分高性能进口汽车推荐使用极压润滑脂。

(5)石墨钙基润滑脂

由动植物脂肪酸与石灰制成钙皂稠化68号机械油,加10%的鳞状石墨制成。具有良好的抗水性和抗碾压性能,滴点为80℃适合于重负荷、低转速和粗糙机械的润滑。汽车钢板弹簧、起重机齿轮转盘及半拖挂货车的转盘等承压部位使用。

3. 润滑脂的选用及注意事项

(1)润滑脂的选择

汽车润滑脂规格的选择包括润滑脂品种(即使用性能)和稠度级号的选择。选择时应根据车辆和机械设备的使用说明书规定,选用与用脂部位条件相适应的润滑脂的品种和稠度牌号。

(2)润滑脂使用注意事项

①轮毂轴承是主要用脂部位,宜全年使用2号脂(南方),或冬用1号脂(北方)。不少用户习惯上常年使用3号脂,该脂稠度太大,会增加轮毂轴承转动阻力,试验表明,用2号脂比用3号脂节能,3号脂只宜在热带重负荷车辆上使用。

②轴承的填充量与节能关系较大,油脂填充量大,工作时搅动阻力大,轴承温升高,燃油消耗量相应增加。更换轮毂轴承润滑脂时,只要在轴承的滚珠(或滚柱)之间塞满润滑脂,而轮毂内腔采用"空毂润滑",即在轮毂内腔仅仅薄薄地涂上一层润滑脂,起防锈作用即可。不应采用"满毂润滑",即把润滑脂装满轮毂内腔。这样即不科学,又很浪费,还可能会因轮毂过热而使润滑脂流到制动摩擦片表面,造成制动失灵,影响行车安全。

③按使用说明书规定及时向润滑点注脂。

④不同牌号的润滑脂不能混用。避免不同化学成分和性质的油脂混在一起降低润滑脂的使用性能和寿命。

⑤润滑脂一旦混入杂质便难以除去,在保存、分装和使用过程中,严格防止灰、砂和水分等外界杂质污染,容器和注脂工具必须干燥清洁。

八、汽车制动液的选用

汽车制动液是汽车液压制动系统所采用的非矿油型传递压力的工作介质,是使制动器实现制动作用的液体,俗称刹车油。汽车制动系统的可靠性直接影响到行车安全,因此要求制动液必须安全可靠、质量高、性能好,并且要在各种条件下四季通用。

1. 汽车制动液的使用性能

(1) 高温抗气阻性

现代汽车行驶速度高,制动强度大,制动过程中产生的摩擦热会使制动系统温度升高,有时可高达150℃以上。如果制动液沸点低,容易蒸发,会使制动系统管路中产生气阻,导致制动失灵。制动液发生气阻时的温度称为气阻点,它通常比沸点低2~3℃。为了保证制动安全可靠,要求制动液有较高的沸点。

(2) 与橡胶的配伍性

汽车液压制动系有皮碗、软管等橡胶件,若制动液对这些橡胶制品有溶胀作用,则其体积和质量会发生变化,出现渗漏,造成制动压力下降,严重时导致制动失灵。因此,制动液对橡胶件要有良好的适应性。

(3) 抗腐蚀性和防锈性

汽车液压制动系的缸体、活塞、弹簧、导管和阀等部件主要使用铸铁、铝、铜和钢等材料制成,要求制动液不引起金属腐蚀。另外,当制动液渗进橡胶分子的间隙中时,会从橡胶中抽出一部分组分,抽出物对金属的腐蚀作用也应限制。

(4) 低温流动性

当气温低时,汽车液压制动液黏度会增大,使其流动性变差,影响准确地传递压力。因此为保证制动可靠,要求汽车制动液在低温时黏度增加较小,具有较好的低温流动性。

(5) 溶水性

要求制动液吸水后能与水互溶,不产生分离和沉淀。

(6) 安定性

制动液在高温长期使用不能产生热分解和缩合使黏度增加,也不允许生成胶质和油泥。

2. 制动液分类、品种和规格

(1) 汽车制动液种类

制动液按其组成和特性不同,一般可分为醇型、矿油型和合成型制动液三类。其中合成型制动液是目前广泛应用的主要类型。

①醇型制动液是由醇类和蓖麻油配制而成的。其高低温性能均差,平衡回流沸点低,容易蒸发,极易产生气阻,不能保证行车安全,现已淘汰。

②矿油型制动液是以精制柴油馏分经深度脱蜡,并加入多种添加剂调和而成。此类制动液温度适应性较好,但对天然橡胶有溶胀作用,制动系的皮碗、软管需为耐油橡胶制品。

③合成型制动液是由基础液、润滑剂和添加剂组成。其工作温度范围宽,黏温性好,对橡胶和金属的腐蚀作用均很少,故适合于高速、大功率、重负荷和制动频繁的汽车使用,按其基础液的不同,合成型制动液有醇醚型、酯油型和硅油型制动液3种。

(2) 国外汽车制动液的规格

国外汽车制动液典型规格有3个系列:

①美国联邦机动车辆安全标准(FMVSS)。具体是 FMVSS No.116 DOT-3、DOT-4、DOT-5,这是世界公认的通用标准。

②美国汽车工程师协会标准(SAE)。具体是 SAE J1703e、SAE J1703f 等。

③国际标准化组织标准(ISO)。具体规格是《道路车辆—非石油基制动液》ISO 4925—1978，它是参照 FMVSS No.116 DOT—3 制定的。

(3)国内汽车制动液的规格

我国于 2012 年修订实施的制动液国家标准 GB 12981—2012《机动车辆制动液》。该标准规定了机动车辆制动液的技术要求和试验方法。该标准系列的代号由汉语拼音和阿拉伯数字两部分组成，其中 H、Z 和 Y 分别为合成、制动和液体汉语拼音的第一个字母(大写)，阿拉伯数字作为区别本系列各标准的标记。该标准按机动车辆安全使用要求分为 HZY3、HZY4、HZY5、HZY6 四种，其中 HZY3、HZY4、HZY5 分别对应国际通用产品 DOT3、DOT4、DOT5 或 DOT5.1。该标准的技术要求见表 2-18。

机动车辆制动液的技术要求(GB 12981—2012 摘录)　　表 2-18

项　目	质量指标				试验方法
	HZY3	HZY4	HZY5	HZY6	
外观	清亮透明，无悬浮物、杂质及沉淀				目测
运动黏度($mm^2 \cdot s^{-1}$)					GB/T 265
−40℃　　　　不大于	1500	1800	900	750	
100℃　　　　不小于	1.5	1.5	1.5	1.5	
平衡回流沸点(ERBP)(℃)	205	230	260	250	SH/T 0430
湿平衡回流沸点(ERBP)(℃)	140	155	180	165	附录 C[a]
pH 值	7.0~11.5				附录 D

注：附录 C[a]、附录 D 可查找 GB 12981—2012。

3. 制动液的选用

汽车制动液的选择应坚持两条原则：一是使用合成制动液；二是质量等级以 FMVSS No.116 DOT 标准为准。选择制动液要求其性能与工作条件相适应。

(1)车辆速度性能

高速车辆或常在市区行驶的车辆，制动液工作温度较高，应使用级别较高的制动液。

(2)环境条件

主要是指气温、湿度和道路条件等。如在炎热的夏季、常在山区多坡或高速公路上行驶的车辆，制动强度大，制动液工作温度高，特别是在湿热条件下，一般应选用沸点较高的 HZY5 制动液，非湿热条件可选用 HZY3 制动液。

4. 制动液使用注意事项

①各种制动液原则上不能混用，否则会因分层而失去制动作用。

②加注或更换制动液时要注意清洁，制动液须经过过滤，不允许细微杂质混入制动系统。

③存放制动液的容器应当密封，防止水分混入和吸收水汽使沸点降低；更换下来和装在未密封容器内的制动液不能继续使用。

④定期更换制动液，汽车制动液使用一段时间后会因吸湿、化学变化等原因使性能指标降低，从而影响行车安全，因此使用中的制动液应定期更换。一般情况下，制动液使用一两年时应进行更换。

⑤注意制动液的温度。在山区下坡连续使用液压制动或在高温地区长期频繁制动时,制动蹄片温度可达 350~400℃,使制动液温度随之升高达 150~170℃,已超过一般合成制动液的潮湿沸点,因此,要注意检查制动液温度,以防因气阻发生交通事故。

九、发动机防冻液的选用

水冷式发动机可以用清洁的水作为冷却液,但水的冰点较高,在 0℃ 就要结冰,若冬季冷却水结冰,只要体积膨胀 9%,就可以使缸体、散热器等破损。冷却水在工作中还易生成水垢,影响传热效果,加之水在 100℃ 时便沸腾。为防止在冬季室外停车时冷却水结冰冻结,在最低气温下保持其流动性,冷却系必须加注防冻冷却液,简称防冻液,同时还要求发动机冷却液能具有多种性能。

1. 对防冻冷却液的要求

防冻液在汽车冷却系统中起着冷却和防冻的作用,防冻液的主要性能要求:比热大,传热性好、以保证良好的冷却;冰点低,以保证冬季不结冰;黏度小,以保证循环系统的正常工作;沸点高,以保证发动机能够在较高温度下工作,提高热效率,并减小化学和机械磨损,延长发动机寿命,并减少自身的蒸发损失;不腐蚀冷却系统的金属及橡胶件;不易着火燃烧;不易产生泡沫,以保证不影响传热;无毒、无公害。

2. 汽车防冻液的规格

国际上通用的冷却液标准是 ASTM D3306。我国现行标准有石化行业标准 NB/SH/T 0521—2010《乙二醇型和丙二醇型发动机冷却液》,该标准所属产品分为浓缩液和防冻液两类,防冻液按冰点分为 -25 号、-30 号、-35 号、-40 号、-45 号和 -50 号 6 个牌号,其主要技术指标见表 2-19。

乙二醇型汽车发动机冷却液及其浓缩液   表 2-19

项目	质量指标						
	浓缩液	冷却液					
		-25 号	-30 号	-35 号	-40 号	-45 号	-50 号
颜色	有醒目的颜色						
气味	无异味						
密度(20℃)(kg/m³)	1107~1142	1053~1072	1059~1076	1064~1085	1068~1088	1073~1095	1075~1097
冰点(℃)　　　不高于		-25	-30	-35	-40	-45	-50
50%(v/v)蒸馏水　不低于	-37						
沸点(℃)　　　不高于	163	106	106.5	107	107.5	108	108.5
50%(v/v)蒸馏水　不低于	107.8						
对汽车有机涂料的影响	无影响						
灰分,%(m/m)　不大于	5.0	2.0	2.3	2.5	2.8	3.0	3.3
pH 值		7.5~11.0					
50%(v/v)蒸馏水	7.5~11.5						
储备碱度(mL)		报告					

续上表

项　目	质　量　指　标						
	浓缩液	冷却液					
		-25号	-30号	-35号	-40号	-45号	-50号
腐蚀试验,试片变化值,(mg/片)紫铜、黄铜、钢、铸铁、焊锡、铸铝		±10 ±30					
模拟使用腐蚀,试片变化,(mg/片)紫铜、黄铜、钢、铸铁、焊锡、铸铝		±20 ±60					
铝泵气穴腐蚀(级)不小于		8					
泡沫倾向、泡沫体积(mL),不大于泡沫消失时间(s)　不大于		150 5					

目前,国内外广泛采用乙二醇水基型防冻液,乙二醇型冷却液的优点是:沸点高(197.4℃),蒸发损失小;冰点低,用不同比例的乙二醇和水可以配制成不同冰点的冷却液;热容量大,冷却效率高;黏度小,流动性好。缺点是有毒性,对金属有腐蚀作用,并对橡胶有轻度的侵蚀。但由于其优点突出,目前乙二醇型防冻液已在我国得到广泛的应用。

3. 汽车发动机冷却液的选择和使用注意事项

汽车发动机冷却液选择的原则是:汽车发动机冷却液的冰点至少要低于环境最低气温5℃,以确保在特殊情况下冷却液不结冰。如是浓缩液,应按产品说明书规定的比例加入蒸馏水或去离子水。《汽车发动机冷却液安全使用技术条件》JT 225—1996推荐的使用范围见表2-20。

汽车发动机冷却液推荐使用范围　　　　表2-20

牌　号	推荐使用范围
-25	在我国一般地区如长江以北、华北等环境最低气温在-15℃以上地区均可使用
-35	在东北、西北大部分地区和华北等环境最低气温在-25℃以上的寒冷地区使用
-45	在东北、西北和华北等环境最低气温在-35℃以上的严寒地区使用

4. 防冻液使用注意事项

①合理使用防冻液。防冻冷却液使用期限较长,一般为1~2年(长效防冻液可达2~3年)。在加注新的防冻液前应将冷却液完全排放净后,用清水将冷却系洗净,水垢和铁锈较为严重,要将散热器认真洗涤干净。加注时不要过量,一般只能加到冷却系总容量的95%。以免升温膨胀后溢出。停车后不要立即打开水箱盖。

②切忌混用。不同类型的防冻液不能混用,更不能加入食盐等,因其虽有降低冰点的作用,但易生成腐蚀冷却系材料的物质。

③使用中严禁用嘴吸。防冻液(乙二醇)有一定毒性,对人的皮肤和内脏有刺激作用,手接触后要及时清洗,溅入眼内更应及时用清水冲洗处理。

十、汽车风窗玻璃洗涤液的选用

汽车风窗洗涤液俗称玻璃水(即车窗玻璃清洗液、雨刮水),主要由水、酒精、乙二醇、缓蚀剂及多种表面活性剂组成。其主要作用有清洗、防冻、抗静电、润滑、防眩光、防雾气、防腐蚀等功能。对提高驾车安全有着重大的作用。

1. 汽车风窗玻璃洗涤液的性能

①低温和高温交变时,没有分离和沉淀。
②冬季使用的风窗玻璃洗涤液,应具有较低的凝点。
③对雨刮机构的材料不应产生腐蚀和影响。
④在车窗表面蒸发迅速,无残留。

2. 汽车风窗玻璃洗涤液的使用注意事项

①清洗液的凝点很低,一般都可以保证 $-25℃$ 不会凝固。
②虽然各种品牌的清洗液配方类似,但是尽量使用统一品牌的清洗液。
③平时要注意检查车窗清洗液的量是否充足。
④冬季应该注意防冻,换用防冻洗涤效果好的车窗清洗液。

十一、汽车空调制冷剂的选用

制冷剂是一种化学物质。它是汽车空调制冷系统中完成制冷循环的工作介质,目前汽车空调制冷系统使用的制冷剂是 R-134a。其中 R 是英文 Refrigrant(制冷剂)的第一个字母。

1. 车用空调制冷剂的性能要求

①无毒,无污染。
②蒸发潜能大。
③易于改变吸热和散热状态。
④不易燃,不爆炸。
⑤化学性质稳定,无腐蚀性。
⑥可与冷冻机油任意比互溶。

2. 制冷剂的品种

汽车空调制冷剂最早广泛使用的是 R12。R12 属于氟利昂系的制冷剂,学名二氯二氟甲烷,分子式为 CCl_2F_2。其蒸发潜热大,易液化;在含水的场合,除了侵蚀镁和铝之外,不侵蚀其他金属;能溶化天然橡胶,但不侵蚀合成橡胶;对于水的溶解度极小,在循环中存在水分易结冰,需使用吸湿剂;无毒且不易燃烧,但遇火会产生有毒物质。

作为汽车空调制冷系统的制冷介质 R12,具有制冷能力强、化学性质稳定、与冷冻机油相溶和安全等优点。但是,由于 R12 分子中含有氯原子,当其排放到大气中并升入大气同温层后,在太阳光的强烈照射下会分离出氯离子,氯离子与臭氧层(O_3)发生化学反应形成 ClO 和 O_2,从而导致大气层臭氧层的破坏。大气臭氧层可以吸收太阳紫外线,若大量的紫外线直接照射到地球表面,将会使人类和地球上其他生物造成严重的危害。

R12 对大气臭氧层有破坏作用,有使全地球变暖的温室效应,因此它在 1987 年臭氧蒙特利尔议定书中第一批被禁用,经过科研人员的不断探索和实验,认定制冷剂 R-134a 是汽车空调的首选取代工质。这主要是由 R-134a 不含氯原子,对臭氧层无破坏作用,温室效应影响小,其热力性质稳定并与 R12 相近。

3. 制冷剂的使用

由于 R-134a 与 R12 性质的差异、若将 R-134a 直接用在原来的汽车空调系统中会出现以下问题:原来制冷压缩机使用的润滑油与 R-134a 几乎不相溶,因此在制冷循环过程中,从压缩机中流出的润滑油无法随制冷剂流回压缩机,将使压缩机润滑条件恶化而导致其使用寿命大大缩短;R-134a 对原用的橡胶管与密封材料有极强的溶解与分离作用,必将导致制冷剂大量泄露,使系统无法正常运转;干燥罐内的硅胶干燥剂易被 R-134a 吸附,破坏其吸湿能力;当温度低于 17℃时,R-134a 的饱和压力要比 R12 等略低。

因此,必须针对上诉问题改进和更新原有设备和材料,方能正常有效地使用 R-134a。具体措施如下:

①压缩机的润滑油由原来的矿物油改为合成油,即聚烃乙二醇(PAG)。

②连接系统各处的软管和用于密封作用的橡胶材料,皆由聚腈橡胶(HNBR)取代先前的丁腈橡胶,另外新型系统管件一般由特殊复合材料制成,其内壁有尼龙层,中间为聚丁腈橡胶,并进行强化处理,管件上设有 R-134a 专用标记。

③更新干燥剂,目前选用的是细小孔径且不吸附 R-134a 的合成泡沫沸石。

④膨胀阀的流量特性及制冷剂的工作压力也要相应地改变。

⑤压缩机排气压力相应增高,负荷相应增大,因而必须强化主轴、主轴承,加强缸壁特性并改善机件润滑,进、排气阀也相应改用不锈钢材料。

⑥由于 R-134a 系统排气压力与压缩比均较 R12 高,欲维持其系统效率与 R12 具有相同水平,必须相应提高换热器的效能,为此采用平流式冷凝器和层流式蒸发器,以增大换热面积。

另外,要绝对避免 R12 与 R-134a 混用,在汽车发动机和压缩机上必须以醒目的标记提示制冷剂的使用型,制冷剂加注口采用不同规格的螺纹。

十二、汽车轮胎的使用

1. 轮胎的作用

现代汽车广泛采用充气轮胎,轮胎安装在轮辋上,直接与路面接触,其功能是:支撑汽车总质量产生的重力;承受路面传来的各种载荷的作用;与汽车悬架一起吸收、缓和路面的冲击,保证汽车有良好的乘坐舒适性和行驶平顺性。与路面有良好的附力;保证车轮与路面有良好的附着力,以提高汽车的动力性、制动性和通过性。

因此轮胎必须具有适宜的弹性和承载能力;与路面附着良好,运转平稳,滚动阻力小;同时具有耐热、耐水、耐老化和耐磨损的能力。

2. 轮胎的类型与结构特点

现代汽车广泛采用充气轮胎。充气轮胎具有不同的分类方法:

按轮胎组成结构不同,可分为有内胎轮胎和无内胎轮胎两种。

按用途不同,可分为轿车轮胎、载货汽车轮胎、摩托车轮胎和特种车辆及工程机械用轮胎等。

按胎体中帘线排列的方向不同,可分为普通斜交轮胎、带束斜交轮胎和子午线轮胎。

按胎面花纹不同,可分为普通花纹轮胎、混合花纹轮胎和越野花纹轮胎。

按胎内气压大小不同,可分为高压轮胎(气压 490～686kPa)、低压轮胎(气压 196～490kPa)和超低压轮胎(气压为 196kPa 以下)。目前轿车、货车几乎全部采用低压胎,因为低压胎弹性好,断面宽,与道路接触面大,壁薄而散热性能好。这些特点提高了汽车行驶的平顺性和转向操纵性。

此外还可按轮胎帘线类型分为钢丝轮胎、尼龙轮胎、人造丝轮胎和聚酯轮胎等。

不同类型的轮胎有不同的结构特点和使用性能。

(1) 有内胎的充气轮胎

有内胎的充气轮胎主要由外胎、内胎和垫带组成,如图 2-1 所示。

外胎是轮胎的主体,用以保护内胎,直接与地面接触。它由胎面(包括胎冠和胎肩)、胎侧、胎体(包括缓冲层和帘布层)和胎圈组成,如图 2-2 所示。

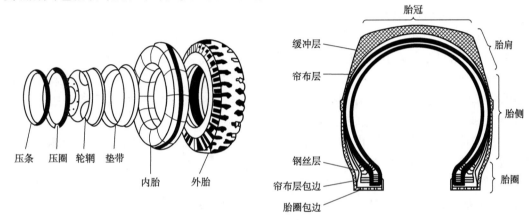

图 2-1 充气轮胎的组成　　　　图 2-2 外胎的结构

胎冠亦称行驶面,它与地面接触,直接承受冲击和磨损,并使轮胎与地面间有很大的附着力,故胎冠应具有较高的弹性、弹力和耐磨性能。为增加轮胎的附着力,避免轮胎横向打滑,胎面制有各种花纹。

胎肩是较厚的胎冠与较薄的胎侧间的过渡部分,一般也制有各种花纹,以提高该部位的散热性能。

胎侧是贴在胎体帘布侧壁的薄橡胶层,主要作用是保护胎体侧部帘布层免受损伤。

胎体是外胎的骨架,由帘布层和缓冲层组成,其作用是承受负荷,保持轮胎外缘尺寸和形状。帘布层用浸胶的棉线、人造丝、尼龙、聚酯纤维和钢丝等材料制成,在帘布层与胎面之间,还有用上述材料制成的缓冲层。

胎圈由钢丝圈、帘布层包边和胎圈包边组成。轮胎靠胎圈固装在轮辋上。

内胎是一个环形橡胶带,具有良好弹性,并能耐热和不漏气,上面有气门嘴以便充入或排出空气。

垫带是一个环形橡胶带,安装在内胎与轮辋之间,用于防止内胎被轮辋及外胎的胎圈擦伤和磨损。

目前,普通斜交轮胎和子午线轮胎在汽车上得到了广泛的应用。下面主要介绍普通斜交轮胎和子午线轮胎。

①普通斜交轮胎。斜交轮胎帘布层和缓冲层各相邻层帘线交叉。帘线与胎面中心线呈约35°角,由一侧胎边穿过胎面到另一侧胎边。由这种斜置帘线组成的帘布层,通常有多层,它们交错叠合起来,成为胎体的基础。由于帘布层的斜交排列,给轮胎胎面和胎侧增加了强度。

②子午线轮胎。子午线轮胎用钢丝或纤维织物作帘布层。其帘线与胎面中心线呈90°角或接近90°角,从一侧胎边穿过胎面,到另一侧胎边。这样的分布就像地球上的子午线,称为子午线轮胎。

由于子午线轮胎的帘线呈这样的环形排列,帘线的强度得到充分利用,故子午线轮胎帘布层数比斜交轮胎约可减少40%～50%,胎体较柔软。帘线在圆周方向上只靠橡胶来联系,难以承担行驶时产生的切向力,所以子午线轮胎采用了若干层帘线与胎面中心线呈(10°～20°)、高强度、不易拉伸的周向环形的类似缓冲层的带束层,又称硬缓冲层或固紧层。

子午线胎的结构特点使其具有较斜交轮胎优越的性能:

a. 行始里程长。由于子午线轮胎面刚性大,周向变形小,在路面上的滑移小,又因为轮胎接地面积大,单位压力小,而且分布均匀,胎面耐磨性比斜交胎可增加50%以上。

b. 滚动阻力小,节约燃油。由于子午线胎帘布层数减少,层间摩擦力小,其滚动阻力较斜交胎小25%～30%,不但可提高汽车的动力性,还可提高燃油经济性,实际使用中,节油率可达6%～8%,并且随着车速的提高,节油效果更加显著。

c. 承载能力大。子午线胎帘线与轮胎变形方向一致,可充分利用帘线强度,比斜交轮胎承载能力约高14%。

d. 减振性能好。子午线轮胎体大、柔软,具有良好的缓冲性能,所以使汽车有良好的行驶平顺性,乘坐舒适,货物不易损坏,可延长汽车机件使用寿命。

e. 附着性能好。由于胎体弹性好,接地面积大,胎面滑移少,即附着性能好,提高了汽车的牵引性能。

f. 胎面耐穿刺,不易爆破。子午线胎由于有多层环形束带,胎面刚性大,减少胎面胶的伸张变形,接地面积又大,单位压力小,因而提高了胎面耐穿刺性能。加上帘线强度得到充分利用,放在恶劣的使用条件下,子午线胎也不易发生爆破。

g. 胎温低,散热快。由于子午线胎帘布层数少,且帘布层之间不产生剪切作用,故比斜交胎温升低,散热快,有利于提高车速。

(2)无内胎充气轮胎

无内胎充气轮胎俗称真空胎,近年来在轿车和一些货车上,无内胎充气轮胎的使用日渐广泛。没有内胎的轮胎,空气直接压入外胎中,因此要求外胎和轮辋之间有很好的密封性,如图2-3所示。

无内胎轮胎在外观上与有内胎轮胎近似,不同的是无内胎轮胎的外胎内壁上附加一层约2～3mm的橡胶气密层,当轮胎被刺穿后,气密层的橡胶处于压缩状态而紧箍刺物,使得轮胎不漏气或漏气很慢,因此,这种轮胎突出的优点是安全。

由于没有内胎以及内胎与轮辋之间的衬带,消除了内外胎之间的摩擦,并使热量容易从轮辋直接散出,故无内胎行驶时的温度较普通轮胎行驶时的温度低约20%～30%,有利于提高车速,且寿命比普通轮胎约长20%,并有结构简单质量小的特点。

3. 轮胎规格

轮胎规格可用外胎直径 D、轮辋名义直径 d、断面宽 B 和断面高 H 的尺寸代号等表示，如图 2-4 所示。

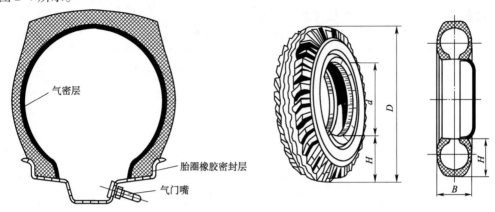

图 2-3　无内胎轮胎的结构　　　　　　　图 2-4　轮胎的尺寸代号

（1）轿车轮胎规格

由于轮胎断面轮廓不断演变和发展，传统标记方法已不能适应新的要求，1997 年 9 月，我国在等效采用欧洲轮胎轮辋标准组织（ETRTO）年鉴—1994 的基础上，对《轿车轮胎系列》GB/T 2978—89 再次进行修订，即《轿车轮胎系列》GB/T 2978—1997。该标准轿车轮胎规格以轮胎名义断面宽度（mm）、轮胎扁平率（%）、轮胎结构代号（如 R 代表子午线轮胎结构）、轮辋名义直径（in）、负荷能力和速度标志表示。

①轮胎的扁平率。指轮胎断面高度除以断面宽度得到的百分数。目前国产子午线轮胎有 80、75、70、65、60、55、50 和 45 等八个系列，数字分别表示轮胎断面（H）是断面宽（B）的 80%、75%、70%、65%、60%、55%、50% 和 45%。

②轮胎的负荷能力。指在一定行驶速度和相应充气压力时的最大载质量。国际标准将轮胎全部预计到的负荷量从小到大依次划分为 280 个等级负荷指数，每一个指数代表一级"轮胎负荷能力"。见表 2-21。

负荷指数和负荷值对应表（摘录）　　　　　　　　　　　　　　表 2-21

负荷指数值	……	75	76	77	78	79	80	81	82	83	84	85
负荷（kg）	……	387	400	412	425	437	450	462	475	487	500	515
负荷指数值	86	87	88	89	90	91	92	93	94	95	96	97
负荷（kg）	530	545	560	580	600	615	630	650	670	690	710	730
负荷指数值	98	99	100	101	102	103	104	105	106	107	108	109
负荷（kg）	750	775	800	825	850	875	900	925	950	975	1000	1030
负荷指数值	110	111	112	113	114	115	116	117	118	119	120	121
负荷（kg）	1060	1090	1120	1150	1180	1215	1250	1285	1320	1360	1400	1450
负荷指数值	122	123	124	125	126	127	128	129	130	131	132	133
负荷（kg）	1500	1550	1600	1650	1700	1750	1800	1850	1900	1950	2000	2060
负荷指数值	134	135	136	137	138	139	140	141	142	143	144	
负荷（kg）	120	180	2240	2300	2360	2430	2500	575	2650	2725	2900	

③轮胎的速度等级符号。近年来,汽车和轮胎的性能都有很大的提高,要求轮胎的速度性能和汽车的最高行驶速度相匹配。为此,轮胎需标明其速度等级。国际化标准组织(ISO)制定了轮胎速度等级符号,每一个速度等级符号均有一个对应的最高行驶速度,见表2-22。不同轮辋名义直径的轿车轮胎最高速度见表2-23。

表2-22 轮胎速度等级与最高行驶速度(摘录)

轮胎速度级别符号	轮胎最高行驶速度(km/h)	轮胎速度级别符号	轮胎最高行驶速度(km/h)
L	120	R	170
M	130	S	180
N	140	T	190
P	150	U	200
Q	160	H	210

表2-23 不同轮辋名义直径的轿车轮胎最高速度(摘录)

轮胎速度级别符号	轮胎最高行驶速度(km/h)		
	轮辋名义直径10in	轮辋名义直径12in	轮辋名义直径≥13in
Q	135	145	160
S	150	165	180
T	165	175	190
H		195	210

例:185/70 R 13 86 T

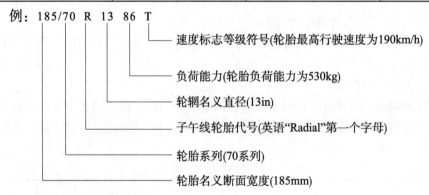

（2）载货汽车轮胎规格

《载重汽车轮胎系列》GB/T 2977—1997,是在等效采用美国轮胎轮辋协会(TRA)年鉴—1994 的基础上,对 GB/T 2977—89 进行修订,其中部分轮胎的规格参照采用了欧洲轮胎标准化组织(ETRTO)年鉴—1993 和日本机动车车辆轮胎制造协会(JATMA)年鉴—1994。

①微型载货汽车普通断面斜交轮胎。

例:4.50—12 ULT

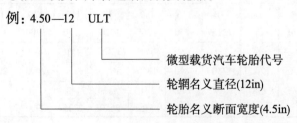

②轻型载货汽车普通断面斜交轮胎。

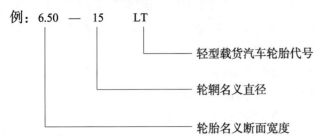

③轻型载货汽车普通断面子午线轮胎。

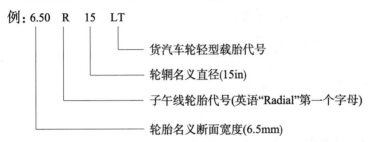

④轻型载货汽车斜交公制系列轮胎。

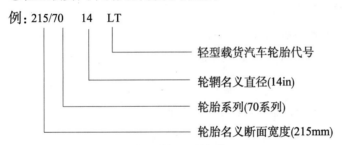

⑤轻型载货汽车子午线公制系列轮胎。

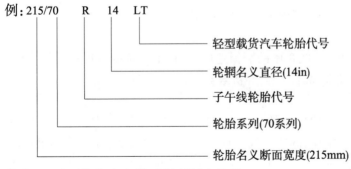

⑥中型、重型载货汽车普通断面斜交轮胎。

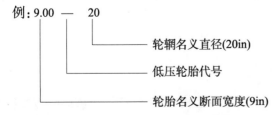

⑦中型、重型载货汽车普通断面子午线轮胎。

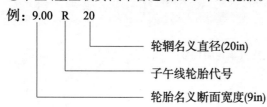

⑧中型载货汽车普通断面子午线轮胎无内胎轮胎。

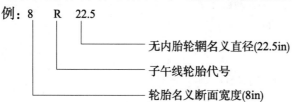

⑨中型载货汽车斜交无内胎公制系列轮胎。

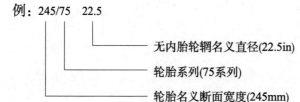

⑩中型、重型载货汽车子午线无内胎公制系列轮胎。

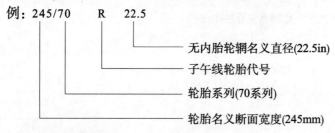

4. 轮胎的合理使用

合理使用轮胎的目的在于:降低轮胎的磨损速度,防止不正常的磨损和损坏,延长轮胎的寿命,保证行车安全,降低运输成本,提高经济效益。

(1)正确选用轮胎

选用轮胎的根据是:车辆的使用条件,车型,路线(长途、短途、市内),装载(重物、特殊货物、一般杂货),车速(高速、中速、低速),气象状况(雨季、冬季、夏季),以及使用部门的管理水平和管理方式。选购的轮胎应与汽车生产厂家规定的规格型号相一致,并且装配在规定的车型和轮辋上。选购轮胎时应对该轮胎所执行的标准有所了解。

(2)保持轮胎气压正常

轮胎气压是决定轮胎使用寿命和工作好坏的主要因素。

(3)防止轮胎超载

(4)合理搭配轮胎

轮胎必须装在规定规格的轮辋上;同一车轴应装配相同规格、花纹和负荷能力的轮胎;

普通斜交轮胎与子午线轮胎在同车上不能混用;轮胎花纹应根据道路条件选择,装配有方向性花纹的轮胎时,驱动轮胎花纹"人"字尖端的指向要与汽车前进时轮胎旋转方向一致;换装轮胎时,应尽量做到整车同轴同换;为确保行车安全,翻新轮胎不能装在转向轮上;汽车所有轮胎应与最大设计车速相适应。

（5）轮胎周期换位

由于负荷、驱动形式和道路的影响,汽车各轮胎磨损部位和磨损程度不同,为使全车轮胎磨损均匀,一般按照规定的周期进行轮胎换位。换位方法以"左右交叉、前后调换"为原则。这样经过几次换位,每个轮胎在前后左右几个部位都使用过,其不规则磨损情况会大为好转。轮胎换位的基本方法有循环换位法和交叉换位法两种,如图 2-5 所示,一次更换轮胎的位置,不能使所有轮胎的一侧换到另一侧的换位方法,称为循环换位法。仅一次更换轮胎的位置,便可实现所有轮胎从汽车的一侧完全换到另一侧的换位方法,称为交叉换位法。

子午线轮胎采用单边换位法,如图 2-6 所示。

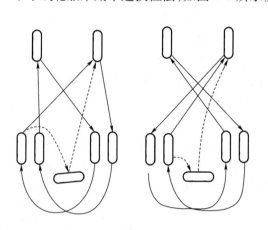

图 2-5　六轮二桥轮胎换位的基本方法图　　图 2-6　四轮二桥子午线轮胎单边换位法

进行轮胎换位应注意:

①轮胎换位方法选定后,不再变动;

②对有方向性花纹轮胎,换位后不能改变轮胎旋转的方向;

③轮胎换位后,应按规定重新调整轮胎气压。

模块 3　汽车的使用寿命和报废制度

一、汽车的使用寿命

1. 汽车使用寿命的定义

汽车使用寿命,是指汽车从开始使用到不能使用之间的整个时期。其实质是指从技术和经济上分析,汽车的使用极限的到达。汽车的使用寿命可用累计使用年数或累计行驶里程数表示。汽车在正常使用过程中,其使用的技术性能和经济性将随使用年数(或行驶里程数)的增加而逐渐下降,当使用达到一定期限就应报废,这是一种自然规律。

每一辆汽车都有其特定的使用寿命,但若无限制地延长汽车的使用寿命,必然会导致产生一系列不良后果,诸如因车辆老旧而使动力性、经济性出现大幅度下降,造成燃、润料消耗增加,导致废气污染和噪声公害严重;维修频繁而耗费大量的配件材料和维修工时,造成车辆维修费用剧增;因车辆平均技术速度下降,使用可靠性降低,而导致运输生产率下降,运输成本增高等。因此,我们研究汽车使用寿命具有重要的现实意义,它不仅有利于保持在用车辆具有良好的使用性能,节约能源,提高动力,减少公害,充分提高车辆的社会效益和经济效益,而且有利于科学地决策对车辆实施合理改造、适时更新和报废,有利于对车辆的科学评估。

2. 汽车使用寿命的分类

汽车使用寿命可分为:物理使用寿命、技术使用寿命、经济使用寿命、合理使用寿命。

①汽车物理使用寿命。又称为自然使用寿命,是指汽车从全新状态投入使用开始,直到在技术上不能按原有用途继续使用为止的时间。它与汽车制造质量、运行材料品质、使用条件、驾驶操作技术及维修质量等因素有关。

②汽车技术使用寿命。是指汽车从开始使用,直至其主要机件到达技术极限状态而不能再继续修理时的总工作时间或总行驶里程。汽车技术使用寿命,主要取决于各总成的设计水平、制造质量和使用维修情况。汽车到达技术寿命时,车辆应予以报废,其零部件也不能再作备件使用。汽车的使用越合理,维修质量越高,汽车技术使用寿命则越会延长,但随着汽车使用时间(或行驶里程数)的增长,汽车维修费也将日益增加。汽车技术进步越快,技术使用寿命也越短。

③汽车经济使用寿命。是指汽车从全新状态投入使用开始,到年平均总费用最低的使用年限。超过这个年限,汽车在技术上仍可继续使用,但年平均总费用上升,在经济上不宜继续使用。从汽车使用总成本出发,分析车辆制造成本、使用与维修费、管理费、车辆当前的折旧以及市场价格变化等因素,经过分析做出综合经济评定,才能确定汽车经济使用寿命。

汽车经济使用寿命是汽车经济效益最佳时机。在汽车更新政策允许的情况下,汽车用户在更新车辆时应以经济使用寿命为依据。据有关资料介绍,在一辆汽车的整个使用期内,汽车的制造费用平均只占全部使用期内总费用的15%左右,而维修费用则约占到总费用的85%。

年平均总费用是车辆在使用年限内,年平均折旧费用与该汽车发生的经营费用之和。汽车使用时间越长,每年分摊的折旧费越少;但随着使用年限的增加,汽车有形损耗增加,汽车技术性能逐渐下降,使汽车的运行材料(主要是燃油和润滑料)费用、工时费用、维修费用增加。延长使用年限使折旧费用的下降,有时会被经营费用的增加逐渐抵消。年均总费用是随使用时间而变化的函数。汽车使用至一定年限会出现年均总费用的最低值。汽车年平均总费用如图2-7所示。

年均总费用最低的横坐标上表示的年限,就是汽车的经济使用寿命,即

$$L_G = \sqrt{\frac{2(K_n - C_Z)}{b}}$$

式中:K_n——汽车的原值,是指汽车从购置到投入运行前所发生的全部费用,元;

C_Z——汽车的残值,元;

b——汽车低劣化的增加强度,单位为元/$(1000km)^2$。

④汽车合理使用寿命:是以汽车经济使用寿命为基础,计入国民经济的承受能力和整个

社会的节约,所制订的符合国情的使用期限。就是说,汽车已经到达了经济寿命,但是否要更新,还要视国情而定。如考虑更新汽车的来源、更新的资金、车辆保有量以及折旧率和成本等因素。为此,国家根据上述情况制订出相应的汽车更新的技术政策,并结合国民经济的可能性加以修正,规定出车辆的更新期限。国民经济越发达,合理使用寿命将越接近经济使用寿命。

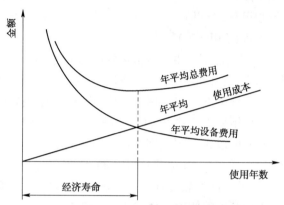

图 2-7　汽车年均总费用曲线

根据上述汽车使用寿命的分类,我们可得知它们间的关系,即技术使用寿命大于合理使用寿命;合理使用寿命大于或等于经济使用寿命。其中汽车经济使用寿命是汽车使用费用最低的年限,即汽车经济效益的最佳时机,因此人们研究汽车的使用寿命应主要研究汽车的经济使用寿命。

目前,许多国家的汽车使用期限完全按经济规律确定,除考虑车辆车身的运行费用增长外,还考虑新车型性能的改进和价格下降等因素。部分国家载重汽车的平均经济使用寿命见表 2-24。

部分国家载重汽车平均经济使用寿命　　　　表 2-24

国别	美国	日本	德国	法国	英国	意大利
平均经济使用寿命(年)	10.3	7.5	11.5	12.1	10.6	11.12

3. 汽车经济使用寿命的评价量标

汽车经济使用寿命的主要评价量标有年限、行驶里程、使用年限和大修次数。

(1) 年限

年限是指汽车以开始投入运行到报废的年数。这种量标除考虑了运行时间外,还考虑了车辆停驶期间的自然损耗问题。它的计量方法虽然比较简单,但不能真实地反映汽车的使用强度和使用条件,造成同年限车辆间技术状况差异很大。

(2) 行驶里程

行驶里程是指汽车从开始投入运行到报废止,期间总的累计行程里程。这种量标只反映了汽车的真实使用强度,而不能反映出运行条件和停驶时间的自然损耗。

专业运输车辆,由于其运行条件差异大,其年平均行驶里程相差也很大,这样使用年限大致相同的车辆,它们的累计行驶里程也会出现较大的悬殊。在汽车运输企业中,常以行驶里程作为考核车辆各项指标的基数。

(3) 使用年限

使用年限是指将汽车总的行驶里程与平均行驶里程之比所得年限，即：

$$T_{折} = \frac{L_{总}}{L_{年}}$$

式中：$T_{折}$——折算的使用年限（年）；

$L_{总}$——总的累计行驶里程（公里）；

$L_{年}$——年平均行驶里程（公里/年）。

年平均行驶里程是用统计方法确定的，与车辆的技术状态、完好率、平均技术速度和交通道路条件等因素有关。我国城市和市郊运输车辆年平均行驶里程一般为15万公里左右，长途货车为20万公里左右。营运汽车在使用过程中，由于车辆的技术状况、平均技术速度和交通道路条件等因素不同，年平均行驶里程的差异较大，但车辆的年平均使用强度基本相同。因此，按折算年限基本上可以在全国范围内取得统一指标。这对于社会专业运输和社会零散运输车辆也是适用的。但对于社会非运输车辆，诸如单位自备用车、私家用车，由于使用强度、管理水平、维修水平一般均较专业运输车辆低，所以这些车辆不能按运输车辆的指标要求，应相对于专业运输车辆的使用寿命作适当的修正。

使用年限这一量标既反映了车辆的使用情况、强度，又包括了运行条件和停驶时间的车辆的自然损耗。

(4) 大修次数

汽车在使用过程中，当动力性和经济性下降到一定程度，已无法通过正常的维护和小修等方法恢复汽车正常的技术状况时，就要进行大修。

运输企业用大修次数作为量标，即是在汽车报废之前，截止在第几次大修最经济，则把该次大修作为评价汽车使用寿命的期限的到达。预测截止到哪一次大修最经济合算，需权衡购买新车的费用加旧车未折完的损失和大修费用加经营费用的损失。

我国地域辽阔，地理、气候、交通道路条件差异大，管理水平也有高有低，有些省、市、地区即使是相同的使用年限，车辆的总行驶里程也有长有短，车辆技术状况也不尽相同。因此采用使用年限作为汽车使用寿命的主要考核指标更为确切一些。

4. 影响汽车经济使用寿命的因素

在确定汽车经济使用寿命时，应以提高经济效益的观点进行分析，才能找出影响汽车经济使用寿命的主要因素。汽车的经济使用寿命主要受汽车有形损耗和无形损耗两方面因素的影响。

(1) 无形损耗

无形损耗是由于科技进步，生产发展，出现了新工艺、新材料、新技术不断在汽车上得到运用；或出现了性能更好，生产效率更高的新车型；或受社会技术政策影响，限制发展原车型而出现在用车辆使用成本提高；或出现原车型价格下降等情况，促使在用车辆改造或提前更新。无形损耗的过程实质上是旧车型贬值的过程。旧车型贬值速度越快，则汽车经济使用寿命越短。

(2) 有形损耗

有形损耗是指车辆在使用过程中本身的消耗，其主要与汽车运输成本有关。汽车运输

成本一般包括:

$$C = C_1 + C_2 + C_3 + C_4 + C_5 + C_6 + C_7 + C_8 + C_9 + C_{10}$$

式中:C——运输成本;

C_1——燃油费用;

C_2——维护、小修费用;

C_3——大修费用;

C_4——基本折旧费用;

C_5——轮胎费用;

C_6——驾驶员工资费用;

C_7——管理费用;

C_8——养路费用;

C_9——车辆路桥通行费;

C_{10}——其他费用。

其中,$C_5 \sim C_{10}$ 是与汽车经济使用寿命无关的因素。C_4 待使用寿命确定后,基本上是一个定值。只有 C_1、C_2、C_3 是一个变量,将随行驶里程(或使用年限)的增长和车辆技术状况的下降而增加。下面就与汽车经济寿命有关的因素 C_1、C_2、C_3 的变化规律作进一步分析。

①燃油费用。汽车随着行驶里程的延长,技术状况逐渐变差,其主要性能也随之下降,燃油消耗不断增加,从而使燃油费用支出增多。经车辆试验所得的燃油费用与行驶里程的变化曲线如图 2-8 所示。从曲线上可得知:A 处是拐点,拐点后的变化趋势为燃油费用随行驶里程增加而增加。

②维修费用。维修费用是指汽车在使用过程中,各级维护费用及日常小修费用的总和。维修费用包括维修过程中的消耗配件费、材料费和维修工时费。汽车随行驶里程的延长,技术状况逐渐变差,需维修的作业项目随之增多,则维修费用也随着增加。

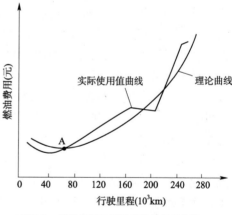

图 2-8 燃油费用与行驶里程的关系曲线

③大修费用。汽车在使用过程中,当动力性和经济性下降到一定程度,已无法通过正常的维护和小修方法,使汽车恢复正常的技术状况时,须进行大修。大修费用随行驶里程(或年限)的延长而增长,且大修间隔里程将不断缩短。大修费用相当于对大修后间隔里程段的投资,因此在计算大修费用时,要把大修费用均摊到此次大修至下次大修的间隔里程段内。

5. 影响汽车技术使用寿命的因素

汽车在使用过程中,随着行驶里程的增加和外界条件的变化,汽车技术将逐渐变差。主要表现在汽车技术使用性能指标的变化。诸如汽车运行能力降低、汽车使用经济性变差、汽车的安全特性和可靠性降低等,从而影响到汽车的技术使用寿命。因此,汽车技术状况的变化是导致汽车技术使用寿命变化的本质原因。导致上述变化的因素是多方面的,概括起来有以下几种因素:

（1）汽车设计制造质量的影响

汽车结构设计的科学性和合理性、零部件材质的优劣、制造及装配的质量等，都将直接影响汽车的技术使用性能，从而影响汽车的技术使用寿命。若汽车的某些结构设计不尽合理或在制造装配上存在质量问题，就可能使汽车不能完全适应实际运行条件的要求，在使用中暴露出某些缺陷，甚至导致某些机件的早期损坏，降低汽车的技术使用寿命。反之，若在汽车的结构设计中实现了科学性和合理性的有机统一，在汽车的制造加工中确保了质量，或在汽车的设计和制造中引进了新技术、新工艺、新设备，或在汽车的用材上选用了高性能的新材料，则有可能促进汽车的使用性能的不断提高，延长汽车的技术使用寿命。

（2）配件质量的影响

在汽车使用中，修理、更换已损耗的汽车零部件是恢复汽车技术使用性能的重要手段。若在修理或更换已损耗的汽车零部件过程中，加工工艺不符合规定或零部件达不到原车设计的技术要求，或装配工艺达不到规定的要求等，必然会导致零部件本身的技术性能及工作性能下降，极易造成零部件的早期损坏，从而影响汽车技术状况的变化，降低汽车的技术使用寿命。

（3）燃油品质的影响

①汽油。汽油品质对汽车发动机零部件磨损有着直接影响。汽油发动机在选用汽油时，必须选用规定品质的汽油。高压缩比的发动机应选用牌号较高的汽油，低压缩比的发动机应选用牌号较低的汽油，以适应发动机压缩比的要求。若压缩比高的发动机选用低牌号的汽油，则易引起发动机爆震，加剧零部件的磨损和损坏，同时易使润滑油变质，导致发动机动力性和经济性下降；反之压缩比低的发动机选用高牌号汽油，会引起发动机燃烧滞后，燃油燃烧不充分，导致发动机动力性、经济性的下降。另外，燃油中重馏成分较多时，燃油不易挥发、雾化，易冲刷润滑油膜，使润滑条件变差，加剧零部件的磨损。燃油中含硫量影响发动机的腐蚀，含硫量越大则越易引起发动机的化学腐蚀，致使发动机磨损加剧。一般汽油中含硫量不得超过0.15%。

②柴油。柴油的品质对发动机的零部件磨损有着很大影响。如重馏分过多，会造成燃油雾化质量差，导致燃烧不完全，引起汽缸内炭粒结积，而使发动机汽缸磨损加剧；柴油的黏度过大会增加材料运动阻力，同时使燃油雾化困难影响发动机正常工作。柴油黏度过小则润滑作用减弱而加速零部件的磨损。十六烷值选择不当，会使发动机工作粗暴，加速机件磨损。柴油中的含硫量越大，则引起发动机的化学腐蚀也越强，使发动机磨损加剧。一般柴油中含硫量不大于0.10%。

（4）润滑材料品质的影响

①润滑油。润滑油不仅具有减摩作用，还有冷却、清洗、密封、防锈等作用。润滑油品质对减小汽车的磨损、延缓汽车技术状况的变化有着十分重要的影响。如润滑油黏度影响润滑油的流动性。黏度较大则流动困难；反之，黏度小则不能形成油膜，使机件的润滑和润滑材料条件变差，加剧零件磨损。一般汽车用机油要求具有适宜的黏度，良好的润滑性，合适的凝点和良好的抗氧化性。在选用润滑油时要兼顾油品的黏度和质量两个方面。

②润滑脂。润滑脂应根据品质合理选用。车用润滑脂选用，主要根据汽车用润滑脂部位的工作温度、接触水的情况、极压的条件，选择适当的牌号。如水泵轴承等常接触水的部

位或易受潮湿的部位,应选用耐水性较好的锂基或钙基润滑脂。

(5)运行条件的影响

①气温因素。外部温度影响着零件强度、润滑条件以及零件间的配合关系。温度过高或过低均不利于汽车正常工作。气温过高易造成发动机过热,运动零件间的配合间隙变小;使润滑油黏度下降,易流失,在零件摩擦表面较难形成可靠油膜,致使润滑效果变差;发动机易爆燃或早燃,加速机件磨损,引起汽车动力性和经济性的下降。气温过低会使发动机热效率降低,经济性变差;润滑油黏度增大,流动性降低,润滑条件变差,机件磨损加剧;造成发动机低温起动困难,导致汽车技术使用性能的降低。

②道路条件因素。道路条件对汽车的行使阻力、行驶速度、燃油消耗及磨损均有很大的影响。在良好道路上行驶的汽车,行驶速度能得到发挥,燃油经济性较好,零件磨损较小,使用寿命就长;反之,汽车主要总成的使用寿命将会有较大幅度下降。在坏路上行驶时,汽车制动次数增多,换挡频繁,加剧离合器摩擦片、制动鼓与制动蹄片的磨损,弹簧易疲劳,这些都将缩短零件或总成的使用寿命。

(6)管理因素的影响

加强汽车的技术管理,是保持车辆具有良好技术状况,保证车辆运行安全,提高运输效能,降低运输成本的重要手段和措施。管理因素包括诸多方面,主要集中表现在以下几个方面:

①车辆的选配和使用的前期管理。车辆选配应根据当地的运输市场状况和运行条件,对车辆的适应性、可靠性、经济性以及维修方便性进行科学的选型论证,切忌盲目购置。新车在投入使用前,应进行一次全面检查,并根据车辆制造厂的规定进行清洁、润滑、紧固以及必要的调整。必要时应在车辆投入使用前对驾驶员和维修工进行培训,以便尽快掌握汽车的各项性能指标,使用和维修的方法,以免影响汽车的技术状况。新车在投入使用时应严格执行走合期的各项规定,做好走合期的车辆维护工作。

②车辆的基础管理。基础管理主要是保证汽车的装备符合国家的有关规定,并根据特殊的条件配备必要的临时性装备,如保温、预热、防滑等装备。建立车辆技术档案是车辆基础管理的一个重要组成部分,是制订车辆维护的依据。在车辆的基础管理中,还应做到"定期检测、强制维护、视情修理",保证车辆经常处于良好的技术状况。

③驾驶员的管理。驾驶员是汽车的具体运用者,驾驶员操作技能的高低,心理素质的优劣以及工作责任心的强弱直接影响着车辆的使用是否合理,因而加强驾驶员的管理是确保车辆保持良好技术状况的一个重要环节。在日常的驾驶员队伍管理中,除重视安全教育外,也应重视驾驶员的专业技能、心理素质的培养,并同时建立必要的责任考核机制,以激发驾驶员工作能动性,强化责任意识,促进驾驶员队伍的整体职业素质不断提高。

(7)使用状况因素的影响

使用状况因素主要由以下几方面:

①驾驶操作。养成正确的驾驶操作习惯对延长汽车使用寿命有着直接影响。如采用冷摇慢转、预热升温、轻踏缓抬、平稳行驶、及时换挡、爬坡自如、合理的安全情况下的滑行、掌握温度、保持发动机的最佳热状况和良好的润滑条件等一整套合理的操作方法;以及在使用制动时应多采用预见性制动而少采用紧急制动;不换挡时脚不踩在离合器踏板上,防止造成

半联动损坏离合器;换挡时应坚持采用"两脚离合器"等。否则,驾驶员在驾驶操作中存在不良的操作习惯和方法,都将会导致汽车机件的早期损坏,从而缩短汽车的使用寿命。

②装载质量。装载质量的大小,影响着汽车零件的磨损。为延长汽车的使用寿命应严格控制汽车的装载质量,不得超过汽车的额定装载量装载。否则,将导致零件的磨损速度迅速上升。

③行驶速度。汽车的行驶速度,对发动机的磨损比装载质量更为明显。高速时,因发动机高转速运转,活塞平均速度增高,导致汽缸磨损加大。低速时因机件润滑不良,亦导致磨损加剧。加速滑行驾驶时,发动机的磨损量较之稳定行驶时要增加20%～30%。因此合理控制车速,正确使用挡位,保证中速行驶,将会减小机件磨损,使汽车的使用寿命得到延长。

(8)维修质量的影响

维修质量是汽车技术状况变化的关键性影响因素。维修包括维护作业和维修作业,它们在作业过程中有着不同的作业原则。维护作业是保持汽车经常处于良好技术状况的积极性措施,应贯彻"预防为主,定期维护"的原则;维修作业是恢复汽车应有技术状况的补救性措施,应贯彻"视情修理"的原则。

①维护质量。车辆通过维护能及时发现和消除故障隐患,防止早期损坏,保持汽车经常处于良好的技术状况。为保证维护质量,就必须认真执行技术标准、操作规程。维护质量的好坏,将直接影响零件的磨损速度和车辆的使用寿命。例如,汽车燃油系维护质量差,就会造成混合气浓度过浓或过稀,燃烧不完全,排气污染严重,发动机动力不足、过热等故障;若汽车制动系得不到良好的维护,就会出现汽车制动效能降低或丧失的故障,影响行车安全。车辆经过及时润滑、清洁、检查、紧固、补给、调整等,能减小机件磨损,避免零部件在工作中发出异响而产生早期损坏,也能使车辆操纵轻便、灵活,利于安全行车。

②修理质量。车辆通过修理能及时恢复车辆的完好技术状况。为保证汽车修理质量和降低修理成本,必须根据检测诊断和技术鉴定来确定修理作业的范围和深度。这样既能防止因拖延修理而造成车辆技术状况的恶化,又能防止因提前修理而造成浪费。例如,发动机最大功率或汽缸压力较标准降低25%以上时,燃油和润滑油消耗量显著增加,而车辆的其他总成、车架(车厢)的技术状况良好,这时只需要进行发动机总成的大修,就能恢复其完好的技术状况;如进行车辆大修,则会造成不必要的浪费,提高运输成本。反之,若除了发动机技术状况明显变差,同时车架或其他总成的技术状况也显著变差,这时就应该进行车辆大修,才能完全或接近完全恢复车辆的完好技术状况;如此时只进行总成的大修,则将无法恢复的车辆技术状况。

修理作业,必须加强过程检验,才能保证修理质量。修理质量不高,影响汽车的技术使用性能,增加故障率,甚至行车影响安全。

汽车维修作业,应用检测诊断技术,不仅能查找出汽车故障,而且还能进行技术预测。这项技术在汽车维修作业中的运用,将会使汽车维修工作提高到一个新的水平,大大提高汽车维修质量。

二、汽车的报废制度

1. 我国的汽车检验制度及有关规定

实行汽车检验制度是贯彻我国车辆技术管理工作原则——"坚持预防为主和技术与经

济相结合"的重要管理手段,有利于保持汽车良好的技术状况,减少汽车故障,保证行车安全,延长车辆使用寿命,有效地控制汽车排放污染物,减少噪声公害,以确保汽车运输具有良好的经济效益和社会效益。

根据现行我国的汽车检验制度,汽车检验主要分两大类,一类是汽车安全环保性能的检测,另一类是汽车综合性能检测。

国家规定任何车辆须经专门的安全环保性能检测站的检测,被认定合格后方能获得道路行驶资格,且每年必须至少进行一次复检(俗称车辆审验);对于从事道路客货运输的车辆必须严格按国家或行业有关规定的行驶里程或间隔时间,对车辆进行定期维护。车辆的二级维护竣工后,必须经专门的汽车综合性能检测站进行汽车综合性能检测,认定合格后,方能获得道路营运资格。

(1)汽车安全、环保检测的有关规定

①转向轮定位值检测的有关规定。GB 7258—1997《机动车运行安全技术条件》对转向轮定位检测作了如下的规定:机动车转向轮转向后应有自动回正能力,以保持机动车稳定的直线行驶;机动车前轮定位值应符合该车整车有关技术条件的规定;用测滑仪检验前轮的侧滑量其值不得超过 5m/km。

②车速表检测的有关规定。根据国标 GB 7258—1997《机动车运行安全技术条件》的有关规定,车速表允许误差范围为 +20% ~ -5%,即当实际车速为 40km/h 时,车速表指示值应为 48 ~ 38km/h,或当该车速表的指示值为 40km/h 时,车速表试验台速度指示仪表指示值应为 33.3 ~ 42.1km/h(因为试验台指示仪表指示值为汽车实际车速,设实际车速为 X,根据误差定义,则 1.2X = 40 或 0.95X = 40,即得 33.3km/h 和 42.1km/h)。

③汽车制动性能检测的有关规定。GB 7258—1997《机动车运行安全技术条件》对汽车制动性能台试检测的规定如下:汽车在制动试验台上测出的制动力总和与整车质量的百分比满足,汽车在空载时大于 60%,满载时大于 50%,汽车在空载和满载时,前轴制动力与前轴荷的百分比应大于或等于 60%;汽车制动力平衡要求,在制动力增长全过程中,同时测得的左右制动力差的最大值,与全过程中测得的该轴左右轮最大制动力中大者之比,对前轴不得大于 20%,对后轴,在后轴制动力大于等于后轴轴荷 60% 时,不得大于 24%,当后轴制动力小于后轴轴荷 60% 时,在制动力增长全过程中,同时测得的左右制动力差的最大值不得大于后轴轴荷 8%;汽车单车制动协调时间应不大于 0.6 秒,汽车列车的协调时间应不大于 0.8 秒;汽车制动完全释放时间(从松开制动踏板到制动消除所需要的时间)对单车不得大于 0.8 秒;汽车车轮阻滞力要求,进行制动力检测时车辆各轮的阻滞力均不得大于该轴轴荷的 5%;台检驻车制动力时,车辆空载,乘坐一名驾驶员,使用驻车制动装置,驻车制动力的总和应不小于该车在测试状态下整车质量的 20%,对总质量为整备质量 1.2 倍以下的车辆此值为 15%。

④汽车前照灯检测的有关规定。GB 7258 对汽车前照灯的检测作了如下规定:对汽车在检测前照灯的近光光束照射位置时,车辆空载、轮胎气压正常,允许乘坐 1 名驾驶员,采用屏幕法检测时,前照灯在距离屏幕 10m 处,光束明暗截止线转角或中点的高度应为 0.6 ~ 0.8H(H 为前照灯基准中心高度),其水平方向位置向左、向右偏均不得越过 100mm;四灯制前照灯其远光单光束灯的调整,要求在屏幕上光束中心离地高度为 0.85 ~ 0.9H,水平位置要求左灯向左偏不大于 100mm,向右偏不得大于 170mm,右灯向左或向右偏均不得大于

170mm；汽车前照灯的远光光束发光强度要求为：新注册车，两灯制每灯为15000cd、四灯制每灯为12000cd；在用车，两灯制每灯为12000cd、四灯制每灯为10000cd。

⑤汽车噪声检测的有关规定。汽车喇叭声响检测的有关规定，按GB 7258有关规定，检测汽车喇叭声响时，声级计位于车前2m，离地高为1.2m，其值应为A声级90 dB～A声级115dB；汽车车内外噪声检测的有关规定，根据我国国家标准GB 7258—1997《机动车运行安全技术条件》，各类机动车辆（包括汽车、摩托车、轮式拖拉机）行驶时，车外最大允许噪声级应符合表2-25的规定。

车外最大允许噪声级[dB(分贝)]　　　　　　　　　　　表2-25

车 辆 种 类		1985年1月1日以前生产的产品	1985年1月1日起生产的产品
载货汽车	8t≤载质量<15t	92	89
	3.5t≤载质量<8t	90	86
	载质量<3.5t	89	84
轻型越野车		89	84
大客车	4t<总质量<11t	89	86
	总质量≤4t	88	83
轿车		84	82
摩托车		90	84
轮式拖拉机(44kW)		91	86

对于各类变型车或改装车（消防车除外）加速行驶时的车外最大允许噪声级，应符合基本车型的噪声规定。客车车内最大噪声级不大于82dB。

⑥汽车排气污染物检测的有关规定。GB 18285—2000《在用汽车排气污染物限值与测试方法》对汽车排气污染物的检测作了如下规定，汽油车怠速污染物排放标准值及柴油车自由加速烟度排放标准值见表2-26、表2-27。

汽油车双怠速试验排气污染物限值　　　　　　　　　　表2-26

车 辆 类 型	怠速		高怠速	
	CO(%)	HC($\times 10^{-6}$)[①]	CO(%)	HC($\times 10^{-6}$)[①]
2001年1月1日以后上牌照的M_1[②]类车辆	0.8	150	0.3	100
2001年1月1日以后上牌照的N_1[③]类车辆	1.0	200	0.5	150

注：①HC容积浓度值按正己烷当量；
　　②M_1指车辆设计乘员数（含驾驶员）不超过6人，且车辆的最大总质量不超过2500kg；
　　③N_1还包括设计上乘员数（含驾驶员）超过6人，且车辆的最大总质量超过2500kg但不超过35400 kg的M类车辆。

汽油车怠速试验排气污染物限值　　　　　　　　　　　表2-27

车 辆 类 型	轻型车		重型车	
	CO(%)	HC($\times 10^{-6}$)	CO(%)	HC($\times 10^{-6}$)
1995年7月1日以前生产的在用汽车	4.5	1200	5.0	2000
1995年7月1日起生产的在用汽车	4.5	900	4.5	1200

柴油车排污限值见表2-28、表2-29。

柴油车自由加速试验排气可见污染物限值　　　　　　　　　表2-28

车 辆 类 型	光吸收系统(m^{-1})
2001年1月1日以后上牌照的在用车	2.5
2001年1月以后上牌照的装配废气涡轮增压器的在用车	3.0

柴油车自由加速试验烟度排放限值　　　　　　　　　表2-29

车 辆 类 型	烟度值(Rb)	烟度值(FSN)
1995年7月1日以前生产的在用车	2.5	4.7
1995年7月1日起生产的在用车	3.0	4.0

根据GB 18258规定,凡按GB 14761通过C类认证的柴油车应进行自由加速排气可见污染物测试,而其他柴油车则进行自由加速烟度测试。

与经济发达国家相比,我国的排放标准还比较低,国家技术监督局于1999年又颁布了更加严格的排放标准GB 14761—1999《汽油车排气污染物限值标准》,它相当于欧Ⅰ标准,从2000年开始实施。以后,我国在排放标准将逐步向欧洲靠拢。

欧洲联盟轻型汽油车的排放限值见表2-30。

欧洲联盟轻型汽油车的排放限值(g/km)　　　　　　　　　表2-30

标准	生效日期	CO	HC + NO_X	标准	生效日期	CO	HC	NO_X
欧Ⅰ	1992	2.72	0.97	欧Ⅲ	2000	2.3	0.2	0.15
欧Ⅱ	1995.10	2.2	0.5	欧Ⅳ	2005	1.0	0.1	0.08

欧洲联盟轻型柴油车的排放限值见表2-31。

欧洲联盟轻型柴油车的排放限值(g/km)　　　　　　　　　表2-31

标准	生效日期	CO	HC + NO_X	微粒	标准	生效日期	CO	HC	NO_X
欧Ⅰ	1992	2.72	0.97	0.14	欧Ⅲ	2000	2.3	0.2	0.15
欧Ⅱ①	1995.10	2.2	0.5	0.08	欧Ⅳ	2005	1.0	0.08	
欧Ⅱ②		1.0	0.9	0.1					

注:①间接喷射式;
　　②直接喷射式。

(2)汽车综合性能检测项目及技术要求(表2-32)

汽车综合性能检测项目及技术要求　　　　　　　　　表2-32

序号	检测项目	检测手段	评定技术要求	备 注
1	动力性			下列三项中可任选一项
*1.1	发动机功率	无外载测功仪	一级大于等于额定功率的85%;二级大于等于额定功率的75%,小于85%	
*1.2	底盘输出功率	底盘测功机	折算发动机功率,按1.1评定	
*1.3	汽车直接挡加速时间	底盘测功机(装有模拟质量)	折算发动机功率,按1.1评定	无直接挡时使用最高挡
2	燃油经济性			

续上表

序号	检测项目	检测手段	评定技术要求	备注
*2.1	等速百公里油耗	底盘测功机油耗计	一级不大于原厂规定值；二级不大于原厂规定值的110%	
3	制动性			
*3.1	制动性	制动检验台轮重仪	制动力总和占整车质量的百分比：满载大于等于50%；空载大于等于60%。主要承载轴制动力总和占该轴轴质量的百分比：满载大于等于50%；空载大于等于60%	
*3.2	制动力平衡	制动检验台轮重仪	前轴左右轮制动力差不大于该轴轴质量的5%，后轴左右轮制动力差不大于该轴轴质量的8%	
*3.3	车轮阻滞力	制动检验台	车轮阻滞力占该轮轮质量的百分比：空载不大于5%	
3.4	制动系统协调时间	配有测量制动系统协调时间的制动检验台	总质量小于4.5t，制动系统协调时间小于等于0.33s；总质量大于等于4.5t，小于等于12t，制动系统协调时间小于等于0.45s；总质量大于12t，制动系统协调时间小于等于0.56s	
*3.5	驻车制动力	制动检验台轮重仪	驻车制动力总和占该车整备质量的百分比不小20%	
4	转向稳定性			
*4.1	侧滑量	侧滑检验台 双板式	不大于5m/km	
		单板式	不大于7m/km	
4.2	转向盘操纵力	转向力-角仪	不大于245N	
4.3	转向盘自由转动量	转向力-角仪	从中间位置向左向右均不大于15°	
5	废气排放			
*5.1	汽油车急速污染物排放	汽车排放气体测试仪	轻型车：CO不大于4.5%，HC不大于12×10^{-4}（四冲程）。重型车：CO不大于5.0%，HC不大于2×10^{-3}（四冲程）。轻型车：CO不大于4.5%，HC不大于9×10^{-4}（四冲程）。重型车：CO不大于4.5%，HC不大于12×10^{-4}（四冲程）	适用于1995年7月1日以后生产的在用汽车

续上表

序号	检测项目	检测手段	评定技术要求	备注
*5.2	柴油车自由加速烟度排放	烟度计	不大于烟度值 FSN5.0	适用于1995年7月1日以前生产的在用汽车
			不大于烟度值 FSN4.5	适用于1995年7月1日以后生产的在用汽车
6	前照灯及喇叭			
*6.1	前照灯发光强度	前照灯检测仪	两灯制的汽车,每只灯的发光强度应大于15000cd;四灯制的汽车,每只灯的发光强度应大于12000cd	在用车
*6.2	前照灯光束照射方位偏移量	前照灯检测仪		各种形式的前照灯检测仪应按相应规定检测
6.3	喇叭噪声	声级计	在距汽车前2m,离地高1.2m处,应为90~105dB(A)	
7	密封性			
*7.1	汽车防雨密封性	喷淋装置	按 GB 12481 的有关规定评定	
7.2	连接件密封性	检视	无渗油、无漏水、无漏气现象	
8	整车与外观			
8.1	整车装备	检视	装备齐全完好有效,车体周正;左右对称部位高度差不大于40mm;左右轴距差不大于5mm;外部连接件紧固完好	
8.2	发动机起动性与异响	检视、异响诊断仪	发动机在热状态下三次起动不成功为不合格,发动机运转无异响	
8.3	传动系、悬架与车架	检视、异响诊断仪	装备齐全、完好无损、无异响	
*8.4	转向与制动装置	检视	装备齐全、完好无损、无松旷	转向横直拉杆不得拼焊
8.5	车身与内饰	检视	车身无突出物、车身骨架完好、表面涂层完好	
8.6	门窗	检视	完好无损,开、关灵活有效	
8.7	仪表与信号装置	检视	仪表与信号装置齐全有效	
8.8	润滑	检视	各部润滑良好,发动机怠速机油压力不小于0.1MPa	
8.9	轮胎	检视	轮胎气压应符合规定;胎冠花纹深度轿车不小于1.6mm,其他不小于3.2mm;不得有长于2.5cm、深至帘布层的破裂与割伤	转向轮不得装用翻新轮胎

2.我国的汽车报废制度

车辆经过长期运行后,技术性能变坏,可靠性变差,小修频率增高,物料消耗增加,维修费用增高,污染物排放增多,导致经济效益和社会效益不良,因此车辆在使用后期必然导致报废。车辆报废应严格掌握车辆报废技术条件，因为过早报废必然造成动力的浪费，增加车辆的无形耗损，造成利益损失，过迟报废则增大车辆使用成本，影响动力更新，均不符合经济原则。

车辆报废应从技术和经济相结合的观点出发，正确贯彻"充分利用，经济合算，技术合理"的原则，对车辆实施"适时报废"。

(1) 我国车辆报废的评定依据

①车辆使用年限。一般情况下，车辆一旦达到使用年限，则原则上进入了报废期。我国汽车的规定使用年限为：小、微型出租客运汽车使用8年，中型出租客运汽车使用10年，大型出租客运汽车使用12年；租赁载客汽车使用15年；小型教练载客汽车使用10年，中型教练载客汽车使用12年，大型教练载客汽车使用15年；交客运汽车使用13年；其他小、微型营运载客汽车使用10年，大、中型营运载客汽车使用15年；专用校车使用15年；大、中型非营运载客汽车(大型轿车除外)使用20年；三轮汽车、装用单缸发动机的低速货车使用9年，装用多缸发动机的低速货车以及微型载货汽车使用12年，危险品运输载货汽车使用10年，其他载货汽车(包括半挂牵引车和全挂牵引车)使用15年；有载货功能的专项作业车使用15年，无载货功能的专项作业车使用30年；全挂车、危险品运输半挂车使用10年，集装箱半挂车使用20年，其他半挂车使用15年；正三轮摩托车使用12年，其他摩托车使用13年。

对小、微型出租客运汽车(纯电动汽车除外)和摩托车，省、自治区、直辖市人民政府有关部门可结合本地实际情况，制定严于上述使用年限的规定，但小、微型出租客运汽车不得低于6年，正三轮摩托车不得低于10年，其他摩托车不得低于11年。小、微型非营运载客汽车、大型非营运轿车、轮式专用机械车无使用年限限制。

机动车使用年限起始日期按照注册登记日期计算，但自出厂之日起超过2年未办理注册登记手续的，按照出厂日期计算。

②行驶里程。将汽车累计行驶里程作为使用期限的评定依据。国家对达到一定行驶里程的机动车引导报废。达到下列行驶里程的机动车，其所有人可以将机动车交售给报废机动车回收拆解企业，由报废机动车回收拆解企业按规定进行登记、拆解、销毁等处理，并将报废的机动车登记证书、号牌、行驶证交公安机关交通管理部门注销：小、微型出租客运汽车行驶60万千米，中型出租客运汽车行驶50万千米，大型出租客运汽车行驶60万千米；租赁载客汽车行驶60万千米；小型和中型教练载客汽车行驶50万千米，大型教练载客汽车行驶60万千米；公交客运汽车行驶40万千米；其他小、微型营运载客汽车行驶60万千米，中型营运载客汽车行驶50万千米，大型营运载客汽车行驶80万千米；专用校车行驶40万千米；小、微型非营运载客汽车和大型非营运轿车行驶60万千米，中型非营运载客汽车行驶50万千米，大型非营运载客汽车行驶60万千米；微型载货汽车行驶50万千米，中、轻型载货汽车行驶60万千米，重型载货汽车(包括半挂牵引车和全挂牵引车)行驶70万千米，危险品运输载货汽车行驶40万千米，装用多缸发动机的低速货车行驶30万千米；专项作业车、轮式专用机械车行驶50万千米；正三轮摩托车行驶10万千米，其他摩托车行驶12万千米。

③车辆实际技术状况。当车辆技术条件符合以下情况之一者，均应提前予以报废：燃油消耗高于原厂规定的15%；车型淘汰，无配件来源的；经修理和调整后，仍达不到GB 7258—1997机动车运行安全技术条件的；经修理和调整或采用排污控制技术后，排放污染物仍超过

国家规定的汽车排放标准的;因各种原因造成车辆严重损坏或技术状况低劣,无法修复的。

④大修次数和大修费用。对于已经过三次大修或一次大修费用达车辆原价值的二分之一的车辆,通常应予以提前报废。

(2)我国关于车辆报废的有关规定

我国采用新的《机动车强制报废标准规定》,本规定自2013年5月1日起施行。2013年5月1日前已达到本规定所列报废标准的,应当在2014年4月30日前予以报废。《规定》中指出:

①根据机动车使用和安全技术、排放检验状况,国家对达到报废标准的机动车实施强制报废。

②商务、公安、环境保护、发展改革等部门依据各自职责,负责报废机动车回收拆解监督管理、机动车强制报废标准执行有关工作。

③已注册机动车有下列情形之一的应当强制报废,其所有人应当将机动车交售给报废机动车回收拆解企业,由报废机动车回收拆解企业按规定进行登记、拆解、销毁等处理,并将报废机动车登记证书、号牌、行驶证交公安机关交通管理部门注销:达到国家规定使用年限的;经修理和调整仍不符合机动车安全技术国家标准对在用车有关要求的;经修理和调整或者采用控制技术后,向大气排放污染物或者噪声仍不符合国家标准对在用车有关要求的;在检验有效期届满后连续3个机动车检验周期内未取得机动车检验合格标志的。

④变更使用性质或者转移登记的机动车应当按照下列有关要求确定使用年限和报废:营运载客汽车与非营运载客汽车相互转换的,按照营运载客汽车的规定报废,但小、微型非营运载客汽车和大型非营运轿车转为营运载客汽车的,应按照本规定附件1所列公式核算累计使用年限,且不得超过15年;不同类型的营运载客汽车相互转换,按照使用年限较严的规定报废;小、微型出租客运汽车和摩托车需要转出登记所属地省、自治区、直辖市范围的,按照使用年限较严的规定报废;危险品运输载货汽车、半挂车与其他载货汽车、半挂车相互转换的,按照危险品运输载货车、半挂车的规定报废。距本规定要求使用年限1年以内(含1年)的机动车,不得变更使用性质、转移所有权或者转出登记地所属地市级行政区域。

⑤国家对达到一定行驶里程的机动车引导报废。

模块4 车辆保险与理赔

一、车辆保险概述

1. 车辆保险定义

所谓车辆保险,是指以车辆本身及其相关利益为保险标的的一种不定值财产保险。

2. 车辆保险的特点

①保险标的出险率高。由于车辆数量的迅速增加,一些国家交通设施及管理水平跟不上车辆的发展速度,再加上驾驶人的疏忽、过失等人为原因,交通事故发生频繁,车辆出险率较高。

②业务量大,投保率高。保险人为适应投保人转嫁风险的不同需求,为被保险人提供了

更全面的保障,在开展车辆损失险和第三者责任险的基础上,推出了一系列附加险,使汽车保险成为财产保险中业务量较大,投保率较高的一个险种。

③扩大保险利益。汽车保险中,针对汽车的所有者与使用者不同的特点,汽车保险条款一般规定,除被保险人本人使用车辆时发生保险事故保险人要承担赔偿责任外,凡是被保险人允许的驾驶人使用车辆时,也视为其对保险标的具有保险利益,如果发生保险单上约定的事故,保险人同样要承担事故造成的损失。但如果在保同有效期内,被保险人将保险车辆转卖、转让、赠送他人,被保险人应当书面通知保险人并申请办理批改。否则,保险事故发生时,保险人对被保险人不承担赔偿责任。

④被保险人自负责任与无赔款优待:为了促使被保险人注意维护、养护车辆,使其保持安全行驶技术状态,并督促驾驶人注意安全行车,以减少交通事故,保险合同上一般规定,驾驶人在交通事故中所负责任,车辆损失险和第三者责任险在符合赔偿规定的金额内实行绝对免赔率;保险车辆在保险期限内无赔款,续保时可以按保险费的一定比例享受无赔款优待。

因此,汽车保险具有广泛性、差异性、保险标的可流动性、出险频率高等特点。

3. 车辆保险应遵循的原则

①诚信原则。车辆的性能、驾驶员的身心健康以及事故记录均是保险公司决定是否承保和确定保险费率的重要依据,因此被保险人填写投保单时要如实填写,同时要求投保人在诚实信用的基础上,切实履行告知义务。

②保险利益原则。是指投保人或被保险人对于保险标的具有法律上认可的、经济上的利害关系。对于机动车辆保险来说,要求被保险人在投保时和出险时均需对保险标的具有可保利益。

③近因原则。造成机动车辆损失的原因原则上是近因时保险公司方予赔偿。也就是说,造成事故损失的直接原因是保险责任时,保险公司方予赔偿。例如,一辆汽车因转向器故障,导致汽车转向失控,造成事故损失,其近因应是转向失控,而不是事故本身。

④代位求偿原则。由于第三者造成机动车辆的损失,被保险人可以向责任者索赔,也可以向保险公司索赔。如果被保险人依据保险合同向保险公司索赔,保险公司在赔款后,应享有以被保险人名义,向责任者索回等额赔款的权利。没有保险公司的同意,被保险人不得表示放弃求偿的权利,否则保险公司可以拒赔。

⑤重复保险的分摊原则。在有多家保险公司竞争的情况下,被保险人对同一保险标的(车辆保险中指车辆)、同一保险利益、同一保险事故分别向两家或两家以上的保险公司投保,这就构成重复保险,其保险金额的总和往往超过保险价值。根据补偿原则,若此项保险出险后,被保险人所能获得的最高赔偿金额不能超过保险价值。为了防止被保险人获得双份或多份赔款,通常都采取在各保险人之间分摊损失的办法。例如,一辆汽车的保险金额总额为100万元,其中A公司保险金额为60万元,B公司的保险金额为40万元。该车辆出险后损失金额为30万元,则A公司应赔偿损失的3/5,即18万元;B公司应赔偿损失的2/5,即12万元。

二、车辆保险的险种分类

车辆保险一般包括交强险和商业险,商业险包括基本险和附加险两部分,具体的险种结构如图2-9所示。

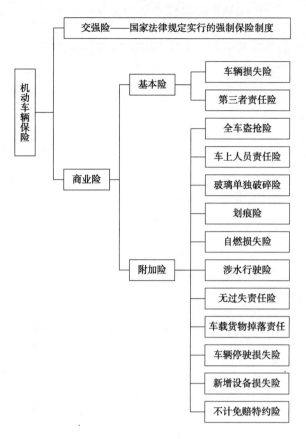

图 2-9 车辆保险种类

1. 交强险

（1）交强险

保险公司对被保机动车发生道路交通事故造成受害人的人身伤亡、财产损失，在责任限额内予以赔偿的强制性责任保险。受害人不包括被保险人和本车人员。

（2）交强险的保险责任

保险责任 = 第三者人身伤亡 + 第三者财产损失，见表2-33。

保 险 责 任 限 额 表2-33

保险内容		责任限额(元)	无责限额(元)
人身伤亡	死亡伤残	110000	11000
	医疗费用	10000	1000
财产损失		2000	100

说明：如果被保险车辆在交通事故中完全无过错，伤亡伤残赔偿限额为11000元，医疗费用赔偿限额为1000元，财产损失赔偿限额为100元。

（3）交强险新车投保价格

部分车辆的交强险新车投保价格见表2-34。

交强险新车投保价格表(部分)(元)　　　表 2-34

家庭自用	6座以下	6座以上			
	950	1100			
非营业客车	6座以下	6～10座	10～20座	20座以上	
企业	1000	1130	1220	1270	
机关	950	1070	1140	1320	
营业客车	6座以下	6～10座	10～20座	20～36座	36座以上
出租、租赁	1800	2360	2400	2560	3530
非营业货车	2吨以下	2～5吨	5～10吨	10吨以上	
	1200	1470	1650	2220	
营业货车	2吨以下	2～5吨	5～10吨	10吨以上	
	1850	3070	3450	4480	
特种车	特种车型一	特种车型二	特种车型三	特种车型四	
	3710	2430	1080	3980	

说明：①座位和吨位的分类都是按照"含起点不含终点"的原则；

②特种车一：油罐车、汽罐车、液罐车、冷藏车；特种车二：用于牵引、清障、清扫、清洁、起重、装卸、升降、搅拌、挖掘、推土等的各种专用机动车；特种车三：装有固定专用仪器设备从事专用工作的监测、消防、医疗、电视转播等的各种专用机动车；特种车四：集装箱拖头。

(4) 交强险优惠比率

上一个年度未发生有责任道路交通事故下浮 10%；上两个年度未发生有责任道路交通事故下浮 20%；上三个及以上年度未发生有责任道路交通事故下浮 30%。上一个年度发生一次有责任不涉及死亡的道路交通事故费率不变；上一个年度发生两次及两次以上有责任道路交通事故上浮 10%；上一个年度发生有责任道路交通死亡事故上浮 30%。

(5) 交强险的责任免除

受害人故意造成的；被保险人的财产及车上的财产；受害人停驶、停电、通讯或网络中断、数据丢失等造成的损失以及减值损失等其他各种间接损失；仲裁或者诉讼费用以及其他相关费用。

(6) 交强险投保注意事项

①保险期间的起期必须在保险人接受投保人的投保申请日之后，保险期间开始前保险人不承担赔偿责任。

②交强险的保险期间为 1 年，但有下列情形之一的，投保人可以投保短期保险：临时入境的境外车辆；距报废期限不足一年的机动车；临时上道路行驶的机动车(例如领取临时牌照的机动车、临时提车、到异地办理注册登记的新购机动车等)；保监会规定的其他情形。

③投保人因重复投保解除交强险合同的，只能解除保险起期在后面的保险合同，保险人全额退还起期在后面的保险合同的保险费，出险时由起期在前的保险合同负责赔偿。

④交强险为法定保险，要求先收取保险费后出具保险单及保险标志，原则上不存在注销的情况。

2. 商业车险

商业车险是强制保险之外的其他汽车保险，商业车险分多种，有基本险(主险)和附加险之分。

目前,我国国内机动车辆保险使用的是由中国保险监督管理委员会颁布,并于1999年4月1日起在全国范围内实施的《机动车辆保险条款》,共有两个主险及主险的附加险。

两个主险为车辆损失险和第三者责任险。车辆损失险是指保险车辆遭受保险责任范围内的自然灾害(不包括地震)或意外事故,造成保险车辆本身损失,保险人依据保险合同的规定给予赔偿。

第三者责任险是指保险车辆因意外事故,致使他人遭受人身伤亡或财产的直接损失,保险人依照保险合同的规定给予赔偿。对该险种,世界上绝大多数国家采用强制保险,这主要是为了保护无辜的受害者的利益。该项保险在我国属于强制保险项目,公安部也曾多次发文规定,汽车不参加第三者责任保险不发牌照,不准上路。

车辆保险的主险附加险有车辆损失险附加险、第三者责任险附加险以及车辆损失险和第三者责任险的附加险三种。附加险是不能独立投保的险种,即投保人在投保机动车辆主险后,附加在主险上的,与主险相关的保险。附加险是以主险为存在基础的,不参加主险,一般不能单独投保附加险。

目前车辆损失险的附加险主要有:全车盗抢险、玻璃单独破碎险、车身划痕损失险、车辆停驶损失险、自燃损失险、新增设备损失险等。第三者责任险的附加险主要有:车上责任险、无过失责任险、车载货物掉落责任险。车辆损失险和第三者责任险的附加险有:不计免赔特约险。

我国车险改革将在2016年1月1日在全国执行,全国范围内保险公司将实行新的车辆保险费率政策,出险2次的保费上浮25%、3次的上浮50%、4次的上浮75%、5次的保费翻倍。

下面以中国平安保险股份有限公司2014年版机动车综合商业保险条款为例予以介绍。

该条款分为4个主险和11个附加险构成,见表2-35。

2014年版机动车综合商业保险条款主险和附加险关系 表2-35

主　　　险	各主险可以附加的附加险
机动车损失保险条款	共9种:玻璃单独破碎险、自燃损失险、新增加设备损失险、车身划痕损失险、发动机涉水损失险、修理期间费用补偿险、不计免赔率险、机动车损失保险无法找到第三方特约险、指定修理厂险
机动车第三者责任保险条款	共3种:车上货物责任险、精神损失抚慰金责任险、不计免赔率险
机动车车上人员责任险条款	共2种:精神损失抚慰金责任险、不计免赔率险
机动车全车盗抢险条款	共1种:不计免赔率险

三、机动车辆保险的保险责任及责任免除

1. 机动车辆保险的责任

所谓保险责任是指保险人(通常指保险公司),根据保险合同内容所规定的承担经济赔偿或给付保险金的责任范围。

(1)机动车损失险的保险责任

①碰撞、倾覆、坠落;

②火灾、爆炸;

③外界物体坠落、倒塌；
④雷击、暴风、暴雨、洪水、龙卷风、冰雹、台风、热带风暴；
⑤地陷、崖崩、滑坡、泥石流、雪崩、冰陷、暴雪、冰凌、沙尘暴；
⑥受到被保险机动车所载货物、车上人员意外撞击；
⑦载运保险车辆的渡船遭受自然灾害(只限于有驾驶员随车照料者)。

(2) 机动车第三者责任险的保险责任

保险期间内，被保险人或其允许的驾驶员在使用保险车辆过程中发生意外事故，致使第三者遭受人身伤亡或财产的直接损毁，依法应当对第三者承担的损害赔偿责任，且不属于免除保险人责任的范围，保险人依照保险合同的约定，对于超过机动车交通事故责任强制保险各分项赔偿限额的部分赔偿。但因事故产生的善后工作，保险人不负责处理。

保险人依据被保险机动车一方在事故中所付的事故责任比例，承担相应的赔偿责任。被保险人或被保险机动车一方根据有关法律法规规定选择自行协商或由公安机关交通管理部门处理事故未确定事故责任比例的，按照下列规定确定事故责任比例：被保险机动车一方负主要事故责任的，事故责任比例为70%；被保险机动车一方负同等事故责任的，事故责任比例为50%；被保险机动车一方负次要事故责任的，事故责任比例为30%。涉及司法或仲裁程序的，以法院或仲裁机构最终生效的法律文书为准。

(3) 机动车车上人员责任险的保险责任

保险期间内，被保险人或其允许的驾驶员在使用被保险机动车过程中发生意外事故，致使车上人员遭受人身伤亡，且不属于免除保险人责任的范围，依法应当对车上人员承担的损害赔偿责任，保险人依照保险合同的约定负责赔偿。

保险人依据被保险机动车一方在事故中所付的事故责任比例，承担相应的赔偿责任。事故责任比例的确定同上。

(4) 机动车全车盗抢险的保险责任

①被保险机动车被盗窃、抢劫、抢夺，经出险当地县级以上公安刑侦部门立案证明，满60天未查明下落；
②被保险机动车全车被盗窃、抢劫、抢夺后，受到损坏或车上零部件、附属设备丢失需要修复的合理费用；
③被保险机动车在被抢劫、抢夺过程中，受到损坏需要修理的合理费用。

(5) 玻璃单独破碎险的保险责任

保险期间内，被保险机动车风窗玻璃或车窗玻璃的单独破碎，保险人按实际损失金额赔偿。

(6) 自燃损失险的保险责任

保险期间内，指在没有外界火源的情况下，由于本车电器、线路、供油系统、供气系统等被保险机动车自身原因或所载货物自身原因起火燃烧造成本车的损失；发生保险事故时，被保险人为防止或者减少被保险机动车的损失所支付的必要的、合理的施救费用，由保险人承担；施救费用数额在被保险机动车损失赔偿金额以外另行计算，最高不超过本附加险保险金额的数额。

(7) 新增加设备损失险的保险责任

保险期间内，投保了本附加险的被保险机动车因发生机动车损失保险责任范围内的事故,造成车上新增加设备的直接损毁,保险人在保险单载明的本附加险的保险金额内,按照实际损失计算赔偿。

(8)车身划痕损失险的保险责任

保险期间内,投保了本附加险的机动车在被保险人或其允许的驾驶人使用过程中,发生无明显碰撞痕迹的车身划痕损失,保险人按照保险合同约定负责赔偿。

(9)发动机涉水损失险的保险责任

保险期间内,投保了本附加险的被保险机动车在使用过程中,因发动机进水后导致的发动机的直接损毁,保险人负责赔偿;发生保险事故时,被保险人为防止或者减少被保险机动车的损失所支付的必要的、合理的施救费用,由保险人承担;施救费用数额在被保险机动车损失赔偿金额以外另行计算,最高不超过保险金额的数额。

(10)修理期间费用补偿险的保险责任

保险期间内,投保了本条款的机动车在使用过程中,发生机动车损失保险责任范围内的事故,造成车身损毁,致使被保险机动车停驶,保险人按保险合同约定,在保险金额内向被保险人补偿修理期间费用,作为代步车费用或弥补停驶损失。

(11)车上货物责任险的保险责任

保险期间内,发生意外事故致使被保险机动车所载货物遭受直接损毁,依法应由被保险人承担的损害赔偿责任,保险人负责赔偿。

(12)精神损害抚慰金责任险的保险责任

保险期间内,被保险人或其允许的驾驶人在使用被保险机动车的过程中,发生投保的主险约定的保险责任内的事故,造成第三者或车上人员的人身伤亡,受害人据此提出精神损害赔偿请求,保险人依据法院判决及保险合同约定,对应由被保险人或被保险机动车驾驶人支付的精神损害抚慰金,在扣除机动车交通事故责任强制保险应当支付的赔款后,在本保险赔偿限额内负责赔偿。

(13)不计免赔率险的保险责任

保险事故发生后,按照对应投保的险种约定的免赔率计算的、应当由被保险人自行承担的免赔金额部分,保险人负责赔偿。

(14)机动车损失保险无法找到第三方特约险的保险责任

投保了本附加险后,被保险机动车损失应当由第三方负责赔偿,但因无法找到第三方而增加的由被保险人自行承担的免赔金额,保险人负责赔偿。

(15)指定修理厂险的保险责任

投保了本附加险后,机动车损失保险事故发生后,被保险人可指定修理厂进行修理。

2.机动车保险的责任免除

责任免除也称"除外责任"也就是在保险合同中列明的,保险人不承担的责任范围。

(1)车辆损失险的责任免除

①事故发生后,被保险人或其允许的驾驶人故意破坏、伪造现场、毁灭证据。

②驾驶人有下列情形之一者:事故发生后,在未依法采取措施的情况下驾驶被保险机动车或者遗弃被保险机动车离开事故现场;饮酒、吸食或注射毒品、服用国家管制的精神药品或者麻醉药品;无驾驶证、驾驶证被依法扣留、暂扣、吊销、注销期间;驾驶与驾驶证载明的准

驾车型不相符合的机动车;实习内驾驶公共汽车、营运客车或者执行任务的警车、载有危险物品的机动车或者牵引挂车的机动车;驾驶出租机动车或者营业性机动车无交通运输管理部门核发的许可证书或其他必备证书;学习驾驶时无合法教练员随车指导;非被保险人允许的驾驶人。

③被保险机动车有下列情形之一者:发生保险事故时被保险机动车行驶证、号牌被注销的,或未按规定检验或检验不合格的;被扣押、收缴、没收、政府征用期间;在竞赛、测试期间,在营业性场所维修、保养、改装期间;被保险人或其允许的驾驶人故意或重大过失,导致被保险机动车被利用从事犯罪行为。

④下列原因导致的被保险机动车的损失和费用,保险人不负责赔偿:地震及其次生灾害;战争、军事冲突、恐怖活动、暴乱、污染(含放射性污染)、核反应、核辐射;人工直接供油、高温烘烤、自燃、不明原因火灾;违反安全装载规定;被保险机动车被转让、改装、加装或改变使用性质等,被保险人、受让人未及时通知保险人,且因转让、改装、加装或改变使用性质等导致被保险机动车危险程度显著增加;被保险人或其允许的驾驶人的故意行为。

⑤下列损失和费用,保险人不负责赔偿:因市场价格变动造成的贬值、修理后因价值降低引起的减值损失;自然磨损、朽蚀、腐蚀、故障、本身质量缺陷;遭受保险责任范围内的损失后,未经必要修理并检验合格继续使用,致使损失扩大的部分;投保人、被保险人或其允许的驾驶人知道保险事故发生后,故意或者因重大过失未及时通知,致使保险事故的性质、原因、损失程度等难以确定的,保险人对无法确定的部分,不承担赔偿责任,但保险人通过其他途径已经及时知道或者应当及时知道保险事故发生的除外;因被保险人违反本条款第十六条约定,导致无法确定的损失;被保险机动车全车被盗窃、被抢劫、被抢夺、下落不明,以及在此期间受到的损坏,或被盗窃、被抢劫、被抢夺未遂受到的损坏,或车上零部件、附属设备丢失;车轮单独损坏,玻璃单独破碎,无明显碰撞痕迹的车身划痕,以及新增设备的损失;发动机进水后导致的发动机损坏。

(2)第三者责任险的责任免除

①事故发生后,被保险人或其允许的驾驶人故意破坏、伪造现场、毁灭证据。

②驾驶人有下列情形之一者:事故发生后,在未依法采取措施的情况下驾驶被保险机动车或者遗弃被保险机动车离开事故现场;饮酒、吸食或注射毒品、服用国家管制的精神药品或者麻醉药品;无驾驶证,驾驶证被依法扣留、暂扣、吊销、注销期间;驾驶与驾驶证载明的准驾车型不相符合的机动车;实习期内驾驶公共汽车、营运客车或者执行任务的警车、载有危险物品的机动车或牵引挂车的机动车;驾驶出租机动车或营业性机动车无交通运输管理部门核发的许可证书或其他必备证书;学习驾驶时无合法教练员随车指导;非被保险人允许的驾驶人。

③被保险机动车有下列情形之一者:发生保险事故时被保险机动车行驶证、号牌被注销的,或未按规定检验或检验不合格;被扣押、收缴、没收、政府征用期间;在竞赛、测试期间,在营业性场所维修、保养、改装期间;全车被盗窃、被抢劫、被抢夺、下落不明期间。

④下列原因导致的人身伤亡、财产损失和费用,保险人不负责赔偿:地震及其次生灾害、战争、军事冲突、恐怖活动、暴乱、污染(含放射性污染)、核反应、核辐射;第三者、被保险人或其允许的驾驶人的故意行为、犯罪行为,第三者与被保险人或其他致害人恶意串通的行为;

被保险机动车被转让、改装、加装或改变使用性质等,被保险人、受让人未及时通知保险人,且因转让、改装、加装或改变使用性质等导致被保险机动车危险程度显著增加。

⑤下列人身伤亡、财产损失和费用,保险人不负责赔偿:被保险机动车发生意外事故,致使任何单位或个人停业、停驶、停电、停水、停气、停产、通讯或网络中断、电压变化、数据丢失造成的损失以及其他各种间接损失;第三者财产因市场价格变动造成的贬值,修理后因价值降低引起的减值损失;被保险人及其家庭成员、被保险人允许的驾驶人及其家庭成员所有、承租、使用、管理、运输或代管的财产的损失,以及本车上财产的损失;被保险人、被保险人允许的驾驶人、本车车上人员的人身伤亡;停车费、保管费、扣车费、罚款、罚金或惩罚性赔款;超出《道路交通事故受伤人员临床诊疗指南》和国家基本医疗保险同类医疗费用标准的费用部分;律师费,未经保险人事先书面同意的诉讼费、仲裁费;投保人、被保险人或其允许的驾驶人知道保险事故发生后,故意或者因重大过失未及时通知,致使保险事故的性质、原因、损失程度等难以确定的,保险人对无法确定的部分,不承担赔偿责任,但保险人通过其他途径已经及时知道或者应当及时知道保险事故发生的除外;精神损害抚慰金;应当由机动车交通事故责任强制保险赔偿的损失和费用;保险事故发生时,被保险机动车未投保机动车交通事故责任强制保险或机动车交通事故责任强制保险合同已经失效的,对于机动车交通事故责任强制保险责任限额以内的损失和费用,保险人不负责赔偿。

(3)机动车车上人员责任险的责任免除

①事故发生后,被保险人或其允许的驾驶人故意破坏、伪造现场、毁灭证据。

②驾驶人有下列情形之一者:事故发生后,在未依法采取措施的情况下驾驶被保险机动车或者遗弃被保险机动车离开事故现场;饮酒、吸食或注射毒品、服用国家管制的精神药品或者麻醉药品;无驾驶证,驾驶证被依法扣留、暂扣、吊销、注销期间;驾驶与驾驶证载明的准驾车型不相符合的机动车;实习期内驾驶公共汽车、营运客车或者执行任务的警车、载有危险物品的机动车或牵引挂车的机动车;驾驶出租机动车或营业性机动车无交通运输管理部门核发的许可证书或其他必备证书;学习驾驶时无合法教练员随车指导;非被保险人允许的驾驶人。

③被保险机动车有下列情形之一者:发生保险事故时被保险机动车行驶证、号牌被注销的,或未按规定检验或检验不合格;被扣押、收缴、没收、政府征用期间;在竞赛、测试期间,在营业性场所维修、保养、改装期间;全车被盗窃、被抢劫、被抢夺、下落不明期间。

④下列原因导致的人身伤亡,保险人不负责赔偿:地震及其次生灾害、战争、军事冲突、恐怖活动、暴乱、污染(含放射性污染)、核反应、核辐射;被保险机动车被转让、改装、加装或改变使用性质等,被保险人、受让人未及时通知保险人,且因转让、改装、加装或改变使用性质等导致被保险机动车危险程度显著增加;被保险人或驾驶人的故意行为。

⑤下列人身伤亡、损失和费用,保险人不负责赔偿:被保险人及驾驶人以外的其他车上人员的故意行为造成的自身伤亡;车上人员因疾病、分娩、自残、斗殴、自杀、犯罪行为造成的自身伤亡;违法、违章搭乘人员的人身伤亡;罚款、罚金或惩罚性赔款;超出《道路交通事故受伤人员临床诊疗指南》和国家基本医疗保险同类医疗费用标准的费用部分;律师费,未经保险人事先书面同意的诉讼费、仲裁费;投保人、被保险人或其允许的驾驶人知道保险事故发生后,故意或者因重大过失未及时通知,致使保险事故的性质、原因、损失程度等难以确定

的,保险人对无法确定的部分,不承担赔偿责任,但保险人通过其他途径已经及时知道或者应当及时知道保险事故发生的除外;精神损害抚慰金;应当由机动车交通事故责任强制保险赔付的损失和费用。

(4)机动车全车盗抢险的责任免除

①被保险人索赔时未能提供出险当地县级以上公安刑侦部门出具的盗抢立案证明;

②驾驶人、被保险人、投保人故意破坏现场、伪造现场、毁灭证据;

③被保险机动车被扣押、罚没、查封、政府征用期间;

④被保险机动车在竞赛、测试期间,在营业性场所维修、保养、改装期间,被运输期间。

下列损失和费用,保险人不负责赔偿:地震及其次生灾害导致的损失和费用;战争、军事冲突、恐怖活动、暴乱导致的损失和费用;因诈骗引起的任何损失;因投保人、被保险人与他人的民事、经济纠纷导致的任何损失;被保险人或其允许的驾驶人的故意行为、犯罪行为导致的损失和费用;非全车遭盗窃,仅车上零部件或附属设备被盗窃或损坏;新增设备的损失;遭受保险责任范围内的损失后,未经必要修理并检验合格继续使用,致使损失扩大的部分;被保险机动车被转让、改装、加装或改变使用性质等,被保险人、受让人未及时通知保险人,且因转让、改装、加装或改变使用性质等导致被保险机动车危险程度显著增加而发生保险事故;投保人、被保险人或其允许的驾驶人知道保险事故发生后,故意或者因重大过失未及时通知,致使保险事故的性质、原因、损失程度等难以确定的,保险人对无法确定的部分,不承担赔偿责任,但保险人通过其他途径已经及时知道或者应当及时知道保险事故发生的除外;因被保险人违反保险条款约定,导致无法确定的损失。

(5)玻璃单独破碎险的责任免除

安装、维修机动车过程中造成的玻璃单独破碎。

(6)自燃损失险的责任免除

①自燃仅造成电器、线路、油路、供油系统、供气系统的损失;

②由于擅自改装、加装电器及设备导致被保险机动车起火造成的损失;

③被保险人在使用被保险机动车过程中,因人工直接供油、高温烘烤等违反车辆安全操作规则造成的损失;

④本附加险每次赔偿实行20%的绝对免赔率,不适用主险中的各项免赔率、免赔额约定。

(7)新增加设备损失险的责任免除

本附加险每次赔偿的免赔约定以机动车损失保险条款约定为准。

(8)车身划痕损失险的责任免除

①被保险人及其家庭成员、驾驶人及其家庭成员的故意行为造成的损失;

②因投保人、被保险人与他人的民事、经济纠纷导致的任何损失;

③车身表面自然老化、损坏、腐蚀造成的任何损失;

④本附加险每次赔偿实行15%的绝对免赔率,不适用主险中的各项免赔率、免赔额约定。

(9)发动机涉水损失险的责任免除

本附加险每次赔偿均实行15%的绝对免赔率,不适用主险中的各项免赔率、免赔额约定。

(10)修理期间费用补偿险的责任免除
①因机动车损失保险责任范围以外的事故而致被保险机动车的损毁或修理;
②非在保险人认可的修理厂修理时,因车辆修理质量不合要求造成返修;
③被保险人或驾驶人拖延车辆送修期间;
④本附加险每次事故的绝对免赔额为1天的赔偿金额,不适用主险中的各项免赔率、免赔额约定。

(11)车上货物责任险的责任免除
①偷盗、哄抢、自然损耗、本身缺陷、短少、死亡、腐烂、变质、串味、生锈,动物走失、飞失、货物自身起火燃烧或爆炸造成的货物损失;
②违法、违章载运造成的损失;
③因包装、紧固不善,装载、遮盖不当导致的任何损失;
④车上人员携带的私人物品的损失;
⑤保险事故导致的货物减值、运输延迟、营业损失及其他各种间接损失;
⑥法律、行政法规禁止运输的货物的损失;本附加险每次赔偿实行20%的绝对免赔率,不适用主险中的各项免赔率、免赔额约定。

(12)精神损害抚慰金责任险的责任免除
①根据被保险人与他人的合同协议,应由他人承担的精神损害抚慰金;
②未发生交通事故,仅因第三者或本车人员的惊恐而引起的损害;
③怀孕妇女的流产发生在交通事故发生之日起30天以外的;
④本附加险每次赔偿实行20%的绝对免赔率,不适用主险中的各项免赔率、免赔额约定。

(13)不计免赔率险的责任免除
①机动车损失保险中应当由第三方负责赔偿而无法找到第三方的;
②因违反安全装载规定而增加的;
③发生机动车全车盗抢保险约定的全车损失保险事故时,被保险人未能提供《机动车登记证书》、机动车来历凭证的,每缺少一项而增加的;
④机动车损失保险中约定的每次事故绝对免赔额;
⑤可附加本条款但未选择附加本条款的险种约定的;
⑥不可附加本条款的险种约定的。

四、车辆保险的投保

1. 投保条件

机动车辆保险所指的机动车辆包括汽车、电车、电瓶车、摩托车、拖拉机、各种专用机械车、特种车等车辆。参加保险的车辆必须经交通管理部门检验合格,具有车辆号牌和行驶证。

2. 投保业务办理及注意事项

(1)车辆投保的程序
车辆投保流程如图2-10所示。
①认真学习有关保险条款,确定车辆投保项目。

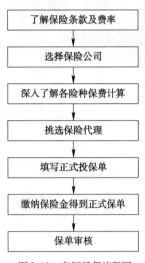

图2-10 车辆投保流程图

②选择保险公司。我国目前开展车辆保险业务的保险公司主要有中国人民财产保险公司、平安保险公司、太平洋保险公司、华泰保险公司等。

③填写保单。机动车辆保险投保单要填写以下内容：投保人、厂牌型号、车辆种类、牌照号码、发动机号码及车架号、使用性质、吨位或座位、行驶证初次登记年月、保险价值（新车购置价）、车辆损失险保险金额的确定方式、第三者责任险赔偿限制、附加险的保险金额或赔偿限额、车辆总数、保险期限、地址、邮编、电话联系人、开户行、银行账号、特别约定、投保人签章。

④确定保险金额和计算保费。机动车车辆保险的保险金额按新车购置价和实际价值确定。

⑤保险单的签发。保险人收到投保人填具的投保单后，经审核无误后，保险人应予承诺。保险合同成立后，保险人应按时向投保人出具保险单或保险凭证，并同时开具保费收据收取保险费。

（2）机动车投保途径简介

机动车投保目前大致包括以下几种途径：保险公司营业厅投保、4S店代理投保、电话投保、保险代理机构投保等。

途径一：营业厅投保。

车主可携带相关资料去保险公司营业网点，当场填写保单、缴费投保。此方式安全可靠，一方面无须担心车险价格或投保险种被忽悠，另一方面理赔也能有所保障。但是营业厅投保都没有上门服务，需要车主亲力亲为，车主须携带相关资料到保险公司营业网点填写保单、现场缴费，对于工作忙碌的上班族来说，难免需要浪费一定的时间和交通费。通过保险公司柜台购买的车险也只能享受到最低7折的优惠。但对于许多"对车险不怎么精"的车主来说这可能是最省心也最靠谱的一种选择。

途径二：4S店投保。

新司机面临的一个很实际的问题是，对车辆保险缺乏了解。这个时候，4S店的一站式服务就相当具有吸引力。车主可将相关资料交予4S店保险组专员，由其代为购买。4S店的车险投保提供的是一站式的服务，也就是说车主将车辆送到4S店维修后，只需将相关材料交齐后即可将车辆取走，费用由保险公司直接与维修方结付，车主无须先行支付维修费用，可省时省力，具体的保费也有谈判的空间。还有就是，4S店在汽车零配件和服务方面也相对专业。

途径三：电话投保。

电话投保，只需拨打保险公司公布的全国通用车险销售电话，即有专业人员上门服务。电话车险最大的特点就是性价比高而且方便快捷。因为电话投保可以在车险保费打7折的基础上，进一步享受最高15%的保费优惠。另外，电话投保直接与保险公司沟通，可以避免通过中介等其他渠道投保时可能遇到的销售误导。而在便捷性方面，电话投保只需一个电话，保险公司就会有专门的人员上门收取保险材料，上门递送保单，免去了投保人的很多麻烦。

途径四:保险中介代理投保。

保险中介通过组团、内部价等方式,可以为客户提供更加便宜的保费。车主可将相关资料交予中介公司,由其代为购买。车险中介除了上门服务,并且通过组团或者内部价的方式给予保费优惠之外,还可以根据消费者车辆的状况专门设计车险的搭配方案。

(3)机动车网上投保流程

近年来,保险公司又推出了网上投保,整个流程仅需10分钟,非常方便快捷。下面以平安车险为例予以介绍。

第一步:投保前准备——选择合适的投保方式,找出投保车辆的有关资料(如行驶证资料、上年保单正本等),阅读网上支付说明,作好网上支付保费的准备工作。

第二步:网上投保——登录投保页面填写有关您个人、车辆的基本信息资料,选择合适的投保险别、赔偿限额,并提交您的投保申请。

第三步:查询核保结果——您可登录保险账户页面,轻松查询您的投保单状态,并进行后续操作。

第四步:保费支付——根据您选择的支付保费方式,及时支付保费,以最终实现网上投保。

3. 车辆保险投保时应注意的事项

①投保前应认真做好咨询、调查、综合分析工作,从"转移风险、量力而行"的原则出发,根据实际情况和需要选择合适的车辆保险险种。切勿重复投保。因为保险法明确规定,重复保险的保险金额总和超过保险价值的,各保险人的赔偿金额的总和不得超过保险价值,即就算投保人重复投保,也不会享受到超价值的赔偿。

②应选择经济实力雄厚、信誉良好、服务周全的保险公司作为投保的保险人,并注意考察保险人的资格,其应具有保险监管部门颁发的经营许可证和工商行政管理部门颁发的营业执照。

③签订保险合同时要注意出险时能得到充分的保障,合理确定保险金额。切勿超额或不足投保。根据保险法规定,保险金额超出保险价值,其超出部分是无效的,而低于保险价值的,除合同另有约定外,保险人按照金额与保险价值的比例承担责任。

④对保险单的内容和投保单的内容要认真核对,不应有不相符之处。如有特别约定的内容,要看其用肇事是否准确。最后要查验保险单是否属于正规保单,在加印的部位有没有明显的防伪底纹,再看看保单的左上角是否印有"中国保险监督管理委员会监制"字样等,因为这都将会影响到保险合同的法律效力。

4. 机动车辆保险的保险金额和赔偿限额

(1)机动车损失险的保险金额

保险金额按投保时被保险机动车的实际价值确定。投保时被保险机动车的实际价值由投保人与保险人根据投保时的新车购置价减去折旧金额后的价格协商确定或其他市场公允价值协商确定。折旧金额可根据保险合同列明的参考折旧系数表确定,见表2-36。

(2)第三者责任险的赔偿限额

赔偿限额是保险人计算保险费的依据,同时也是保险人承担第三者责任险每次事故赔偿的最高限额,采取的是按每次事故最高赔偿限额的确定方式。汽车第三者责任险的每次事故、最高赔偿限额一般有10万元、20万元、50万元、100万元四个档次,供被投保人选择投保。每次事故的责任限额,由投保人和保险人在签订本保险合同时协商确定。主车和挂车连接使用时视为一体,发生保险事故时,由主车保险人和挂车保险人按照保险单上载明的机动车第三者责任保险责任限额的比例,在各自的责任限额内承担赔偿责任,但赔偿金额总和以主车的责任限额为限。

参考折旧系数表　　　　　　　　　　　表 2-36

车辆种类	月折旧系数		
	家庭自用非营业	营业	
		出租	其他
9 座以下客车	0.60%	0.60%	1.10%	0.90%
10 座以上客车	0.90%	0.90%	1.10%	0.90%
微型载货汽车	0.90%	1.10%	1.10%	
带拖挂的载货汽车	0.90%	1.10%	1.10%	
低速货车和三轮汽车	1.10%	1.40%	1.40%	
其他车辆	0.90%	1.10%	0.90%	

(3) 机动车车上人员责任险的责任限额

驾驶人每次事故责任限额和乘客每次事故每人责任限额由投保人和保险人在投保时协商确定。投保乘客座位数按照被保险机动车的核定载客数(驾驶人座位除外)确定。

(4) 机动车全车盗抢险的保险金额

保险金额在投保时被保险机动车的实际价值内协商确定。投保时被保险机动车的实际价值由投保人与保险人根据投保时的新车购置价减去折旧金额后的价格协商确定或其他市场公允价值协商确定。折旧金额可根据保险合同列明的参考折旧系数表确定。

(5) 保险金额或赔偿限额的调整

在保险合同有效期内,被保险人要求调整保险金额或赔偿限额,应向保险人书面申请办理批改。在保险人签发批单后,申请调整的保险金额或赔偿限额才有效。

5. 车辆保险的保险期限

机动车辆保险的保险期限通常为 1 年(也可申请短期保险期限),自保险单载明之日起,到保险期满日 24 时止,对于当天投保的车辆,起保时间应为次日零时,期满续保需另办相关手续。

6. 保险费的计算

(1) 车辆损失险保险费计算

车辆损失保险费 = 基本保费 + (保险金额 × 费率)

(2) 第三责任保险的保险费计算

第三责任保险按照车辆各类及使用性质选择不同的赔偿限额档次收取固定保险费。

(3) 短期保险的保险费计算

保险期不足一年,一般可按短期费率计收保费,短期费率分为两类:按日计费和按月计费。按日计费通常适用于被保险人把新购置的车辆进行投保,为统一续保日期而采用的一种计费方式,其公式为:

应缴保费 = 年保费 × 保险天数 ÷ 365

按月计费适用于应投保人要求而签订的短期保险,应缴保费适用短期费率计算,保险期不足一个月按一个月计算。短期费率见表2-37。

短期费率表　　　　　　　表2-37

保险期(月)	1	2	3	4	5	6	7	8	9	10	11	12
应缴费率(%)	10	20	30	40	50	60	70	80	85	90	95	100

例如,车辆损失险和第三者责任险的年保费合计7500元,保险期为100天,则该车辆的保险费为:

$$应缴保费 = 7500 \times 40\% = 3000 元$$

投保一年,中途退保,也按短期费率计算退保费,但因停驶或所有权转让申请退保,应按日计算退保费。

7. 车辆保险被保险人义务

被保险人在获得权利时,一般应履行下列义务:

①被保险人对投保车辆的情况应当如实申报,并在签订保险合同时一次交清保险费;

②被保险人及其驾驶人应当做好保险车辆的维护、保养工作,保险车辆装载必须符合规定,使其保持安全行驶技术状态;

③在保险合同有效期内,保险车辆转卖、转让、赠送他人或变更用途,被保险人应当事先书面通知保险人并申请办理批改;

④被保险人不得非法转卖、转让保险车辆不得利用保险车辆从事违法犯罪活动;

⑤保险车辆发生保险事故后,被保险人应当采取合理的保护、施救措施,并立即向事故发生地交通管理部门报案,同时通知保险人;

⑥被保险人索赔时不得有隐瞒事实、伪造单证、制造假案等欺诈行为;

⑦被保险人不履行上述条款规定的义务,保险人有权拒绝赔偿或自书面通知之日起终止保险合同;已赔偿的,保险人有权追回已付保险赔款。

五、车辆保险的理赔

车辆保险理赔是指汽车发生保险责任范围内的损失后,保险人依据保险合同的约定解决保险赔偿问题的过程。理赔人员的责任是处理赔案,同被保险人协商如何解决赔案。

按照有关《机动车辆保险条款》规定,交通事故发生后,投保人或被保险人依照合同可向保险人索赔,这里体现的是投保人或被保险人的权利,向保险人请求赔偿损失的行为称之为索赔。保险公司收到被保险人的赔偿申请后,根据保险合同的规定,从受理立案到对事故的原因和损失情况进行查勘并予以赔偿的行为称之为理赔。

1. 车辆保险理赔的工作程序

理赔人员在理赔案中要按保险条款办事,贯彻"公平、迅速、准确、合理"的理赔原则,严格按照理赔程序认真办案,理赔工作的程序,如图2-11所示。

(1)报案

当保险车辆出险受损后,被保险人或驾驶人应在48小时内一般是以直接上门报案或以电话、网络、电报和信函等形式向保险公司报案,然后再补充书面出险通知。对于确因环境、通信等因素未在48小时内报案的客户应详细说明未及时报案的原因,以书面形式报有关领导审核后再决定是否受理。

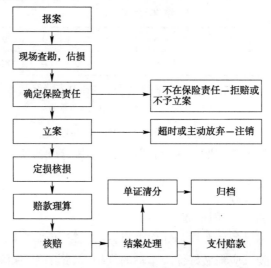

图2-11 保险车辆的理赔流程图

(2)现场查勘、估损

现场查勘是理赔工作的主要环节,是了解事故情况、掌握第一手资料、处理案情的重要依据。查勘工作的内容很多,而且时间性、技术性都很强,所以,查勘工作质量好坏,对赔案能否得到及时、准确、合理的理赔,减少损失,起着关键作用。保险公司根据查勘定损情况后填制《勘查报告》并作出处理意见。

现场查勘主要查明的出险情况包括:出险地点、出险时间、出险原因、初步核定损失。

(3)确定保险责任

保险人对被保险人的索赔内容及单证进行审核,并根据查勘报告或记录、交通管理部门的事故证明以及保险条款的规定确定事故是否属于保险责任范围。凡涉及第三者责任的事故,应进一步确定被保险人应当承担的责任。若出险事故不在保险责任范围内,则保险人应明确向被报险人提出拒赔并不予立案。

(4)立案

保险人根据索赔申请及《勘查报告》,确认保险责任后,进行编号立案、归档,若车辆修复或事故结案超过三个月仍未将索赔单证交予保险公司理赔人员或投保人主动放弃赔偿,保险人有权不负责赔偿,撤销立案。

(5)定损、核损

车辆定损包含对保险车辆和第三者的车辆。车辆定损主要包括以下内容:

①确定损失项目和金额;

②与客户协商确定修理方案;

③协商合理处理换件残值。

遭受部分损失的保险财产通常尚有部分使用价值,因此,损余物资一般经协商作折价处理,折归被保险人,以后保险公司从保险赔款中扣除。确有协商不成的,尚有残余使用价值的物件由保险人收回。

受损保险车辆和第三者受损车辆在送修前应经过协商定损。对受损车辆要区分本次事故损失和非本次事故损失。对本次事故造成的损失,应逐项核定损失程度,明确修理范围和项目,估算修理费用。

(6)赔款理算

在规定的理赔期内,被保险人向保险人提交事故责任认定书、事故调解书、判决书或出险证明文件、有关费用原始单据、机动车行驶证复印件、机动车驾驶证复印件等必要的单证材料,保险公司理算人员根据保险条款的规定,迅速审查核定,对车辆损失险、第三者责任险附加险,施用费用等分别计算出赔款金额,拟写出《机动车辆保险理赔结案报告书》,缮制《机动车辆保险赔款计算书》,送交保险公司核赔人。同时将核定计算结果及时通知被保险人。

(7)核赔

保险公司核赔人员对有关单证进行审核,签署核赔意见,保险人核赔工作主要有下列几项:

①审核单证、证明及材料是否齐全有效,签章是否齐全;
②核定出险时间、事故责任划分、保险责任及相关信息是否准确;
③核定车辆损失及赔款;
④核定人员伤亡及赔款;
⑤核定其他财产损失及赔款;
⑥核定施救费用;
⑦审核赔付计算;
⑧签署核赔意见。

(8)结案处理

保险公司根据核赔结论编写结案报告书并整理该案所有文件、单据,统一放在赔案卷宗内,档次保存,以备查考。同时向保险人发出《机动车辆保险领取赔款通知书》。对于可以结案的案件,保险人应敦促被保险人尽快交齐索赔材料,赔偿结案,对超过时限或保险人不提供必要手续或找不到被保险人的未决赔案,保险人有权做出注销案件处理。

(9)支付赔款

被保险人在接到《机动车辆保险领取赔款通知书》后,应携带私章、车主或领款人身份证等有效证件前往保险公司办理赔款领取手续,提取赔款。

2.车辆理赔手续

当保险车辆出险后,通常保险人应办理下列一些必要手续:

①如实填写《机动车辆保险出险通知书》和《机动车辆保险索赔申请书》。
②如果遇见出险案件案情简单,出险原因清楚,保险责任明确,事故金额低(损失金额一般在5000元以内)且可在现场确定损失的出险事故,保险人为简便手续,加快理赔速度可向保险公司申请简易赔案处理,并须填写《简易案件赔款协议书》。
③发生救助特约条款保险责任范围内的事故车辆,若需救助协作单位进行救助,被保险人或其允许的驾驶人员应在《机动车辆特约救助书》上签字确认。若需救助协作单位代为办理赔款结算手续的,同时应填写《机动车辆特约救助书》中"被保险人救助人费用索赔授权

书"应交救助单位《机动车辆特约救助书》。

④当被保险人遇见重大出险事故,且该事故属保险公司保险责任范围内的情况下,被保险人为尽快恢复生产、生活之需,可向保险公司提出预付赔款申请,须填写《预付赔款申请》。

⑤保险车辆发生保险责任范围内的损失应当由第三方负责赔偿的,被保险人应当向第三方索赔,并向其出具《车辆损失要求赔偿通知书》。如果第三方不予支付,被保险人可与保险公司签署《机动车辆权益转让书》,将向第三方追偿的权利转让给保险人。被保险人向保险人提交《机动车辆保险索赔申请书》及有关单证后,被保险人在保险责任范围内所受的损失则由保险人按照保险合同规定进行赔偿,其中应由第三方负责赔偿的损失则由保险人向第三方行使代位追偿。

⑥被保险人在车辆修复或事故结案三个月内,须向保险人提供有关索赔单证诸如:出险通知书、出险证明(交通管理部门盖章)、修车发票原始件、修理、更换部件清单,伤者诊断证明(县级以上医院)、残疾者评残法医鉴定证明,死亡者死亡证明,抢救、治疗费收据,事故责任认定书,事故调解书,伤亡者工资收入证明,家庭情况证明(派出所盖章)等各种必要的证明及相关费用的收据原件,以及保险车辆的《机动车行驶证》、肇事驾驶人员的《机动车驾驶证》。否则,保险人有权拒绝赔偿。

⑦被保险人在得到保险公司的《机动车辆保险领取赔款通知书》后,应携带私章、身份证明等前往保险公司办理赔款领取手续。若被保险人委托他人前往保险公司办理赔款领取手续,还须办理《领取赔款授权书》。

3. 赔偿规定

保险的机动车辆出险后,保险人按下列规定实施赔偿。

(1)车辆损失险的赔偿规定和赔偿处理

车辆损失险的赔偿规定:

①全部损失,保险金额高于实际价值时,以出险当时的实际价值计算赔偿;保险金额等于或低于实际价值时,按保险金额计算赔偿。

②部分损失,以新车购置价确定保险金额的车辆,按实际修理及必要、合理的施救费用计算赔偿;保险金额低于新车购置价的车辆,按保险金额与新车购置价的比例计算赔偿修理及施救费用。保险车辆损失赔偿及施救费用分别以不超过保险金额为限。如果保险车辆部分损失一次赔款金额与免赔金额之和等于保险金额时,车辆损失险的保险责任即行终止。

③施救费用分摊,施救的财产中,含有本保险合同未保险的财产,应按本保险合同保险财产的实际价值占总施救财产的实际价值比例分摊施救费用。

车辆损失险的赔偿处理:

①发生保险事故时,被保险人或其允许的驾驶人应当及时采取合理的、必要的施救和保护措施,防止或者减少损失,并在保险事故发生后48小时内通知保险人。被保险人或其允许的驾驶人根据有关法律法规规定选择自行协商方式处理交通事故的,应当立即通知保险人。

②被保险人或其允许的驾驶人根据有关法律法规规定选择自行协商方式处理交通事故的,应当协助保险人勘验事故各方车辆、核实事故责任,并依照《道路交通事故处理程序规定》签订记录交通事故情况的协议书。

③被保险人索赔时,应当向保险人提供与确认保险事故的性质、原因、损失程度等有关的证明和资料。被保险人应当提供保险单、损失清单、有关费用单据、被保险机动车行驶证和发生事故时驾驶人的驾驶证。属于道路交通事故的,被保险人应当提供公安机关交通管理部门或法院等机构出具的事故证明、有关的法律文书(判决书、调解书、裁定书、裁决书等)及其他证明。被保险人或其允许的驾驶人根据有关法律法规规定选择自行协商方式处理交通事故的,被保险人应当提供依照《道路交通事故处理程序规定》签订记录交通事故情况的协议书。

④因保险事故损坏的被保险机动车,应当尽量修复。修理前被保险人应当会同保险人检验,协商确定修理项目、方式和费用。对未协商确定的,保险人可以重新核定。

⑤被保险机动车遭受损失后的残余部分由保险人、被保险人协商处理。如折归被保险人的,由双方协商确定其价值并在赔款中扣除。

⑥因第三方对被保险机动车的损害而造成保险事故,被保险人向第三方索赔的,保险人应积极协助;被保险人也可以直接向本保险人索赔,保险人在保险金额内先行赔付被保险人,并在赔偿金额内代位行使被保险人对第三方请求赔偿的权利。被保险人已经从第三方取得损害赔偿的,保险人进行赔偿时,相应扣减被保险人从第三方已取得的赔偿金额。保险人未赔偿之前,被保险人放弃对第三方请求赔偿的权利的,保险人不承担赔偿责任。被保险人故意或者因重大过失致使保险人不能行使代位请求赔偿的权利的,保险人可以扣减或者要求返还相应的赔款。保险人向被保险人先行赔付的,保险人向第三方行使代位请求赔偿的权利时,被保险人应当向保险人提供必要的文件和所知道的有关情况。

(2)机动车辆第三者责任保险的赔偿规定和赔偿处理

第三者责任险的赔偿规定:

①保险车辆发生第三者责任事故时,按《道路交通事故处理办法》规定的赔偿范围、项目和标准以及保险合同的规定,在保险单载明的赔偿限额内核定赔偿金额。对被保险人自行承诺或支付的赔偿金额,保险人有权重新核定或拒绝赔偿。

②第三者责任事故赔偿后,对受害第三者的任何赔偿费用的增加,保险人不再负责。

③第三者责任事故赔偿后,保险责任继续有效,直至保险期满。

④保险车辆、第三者的财产遭受损失后的残余部分,应协商作价折归被保险人,并在赔款中扣除。

第三者责任险的赔偿处理:

①发生保险事故时,被保险人或其允许的驾驶人应当及时采取合理的、必要的施救和保护措施,防止或者减少损失,并在保险事故发生后48小时内通知保险人。被保险人或其允许的驾驶人根据有关法律法规规定选择自行协商方式处理交通事故的,应当立即通知保险人。

②被保险人或其允许的驾驶人根据有关法律法规规定选择自行协商方式处理交通事故的,应当协助保险人勘验事故各方车辆、核实事故责任,并依照《道路交通事故处理程序规定》签订记录交通事故情况的协议书。

③被保险人索赔时,应当向保险人提供与确认保险事故的性质、原因、损失程度等有关的证明和资料。被保险人应当提供保险单、损失清单、有关费用单据、被保险机动车行驶证

和发生事故时驾驶人的驾驶证。属于道路交通事故的,被保险人应当提供公安机关交通管理部门或法院等机构出具的事故证明、有关的法律文书(判决书、调解书、裁定书、裁决书等)及其他证明。被保险人或其允许的驾驶人根据有关法律法规规定选择自行协商方式处理交通事故的,被保险人应当提供依照《道路交通事故处理程序规定》签订记录交通事故情况的协议书。

④保险人对被保险人给第三者造成的损害,可以直接向该第三者赔偿。被保险人给第三者造成损害,被保险人对第三者应负的赔偿责任确定的,根据被保险人的请求,保险人应当直接向该第三者赔偿。被保险人怠于请求的,第三者有权就其应获赔偿部分直接向保险人请求赔偿。被保险人给第三者造成损害,被保险人未向该第三者赔偿的,保险人不得向被保险人赔偿。

⑤因保险事故损坏的第三者财产,应当尽量修复。修理前被保险人应当会同保险人检验,协商确定修理项目、方式和费用。对未协商确定的,保险人可以重新核定。

(3)关于机动车辆保险代位追偿的赔款规定

保险车辆发生基本险条款列明的保险责任范围内的损失应当由第三方负责赔偿的,被保险人应当向第三方索赔。如果第三方不予支付,被保险人应提起诉讼,经法院立案后,保险人根据被保险人提出的书面赔偿请求,应按照保险合同予以部分或全部赔偿,但被保险人必须将向第三方追偿的权利部分或全部转让给保险人,并协助保险人向第三方追偿。

由于被保险人放弃对第三方的请求赔偿的权利或过错致使保险人不能行使代位追偿权利的,保险人不承担赔偿责任或相应扣减保险赔偿金。

(4)关于机动车辆保险赔偿的其他规定

①根据保险车辆驾驶员在事故中所负责任,车辆损失险和第三者责任险在符合赔偿规定的金额内实行绝对免赔率。按责任免赔比例的原则实行赔偿。

②被保险人提供的各种必要的单证齐全后,保险人应当迅速审查核定。赔款金额经保险合同双方确认后,保险人在10天内一次赔偿结案。

(5)保险人对保险的机动车辆拒绝赔偿的规定

按保险的有关条款保险人有权对下列情形拒绝赔偿:财产损失或人身伤亡的发生,不是由于保险合同中的约定的保险事故所致;财产损失或人身伤亡的发生,是由于被保险人故意行为或重大违法行为所致;被保险人在投保时隐瞒了重大真实情况或出险后弄虚作假,企图骗取赔款;被保险人不履行保险合同中对其规定的义务,如不交纳保险费、出险后不积极施救,放任扩大损失、出险后不按合同规定提供单证账单和证明文件等;受损财产不属于保险财产;出险时间不在保险合同规定的有效期内,即合同已失效;保险财产已出售或转让,但未办理过户的批改手续,或该项财产的新主尚未投保,无法享受索赔的权利;出险地点不在保险合同上注明的地点内;保险车辆没有交通管理部门核发的行驶证或号牌或审验不合格;合同规定的保险人责任外事故;超过索赔时效。

4. 车辆免赔率的规定

(1)机动车损失险的免赔率与免赔额

保险人在依据保险合同约定计算赔款的基础上,按照下列方式免赔:①被保险机动车一方负次要事故责任的,实行5%的事故责任免赔率;负同等事故责任的,实行10%的事故责任免赔率;负主要事故责任的,实行15%的事故责任免赔率;负全部事故责任或单方肇事事故的,实行20%的事故责任免赔率;②被保险机动车的损失应当由第三方负责赔偿,无法找到第三方的,实行30%的绝对免赔率;③违反安全装载规定、但不是事故发生的直接原因的,增加10%的绝对免赔率;④对于投保人与保险人在投保时协商确定绝对免赔额的,本保险在实行免赔率的基础上增加每次事故绝对免赔额。

(2)第三者责任险的免赔率

被保险机动车一方负次要事故责任的,实行5%的事故责任免赔率;负同等事故责任的,实行10%的事故责任免赔率;负主要事故责任的,实行15%的事故责任免赔率;负全部责任的,实行20%的事故责任免赔率;违反安全装载规定的,实行10%的绝对免赔率。

(3)机动车车上人员责任险的免赔率

被保险机动车一方负次要事故责任的,实行5%的事故责任免赔率;负同等事故责任的,实行10%的事故责任免赔率;负主要事故责任的,实行15%的事故责任免赔率负全部事故责任或单方肇事事故的,实行20%的事故责任免赔率。

(4)机动车全车盗抢险的免赔率

发生全车损失的,绝对免赔率为20%;发生全车损失,被保险人未能提供《机动车登记证书》、机动车来历凭证的,每缺少一项,增加1%的绝对免赔率。

5. 赔款的计算

(1)车辆损失赔款计算方法

①全部损失。

赔款=(保险金额－被保险人已从第三方获得的赔偿金额)×(1－事故责任免赔率)×(1－绝对免赔率之和)－绝对免赔额

②部分损失。被保险机动车发生部分损失,保险人按实际修复费用在保险金额内计算赔偿:

赔款=(实际修复费用－被保险人已从第三方获得的赔偿金额)×(1－事故责任免赔率)×(1－绝对免赔率之和)－绝对免赔额

③施救费。

施救的财产中,含有本保险合同未保险的财产,应按本保险合同保险财产的实际价值占总施救财产的实际价值比例分摊施救费用。

(2)第三责任保险的赔款计算

①当(依合同约定核定的第三者损失金额－机动车交通事故责任强制保险的分项赔偿限额)×事故责任比例等于或高于每次事故赔偿限额时:

赔款=每次事故赔偿限额×(1－事故责任免赔率)×(1－绝对免赔率之和)

②当(依合同约定核定的第三者损失金额－机动车交通事故责任强制保险的分项赔偿限额)×事故责任比例低于每次事故赔偿限额时:

赔款=(依合同约定核定的第三者损失金额－机动车交通事故责任强制保险的分项赔偿限额)×事故责任比例×(1－事故责任免赔率)×(1－绝对免赔率之和)

(3)机动车车上人员责任险的赔款计算

①对每座的受害人,当(依合同约定核定的每座车上人员人身伤亡损失金额－应由机动车

交通事故责任强制保险赔偿的金额）×事故责任比例高于或等于每次事故每座赔偿限额时：

$$赔款 = 每次事故每座赔偿限额 \times (1 - 事故责任免赔率)$$

②对每座的受害人，当（依合同约定核定的每座车上人员人身伤亡损失金额 - 应由机动车交通事故责任强制保险赔偿的金额）×事故责任比例低于每次事故每座赔偿限额时：

$$赔款 = （依合同约定核定的每座车上人员人身伤亡损失金额 -$$
$$应由机动车交通事故责任强制保险赔偿的金额）\times$$
$$事故责任比例 \times (1 - 事故责任免赔率)$$

（4）机动车全车盗抢险的赔偿计算

①被保险机动车全车被盗抢的，按以下方法计算赔款：

$$赔款 = 保险金额 \times (1 - 绝对免赔率之和)$$

②被保险机动车发生被盗窃、抢劫、抢夺后，受到损坏或车上零部件、附属设备丢失需要修复的合理费用；被保险机动车在被抢劫、抢夺过程中，受到损坏需要修复的合理费用，保险人按实际修复费用在保险金额内计算赔偿。

（5）附加险的赔款计算

附加险按各自的条款约定计算赔款。

（6）赔款合计

$$赔款金额 = 车损赔款金额 + 施救费赔款金额 + 第三者责任险赔款金额 +$$
$$附加险赔款金额$$

6. 快速理赔

车辆保险的理赔程序一般都有较为固定的流程和模式，掌握其中要领将会大大节省时间。以保险公司平安为例，其推出的车险"万元以下，资料齐全，一天赔付"和"异地出险，当地理赔，全国通赔"的理赔承诺，更是备受好评。这虽然是平安车险服务效率较高的表现，但是车辆保险理赔程序的常规流程还是有很多的共同点。一般的交通事故发生后，主要理赔过程包括三大部分内容：

首先是现场应急。事故车主双方都应该保护事故现场，并及时抢救伤员和迅速报案。相对于车辆来说，人员的生命安全更加重要，事故各方应该第一时间抢救伤员和报警，在此前提下，尽量不破坏现场。这里需要注意的是，车险条款通常规定在出险后48小时内报保险公司，否则保险公司有权拒绝赔偿。

其次是车辆的定损修理。许多车主在报案后急着用车和修理而容易忽略这一环节。正确的车辆保险理赔程序是，车辆所有损失在修复之前，都必须经保险公司定损，以核定损失项目及金额，定损完毕后才可修理受损车辆。

最后是领取保险赔款的环节。在上述两项完成后，被保险人需要在10日内将索赔单证提交给保险公司，由保险公司计算赔款。这些资料和证件包括交通事故责任认定书、调解书、判决书和修理发票、医疗费发票、病历、误工费证明、被抚养人身份情况以及保单正本（复印件）、身份证复印件、行驶证复印件、驾驶人驾照复印件等。其中涉及资料较多，被保险人要做到细心。

车主还需要注意的是，上述汽车保险的理赔程序，被保险人也可以授权委托他人代为办理。代理人需要准备的资料包括：身份证及被保险人出具的《代为报案委托书》和《领取赔款授权书》等。

案例一　轻微事故

当车辆发生损失数额较小的保险事故后,车主可以将车开至保险公司指定修理处,那里有定损打价权,让修理厂帮助索赔。这种情况一般经过以下几步为车辆定损理赔:

①检验证件,出示三证及保单:本车行驶证、驾驶人的驾驶证、被保人的身份证、保户保险单。

②坏车检查,初定车辆损失部位、坏车检查、填写案件审批表、复印所有证件等。

③照相定损,照相定损,安排处理意见。

④报案定时,按照案件审批表内容报案。修理完毕,带齐证件及修车发票到修理处接车即可,让修理处代理索赔。

案例二　单方事故

单方肇事是最为常见的一类事故,因为不涉及第三者的损害赔偿,仅仅造成被保险车辆损坏,事故责任为被保险车辆负全部责任,所以事故处理非常简单。事故处理及保险索赔程序如下:

①报案。事故发生后,保留事故现场,并立即向保险公司报案。

②现场处理。损失较小(一万元以下),保险公司派人到现场查勘,并出具《查勘报告》;损失较大(一万元以上),如查勘员认为需要报交警处理,会向交警部门报案,由交警部门到现场调查取证,并出具《事故认定书》。

③定损修理。车主将车辆送抵定损中心并同时通知保险公司,定损;修理厂修车;车主提车。

④提交单证进行索赔。收集索赔资料交保险公司办理索赔手续。

⑤损失理算。保险公司收到齐备的索赔单证后进行理算,以确定最终的赔付金额。

⑥赔付。

7. 无赔款优待

保险车辆在上一年保险期限内无赔款,续保时可享受无赔款减收保险费优待,优待金额为本年度续保险种应交保险费的10%。被保险人投保车辆不止一辆的,无赔款优待分别按车辆计算。上年度投保的车辆损失险、第三者责任险和附加险中任何一项发生赔款,续保时均不能享受无赔款优待;不续保者不享受无赔款优待。如果续保的险种与上年度相同,但投保金额不同,无赔款优待则以本年度保险金额对应的应交保险费为计算基础。不论机动车辆连续几年无事故,无赔款优待一律为应交保险费的10%。国家规定上年基准费率的90%作为本年度的费率,不得突破,保险公司不得提前给予机动车辆无赔款优待,不得将无赔款优待改为无赔款退费。

无赔款保险车辆优待的规定是为了鼓励被保险人及其驾驶人严格遵守交通规则、安全行车,减少保险事故。优待的条件为:保险期限必须满1年;保险期内无赔款;保险期满前办理续保等。

8. 投保人在保险车辆索赔过程中应注意事项

①当保险车辆出险后,应及时采取合理的保护、施救措施,并立即向事故发生地交通管理部门报案,同时在48小时内通知保险人。否则,超时报案,保险人有权拒绝受理索赔

案件。

②受损保险车辆或财产须经保险人现场勘查、定损后方能进行修复,否则保险人有权重新核定修理费用或拒绝赔偿。

③向保险公司提供的索赔单证、项目、印章必须齐全,书写规范,数额计算必须准确,内容必须真实、合法、有效。一旦发现有隐瞒事实,不如实申报情形,保险人可部分或全部拒绝赔偿。

④投保人须在车辆修复或事故结案三个月内将有关索赔单证交予保险人,否则保险人将不负责赔偿。

⑤领取赔款时,须携带私章、投保人或领款人身份证等有效证件进行办理。

⑥投保人在索赔过程中须提供的必要单证分为四种情况。

a. 如果属单方责任事故,没有人员伤亡,应当提供以下单证:出险通知书(盖章或签字),出险证明(交通管理部门盖章),修车发票原始件,修理、更换部件清单,其他必要的证明或费用收据原件。

b. 如果涉及车损和人身伤亡事故的,除以上证明外,还应提供以下单证:伤者诊断证明(县级以上医院),残疾者评残法医鉴定证明,死亡者死亡证明,抢救、治疗费收据,事故责任认定书,事故调解书,伤亡者工资收入证明,家庭情况证明(派出所盖章),其他必要的证明。

c. 如果代为查勘的还应提供下列单证:代查勘委托书,修车协议,事故照片,其他必要的证明。

d. 保险车辆发生非道路交通事故后,应当及时向当地公安派出所报案并通知保险公司,并提供以下单证:出险通知书,事故照片,出险证明(派出所盖章),调解书,各种必要的证明或费用收据原件。

单元三
汽车营运知识

 学习目标

完成本单元学习后,你应能:
1. 熟悉汽车货物运输的基本条件;
2. 掌握汽车货物运输类别和货物种类;
3. 熟悉汽车货物运输责任的划分;
4. 了解汽车货物运输事故处理规定;
5. 掌握货物周转量概念,熟悉货物具有的特性;
6. 掌握货物的包装标志种类,熟悉货物包装储运标志、危险货物运输标志的意义;
7. 掌握普通货物的种类,掌握整车运输、零担货物运输、集装箱运输的概念;
8. 熟悉危险货物运输的要求及注意事项;
9. 熟悉我国集装箱的规格,熟悉运送长大笨重货物的注意事项;
10. 熟悉旅客运输的基本知识和相关法规;
11. 了解旅客运输的特点;
12. 熟悉旅客运输的形式及营运注意事项。

建议课时:18 课时。

模块1 汽车货物运输

一、汽车货物运输法规

为了加强汽车货物运输的管理,明确承运人、托运人、收货人以及各有关方的权利、义务和责任界限,维护正常的运输秩序和运输合同当事人的合法权益,依据国家有关法律,交通部于1999年制定了《汽车货物运输规则》(以下简称《货规》)。

1.《货规》的适用范围

在中华人民共和国境内(香港、澳门特别行政区和台湾地区除外)从事营业性汽车货物运输及相关的货物装卸、货运服务的活动都适用本规则。

2. 汽车货物运输的基本条件

(1) 对货物运输关系当事人的基本要求

承运人是指从事营业性汽车货物运输、装卸及代办相关业务并与托运人订立运输合同的人。托运人是指委托承运人运输货物并与承运人订立运输合同的人。收货人是指运输合同上指定提取货物的人。运输代理人是指以承运人的名义与托运人订立货物运输合同,再以托运人的身份委托承运人运输货物并与承运人订立运输合同的人。场站经营人是指以经营货物仓储、堆存、中转、包装、装卸等业务,并与承运人订立货物仓储、装卸等业务的人。

承运人必须依法办理有关手续,取得合法经营资格,遵守国家法律和有关运输法规,按批准的范围营业,服从管理,履行运输责任。

托运人对所指定的发货人和收货人在收、发货物过程中的行为承担责任,应安排好物资调运计划,配合运输部门实施合理运输和计划运输。

(2) 货运车辆的要求

货运车辆经车辆技术管理部门检验合格,技术状况良好;车辆完整清洁,并配备必要的工具。承运人应根据承运货物的需要,提供经济适用的车辆,并能满足所运货物总质量的要求。承运集装箱、危险货物、大型物件等特种货物的车辆,应配备符合承运货物的特殊装置或专用设备,保证货物运输安全要求。

(3) 货物运输类别和货物种类

汽车货物运输类别主要有零担货物运输、整车货物运输、专用车辆运输、大型物件运输、集装箱汽车运输5种。在具体运输过程中,适用何种运输方式,受托运货物的性质、质量、体积决定,同时也受托运人运输要求、承运人运输条件、道路情况等因素的制约和影响。《货规》规定,货物分为普通货物(三等)、特种货物(四级)、轻泡货物。

(4) 货物保险和保价运输

汽车运输投保采用保险和保价两种方式,投保方式由托运人自行确定。办理保价运输的货物,应在运单上加盖"保价运输"戳记。承运人按货物保价声明价格核收7%的保价费。

3. 运输合同的签订、履行、变更和解除

汽车运输合同的种类有长期合同和道路货物运单。

(1) 运输合同的签订

承运人和托运人依法就汽车货物运输合同的主要条款协商一致,达成协议的法律行为,运输合同一经签订,就具有法律效力,任何一方都不得擅自变更或解除,否则,要承担违约责任。签订运输合同必须遵守合法原则和贯彻平等互利、协商一致、等价有偿原则。

(2) 运输合同的履行

货物托运是指托运人将需要运输的货物委托承运人运输的法律行为,托运人需按规定填写运单,遵守托运规则。货物受理是指承运人对托运人提出的托运货物的要求表示承诺,并调度相应车辆进行运输的法律行为,是实现货物运输的关键环节。

承运人对托运人提交的运单应逐项审核,如有差错,要求托运人更正;需安排特殊运输的,应征得托运人同意,并在运单上记载;受理凭证运输或需有关检验证明文件的货物时,要在有关文件的背面注明已托运货物的数量、运输日期,加盖承运章,准运证明和检验证明要随货同行,以备查验,货物运达后,一并交收货人或交托运人;运输整体货物前,应根据运单记载货物品名、数量、包装形式等,检验查对,核查无误,方可运输,发现不符合规定或可能危及运输安全的,不得承运;运输零担货物前,应按运单记载的内容逐项核对,核实无误,方可承运。

承运人应协助托运人选择合理的运输路线,一旦运输路线发生变化,必须事先通知托运人,并按最后确定的路线运输;运输期限由承托双方共同商定,并在运单上记载,整车货物起运前,承运人要通知收货人做好接货准备;零担货物运达目的地后,应在24小时内向收货人发出到货通知,或按托运人的委托及时将货物送达收货人手中。

(3) 运输合同的变更和解除

运输合同签订后,不得擅自变更或解除,如确有特殊原因不能继续履行或需变更时,在符合法定条件和履行法定手续后,可以变更或解除。

允许按下列规定变更或解除运输合同:

①货物起运前,承运人或托运人征得对方同意,可以变更或解除运输合同。承运人提出解除运输合同的,应退还已收的运费,变更运输合同应负担变更运输合同所发生的费用;托运人提出变更或解除合同的,应承担因变更或解除合同所发生的费用。

②货物起运后,不能解除运输合同,但托运人征得承运人同意,可以变更货物到达地和收货人。变更运输合同所发生的费用,由托运人负担。

③货物运输过程中,因自然灾害、道路阻塞等原因造成运输阻滞,承运人应及时与托运人联系,协商处理,发生货物装卸、接送和保管费用,按以下规定处理:

接运时,货物装卸、接运费用由托运人负担,收取已完成运输里程的费用,退回未完成运输里程的费用;回运时,收取已完成运输里程的运费,回程运费免收;托运人要求绕道行驶可改变到达地点时,收取实际运输里程的运费;货物在受阻处存放,保管费用由托运人负担。

4. 运输责任的划分

(1) 承运人责任

①承运人未按约定的时间将货物运达,应负违约责任;承运人将货物错运到达地或错交收货人,应将货物无偿运到指定的地点,交给指定的收货人。

②由于承运人运输设备隐性破损,造成货物损坏,承运人应负赔偿责任;承运人承运前,不检查货物,不核对运单,造成货运事故,承运方应负主要责任。

③承运人未遵守承托双方商定的运输条件或特殊事项,由此造成托运人损失,应负赔偿责任。

④承运人的责任期间是指接受货物起至将货物交付收货人(包括按照国家有关规定移交给有关部门)止,货物处在承运人掌管期间。货物在承运责任期限内,发生丢失、短少、变质、污染、损坏、承运人应负赔偿责任,但有下列情况之一者不负赔偿责任:不可抗力(如地震、洪灾);货物的合理损耗和自然性质变化;包装货物在责任期内,包装体外表完好,包装体内货物发生灭失、变质、污染、毁损。包装内在缺陷造成的损失;托运人违反国家有关法令,致使货物被有关部门查扣、弃置或作其他处理;托运人自行押运的货物,因照料不当而发生损失或有动植物疾病、死亡、枯萎、减重以及易腐货物的变质;托运人或收货人过错造成的货

物毁损、灭失。

(2) 托运人责任

①托运人未按合同或运单规定的时间和要求,备好货物和提供装卸条件,以及货物运达后无人收货或拒绝收货,而造成承运人车辆放空、延滞以及其他损失,托运人应负违约或延滞赔偿责任。

②托运人不如实填写运单、错报、误填货物名称或装卸地点,造成承成运错送、放空以及由此引起的其他损失,托运人应负赔偿责任。

③托运人发生下列过错,造成车辆、机具、设备等损坏、污染或人身伤亡以及因此而引起的第三方损失,由托运人负责赔偿:在普通货物中夹带危险货物或其他易腐蚀、易污染货物以及禁、限货物等行为;错报、匿报货物的质量、规格、性质;货物包装不符合标准,包装、容器不良,而从外部无法发现;错用包装、储运图示标志。

(3) 运输代理人责任

运输代理人以承运人的身份签署运单时,应承担承运人责任;以托运人身份托运货物时,应承担托运人的责任。

(4) 场站经营的责任

货物在场站存放期间发生丢失、短少、变质、污染,或在场站装卸作业中,由于场站经营人作业不当,造成货物损坏、灭失,场站经营人应负赔偿责任。

5. 货物装卸与交接规程

货物装卸是货物运输的基本业务和必要环节,由承运人、托运人负责或委托场站经营人、装卸企业作业。货物装卸应严格按货物装卸操作规程操作。货物交接规程如下:

(1) 交接方式

包装货物采取件交件收;集装箱重箱及其他施封的货物凭封志交接;散装货物原则上要磅交磅收或采用承托双方协商的交接方式交接。交接后双方在有关单证上签字。

(2) 货物承运前和装卸中的交接规程

承托双方应做好交接工作,承运人要认真查对装车的货物品名、数量是否与运单上记载相符,包装是否完好。发现不符合规定或危及运输安全的,不得起运。因包装轻度破损,托运人坚持要装车起运的,征得承运人的同意,交接双方需做好记录并签章后,方可运输,由此而产生的损失由托运人负责。

(3) 货物运达后的交接规程

货物运达后,承运人与收货人做好交接工作,发现货损货差,由承运人与收货人共同编制货运事故记录,交接双方在货运事故记录上签字确认。收货人不得因货损货差拒绝收货。货物交接时,承托双方对货物的质量和内容有质疑,均可提出查验与复磅,查验和复磅的费用由责任方负担。

(4) 对无法交付货物的处理

承运人发出到货通知或货物运抵到达地的次日起,超过30天无人认领的货物,按《关于港口、车站无法交付货物的处理办法》办理。

6. 汽车货物运价规则

汽车货物运输价格按不同运输条件分别计价,并可按规定实行加、减运价,有关收费按

《汽车运价规则》办理。

7.汽车货运事故处理

汽车货运事故是指货物运输过程中发生货物毁损或灭失。货运事故和违约行为发生后,承托双方及有关方都应积极采取补救措施,力争减少损失或防止损失继续扩大,并及时编制货运事故记录。

(1)汽车货运事故处理

①汽车货运事故处理中,收货人不得以任何理由扣留车辆,承运人不得以任何理由扣留货物;由于扣留车、货物而造成的损失,由扣留方负责赔偿。

②承运人应在收到赔偿要求书的次日起,60天内将处理意见通知托运人、收货人、特殊情况经双方协商可适当延长。托运人、收货人收到处理意见的次日起,10天内没有提出异议的,承运人应即付结案。

③运输代理人承担责任的,经事故当事人认可,先向托运人、收货人赔偿,再向实际承运人或场站经营人追偿。

④运输代理人承担托运人责任,因实际托运人的原因,造成货物、运输工具的损失,经事故有关托运人的认可,先向承运人赔偿,再向实际托运人追偿。

(2)汽车货运事故的赔偿按以下规定办理

①受损失方要求赔偿时,须提出要求书,并附货物运单、货运事故记录和货物价格证明等文件。要求退还运费的,还应附运杂费收据。

②货物损失赔偿费包括货物价格、运费和其他杂费,起运地价格中未包括运杂费、包装费以及已付的税费时,应按全部或短少部分的比例加算各项费用。

③货物全部丢失,保价运输按货物声明价格赔偿,保险运输按保险运输声明价格赔偿。

④货物部分丢失和损失,按丢失部分和损失部分折合成保价、保险的声明价格赔偿。

⑤未办理投保人运输的货物,按国家有关货物赔偿限额的规定赔偿;尚未实施货物最高赔偿限额规定的,按货物实际损失赔偿。

⑥由于承运人责任造成货物灭失和损失,并为实物赔偿的,运费和杂费照收;按价赔偿的,退还已收的运费和杂费。属托运人责任的,运费和杂费不退。尚能使用的,不论何方责任,运费照收。

⑦丢失货物赔偿后,又被查回,应送还原主,收回赔偿或实物;原主不愿接受失物或无法找到原主的,由承运人自行处理。

⑧承托人双方对货物逾期到达、车辆延滞、装卸落空都负有责任时,按各自责任所造成的损失相互抵除后,偿付差额。

(3)运输时间、货物赔偿时效

①货物运输赔偿时效从签注货运事故记录次日起,不超过180天,逾期无效。

②货物事故记录应在货运事故发生后的次日起7日内签署。

③无约定运输期的,按200km为1天的运距,运输里程除以每日运距,尾数补整,从起运日计算运输时间。

④丢失货物由承托双方按丢失事故的当天或约定的运输期限次日起,签署货运事故记

录,在运达时间的 30 日后未收到货物,视为丢失,自 31 日起计算货物赔偿时效。

⑤误期是指未按约定的运输期限和上述③条计算的运输时间内运达货物。

(4) 汽车货运的赔偿价格

货物赔偿费一律以人民币支付。对误期所造成的赔偿金额不得超过全程运费的收入。各项赔偿价格均以起运地承运当日价格为准,对于未办理投保又无法比照计算的货物按每千克不超过 5 元计算。

(5) 违约及争议和违规处理

承运人或托运人发生违约行为,应向对方支付违约金,违约金的数额由承运双方约定。承运人与托运人、收货人及有关方在履行运输合同或处理货运事故时,发生纠纷、争议,应及时协商解决。协商不成时,可向交通主管部门或仲裁机构申请调解、仲裁,也可直接向人民法院起诉。

8. 道路运输相关业务

(1) 从事道路运输站(场)经营的条件

有经验收合格的运输站(场);有相应的专业人员和管理人员;有相应的设备、设施;有健全的业务操作规程和安全管理制度。

(2) 从事机动车维修经营的条件

有相应的机动车维修场地;有必要的设备、设施和技术人员;有健全的机动车维修管理制度;有必要的环境保护措施。

(3) 从事机动车驾驶员培训的条件

有健全的培训机构和管理制度;有与培训业务相适应的教学人员、管理人员;有必要的教学车辆和其他教学设施、设备、场地。

为了加强道路货物运输行业管理,建立统一、开放、竞争、有序的道路货物运输市场,保护合法经营,保障道路货物运输经营者及其服务对象的合法权益,维护运输秩序,促进运输事业的发展,国家颁布了《中华人民共和国道路交通安全法》及《中华人民共和国道路运输条例》(见附录 1、附录 2),作为交通运输工作者应严格遵守。

二、汽车货物运输的基本知识

货物是指经由各种运输工具承运的各种原料、材料、商品及其他物件。人们以载货汽车为主要运输工具,通过道路使用货物产生空间位移的生产活动称为汽车货物运输。

汽车道路货物运输是道路运输行业的重要组成部分。随着我国社会主义市场经济的建立,我国国民经济正高速发展,而交通运输业也日新月异,在社会主义现代化建设中充分发挥了"先行官"的作用。

汽车货物运输生产是向运输需求者(用户)提供服务的过程,为了保证货物完整无损地运送到目的地,汽车驾驶员必须掌握各种货物运输的基本知识。

1. 货物运输的特点及要求

(1) 货物运输的特点

货物运输具有以下特点:不需要专门的线路;可实现门到门服务;既可单车运输,也可组队运输,方便、灵活、及时;可以根据所运货物的不同要求,提供不同方式的运输服务;由于受车辆及其他因素的影响,单位运输工具的承运能力有限。

(2)货物运输的基本要求

货物运输的基本要求是:迅速、准确、完整、安全地把货物从起运地送到目的地。

2. 货物运输量

货物运输生产的产品是"位移",衡量社会劳动量的指标是货物的运输量,它包括货运量和货物周转量。

(1)货运量

指被运送货物的数量。即在一定时间内实际运送货物的数量,计量单位以"吨"(英文简写"t")表示。在计算货运量时,不论货运距离的长短或货物种类如何,只要是办理运输手续的,每运送1t即计算1t货运量。

(2)货物周转量

指在一定时间内实际运送货物的质量与其运送里程的乘积。单位:吨·公里(t·km)。货运周转量是衡量货运生产总成绩的指标。

3. 货物的性能

①耐温性。物体在外界温度变化时,不致破坏变质和显著降低其使用价值的能力,称为耐温性。装运耐温性差的货物要采取防热措施。

②耐湿性。物体对水分或潮湿的抵抗能力称为耐湿性。这些货物吸收水分或受潮的结果,会使其成分和性能发生变化。

③脆弱性。物体受到外力冲击及重压时易于破碎或变形,称为脆弱性。运输中除应注意包装外,装卸时应小心轻放,行车时要避免剧烈振动。

④互抵性。两种货物各自具有的性质互相产生有害的作用,称为互抵性。互抵物质严禁混装和混合储存。

⑤易腐性。货物在一般温度和条件下,由于本身的物理或化学变化而迅速腐坏的性质称为易腐性。易腐货物必须及时运送,并采取适当的防腐措施,如用冷藏车运输。

⑥自燃性。物质不与明火接触,由于氧化作用就产生燃烧的性能,称为自燃性。自燃性货物在运输中要注意密封,避免与空气接触。

⑦易燃性。货物本身极易燃烧,且能发出可燃性气体,当与空气混合后接触火星就会产生燃烧的性能,称为易燃性。

⑧腐蚀性。货物能对其他多种货物起腐蚀作用,易伤害人体的性能,称为腐蚀性。

⑨毒害性与放射性。物体含有毒元素或气体,有危害人体健康的性能,称为毒害性。物体能放射出穿透力很强的、对人体伤害很大但感觉器官很难觉察到的射线,称为放射性。

⑩爆炸性。货物经受高温、明火、碰撞时,引起燃烧爆炸的性能,称为爆炸性。具有自燃性、易燃性、腐蚀性、毒害性、爆炸性、放射性的货物,统称为危险货物,在运输中有更严格的规定和要求。

4. 货物的包装及标志

(1)货物的包装

货物包装是指使用适当的材料或容器并采用一定的技术,对货物在流通过程中加以保护的方法或手段,使货物在一般外力作用或自然条件下,避免破坏、变质、损失。

货物的包装通常分为运输包装和销售包装。

运输包装通常称为大包装、外包装,按包装容器可分为箱装、桶装、袋装、筐装、瓶装、捆包、集合包装等。

销售包装常称小包装、内包装。

货物包装要求应满足货物的安全运输。在承运包装货物时,驾驶员应注意下列事项:

①用木箱类作包装箱,不能有破损裂缝或腐烂的木板,箱板上钉的钉子必须紧密牢固,不能露在外面。

②成件捆扎运送的货物,须用绳索、铁丝或铁皮等材料捆扎结实。

③用陶瓷、玻璃等容器运送液体货物时,容器本身不应有裂缝或渗漏痕迹,装入栅箱或箩筐的容器,须用稻草、刨花、锯屑、泡沫、海绵等材料充实,使容器不易晃动。液体桶装货物,应检查桶盖是否严密,桶体有否渗漏。

④易碎货物应装于木箱或其他适用材料的硬包装内,并衬以干草或纸丝、刨花、泡沫、海绵等材料。装货过程中如有可疑时,应摇动货箱,细听有无破碎声。

⑤机器类或铁制品,对其脆弱易碎部分,须垫以防护木板,用绳索扎紧。对危险货物的包装,必须按照危险物运输规则办理。

⑥装车时发现包装外部有湿痕或污迹,表明该物件货物可能已经受潮或污损,必要时应请发货人拆包检查。

凡货物包装不适宜运输,或应有包装而未包装的,均应向托运人耐心解释,建议改善包装后再承运。对包装不良,但不影响装卸和行车安全的货物,在承运或装车时,应由托运人在货物托运单上注明货物包装的不良状态,以明确责任。

(2)货物的标志

在运输过程中,为了避免多种货物互相混淆,并能清楚地表明货物的属性,货物必须有各种标志。货物的标志是指用文字或图案印写在货物内、外包装上的符号。按照性质或用途,货物的标志分以下几种:

①商品标志。此种标志和商标系由商品制造单位制定,烙印或粘贴在货物上,用以说明该货物的名称、特性、种类、型号、成分、功效、外形尺寸及质量等,有些商品标志还带有使用和保护方法的说明、出厂日期、生产制造单位等。

②发送标志。用来说明货物的品名、质量、件数、收发货人、送达地点等,由发货人制作,附在货物外部或直接书写在货物的外包装上。发送标志只适用于货物的本次运输,故其内容应与托运单、货票的记载相符。

③运输标志。由运输承运部门编制,一般包括发站、中转站、到站、发货人、收货人、货物运单号码。同一批货物的总件数和本件的顺序号码等内容,也称为货单,是货物承运、核对、清点、装车及卸交的依据。

④储运标志。储运标志又称运输包装指示标志,由生产单位在货物出厂前按照国家标准统一标印。它是根据货物的特性在储运过程中提出的怕湿、怕热、易碎等特殊要求的标志,如图3-1所示。

⑤危险货物标志。由生产单位在货物出厂前根据国家标准发布的式样标印,如图3-2所示。

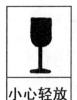

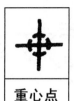

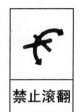

小心轻放
用于标示碰振易碎需轻拿轻放的运输包装件
禁用手钩
用于标示不得使用手钩搬运的运输包装件
向上
用于标示不得倾倒倒置的运输包装件
怕湿
用于标示怕湿的运输包装件
重心点
用于标示运输包装件重心所在处
禁止滚翻
用于标示不得滚动搬运的运输包装件
怕热
用于标示怕热的运输包装件
远离放射源及热源
用于标示需远离放射源及热源的运输包装件
由此吊起
用于标示吊运运输包装件时放链条或绳索的位置
堆码重量极限
用于标示允许最大堆码重量的运输包装件
N
堆码层数极限
用于标示最大堆码层数的运输包装件
湿度极限
用于标示需要控制温度的运输包装件

图 3-1 货物包装储运标志

上述各种标志必须清晰、明显、正确、牢固,所用颜色与货件颜色应有明显区别。

5. 货物的运输品质

货物的运输品质就是货物的运输服务品质。

(1)货物运输品质特性

货物运输品质的基本要求是完整、及时、经济、方便。

完整是指保证货物在承运责任期内,物资数量不减、性能不变、不破损、污损、湿损。及时是指按用户要求及时起运,及时运到,按时准点。方便是指在托运、发货、收货、结算和装卸地点等为托运人提供方便,使承运人感到方便。经济是指合理的经济运输路线,运价低、装卸费用少,以及运输全过程的综合费用经济。

(2)提高货运品质的措施

提高货运品质,营运汽车驾驶员应采取以下措施:

①应服从行车调度和现场人员指挥,按照排定车次装运。

②在装运前,应做好车辆日常维护工作,确保车辆技术状况完好,并了解所装货物的性能、种类、数量、包装等情况。

③装卸货物时,要协助督促工人严格遵守安全操作规程,按货物要求进行装卸。

④装货时应注意查看货物的包装,发现未按规定包装或包装破损,受潮、发热等现象,不应装运,应联系物资单位进行更换、整理、加固包装后再装运。

⑤装运途中,除确保行车安全外,还应经常检查货物捆扎、堆垛情况,防止货物丢失。

⑥卸货时,应先联系收货人交点货物,按指定地点卸货。

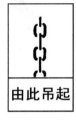

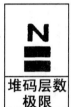

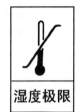

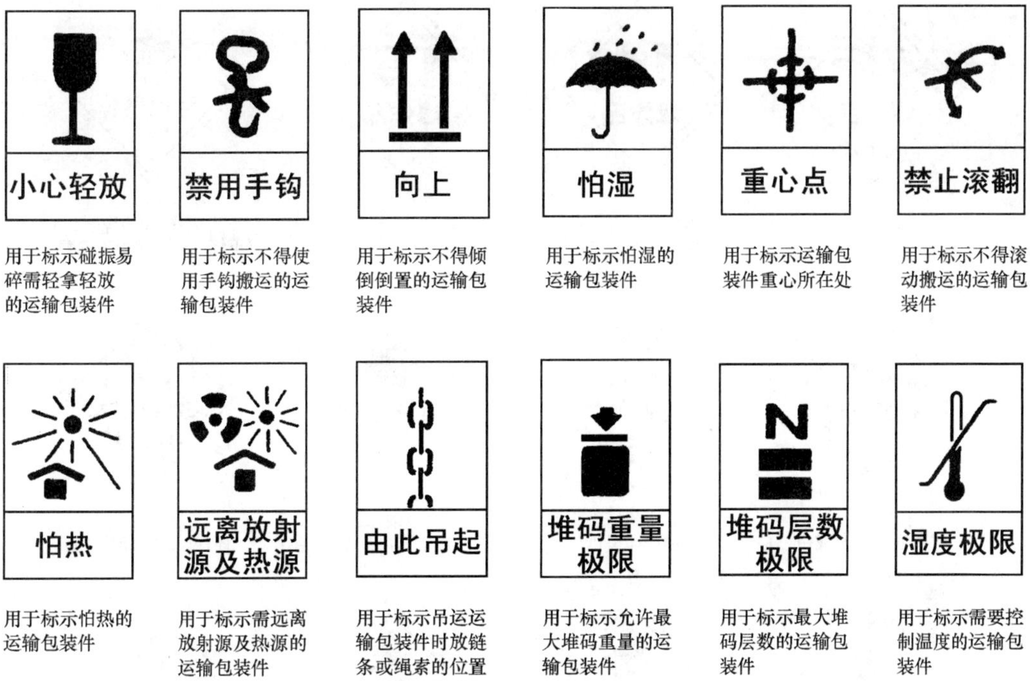

爆炸品标志　　　　　　　　　　　　　　易燃气体标志
(橙红色底印黑色)　　　　　　　　　　(正红色底印黑色或白色)

不燃气体标志　　有毒气标志　　易燃液体标志　　易燃固体标志
(绿色底印黑色或白色)　(白底印黑色)　(正红色底印黑色或白色)　(白色红条底印黑色)

自燃物品标志　　遇湿易燃物品标志　　氧化剂标志　　有机过氧化物标志
(底上白下红印黑色)　(蓝色底印黑色或白色)　(柠檬黄色印黑色)　(柠檬黄色底印黑色)

剧毒品标志　　有毒品标志　　有害品标志　　感染性物品标志
(白底印黑色)　(白底印黑色)　(白底印黑色)　(白底印黑色)

一级放射性物品标志　二级放射性物品标志　三级放射性物品标志　腐蚀品标志　杂类标志
(白底印黑色，附　(上黄下白印黑色，附　(上黄下白印黑色，附　(底上白下黑印上黑下白)　(白底印黑色)
一条红竖条)　　二条红竖条)　　三条红竖条)

图 3-2　汽车运输危险货物包装标志

6. 汽车货运作业程序

公路汽车货运作业基本程序包括货物托运、派车装货、运送与交货、运输统计与结算等内容。

（1）货物托运

货物托运是货主委托运输企业为其运送货物并为此办理相关手续的统称，具体包括托运、承运及验货等项工作环节。办理托运，一般采用书面形式，先由货主填写托运单。托运单是货主（托运方）与运输单位（承运方）之间就货物运输所签订的契约，它由托运方填写约定事项，再由运输单位审核承诺，经运输单位审核并由双方签章，具有法律效力。托运单确定了承运方与托运方在货物运输过程中的权利、义务和责任，是货主托运货物的原始凭证，也是运输单位承运货物的原始依据。根据托运单，货主负责将准备好的货物向运输单位按期按时提交，并按规定的方式支付运费，运输单位则负责及时派车将货物安全运送到托运方指定的卸货地点，交给收货人。

货物承运是指承运方对托运货物进行审核、检查、登记等受理运输业务的工作过程。货物承运自运输单位在托运单上加盖承运章开始，应派人验货，对货物实际情况、数量、质量、包装、标志以及装货现场进行查验。

（2）派车装货

首先由运输单位的调度人员根据承运货物情况和运输车辆情况编制车辆日运行作业计划，全面平衡运力运量及优化车辆运行组织。据此再填发"行车路单"派车去装货地点装货。货物装车时，驾驶员要负责点件交接，保证货物完好无损和计量准确。

车辆装货后，业务人员应根据货物托运单及发货单位的发货清单填制运输货票。运输货票是承运的主要凭证，是一种具有财务性质的票据。它在起票站点是向托运人核收运费、缴纳税款的依据；在运达站点则是与收货人办理货物交付的凭证；而在运输单位内部又是清算运输费用、统计有关运输指标的依据。起票后，驾驶员按调度人员签发的行车路单运送货物。

（3）货物运送与运达交货

车辆在运送货物过程中，一方面调度人员应做好线路车辆运行管理工作，掌握各运输车辆工作进度，及时处理车辆运输过程中临时出现的各类问题，保证车辆日运行作业计划的充分实施；另一方面，驾驶员应及时做好运货途中的行车检查，既要保持货物完好无损，又要保持车辆技术良完好。

货物运达收货地点，应正确办理交付手续和交付货物。整车货物运达时，收货人应及时组织卸货，驾驶员应同时对所卸货物计点清楚。货物交接卸车完毕，收货人应在运输货票上签收，再由驾驶员带回交调度室或业务室。

此外，在货物起运前后如遇特殊原因托运方或承运方需要变更运输时，应及时由承运和托运双方协商处理。为此变更所发生的费用，需按有关规定处理。

（4）运输统计与结算

运输统计，指对已完成的运输任务依据行车路单及运输货票进行有关运输工作指标统计，生成有关统计报表，供运输管理与决策部门使用；运输结算，在运输单位内部而言，是指对驾驶员完成运输任务所应得的工资（包括基本工资与附加工资）收入进行定期结算；在运输单位外部而言,是指对货主进行运杂费结算。而运杂费包括运费与杂费两项费用。运费指按单位运输量的运输价格(即收费标准)及所完成的运输任务数量(运输量)计算的运输费用;杂费,指除运费外所发生的其他费用,主要包括调车费、延滞费、装货落空损失费、车辆货物处置费、装卸费、道路通行费、保管费及变更运输费等。

(5)货运事故处理

货物在承运责任期内,因装卸、运送、保管、交付等作业过程中所发生的货物损坏、变质、误期及数量差错而造成经济损失的,称为货运事故。货运事故发生后应努力做好以下工作:查明原因、落实责任,事故损失由责任方按有关规定计价赔偿;承运与托运双方都应积极采取补救措施,力争减少损失和防止损失继续扩大并做好货运事故记录;若双方对事故处理有争议,应及时提请运输主管部门或运输经济合同管理机关调解处理。

公路汽车货运作业基本程序如图3-3所示。

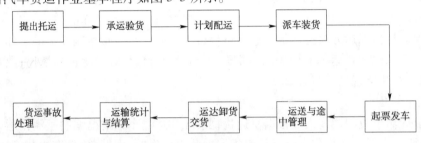

图3-3 公路汽车货运作业基本程序图

三、汽车货物运输形式

1. 普通货物运输

(1)整车运输

凡托运人一次托运货物3 t以上或不足3 t,但其性质、体积、形状需要1辆3 t以上汽车运输的,称为整车货物运输。应托运人要求和道路、装卸条件限制,使用1~3 t汽车运输货物,或虽不属于上述条件限制,由承运人安排3 t以上汽车运输,也视为整车运输。

①整车运输的特点。适宜批量较大、品种繁杂的普通货物"门到门"运输,其生产方式简单、灵活,投入少,是我国道路货运较为普遍的一种汽车直达运输方式。由于整车运输一般采用敞式车,应用范围较为广泛,在工农业生产、基本建设项目以及物流等领域,发挥着交通运输不可缺少的作用。

②整车货物运输的受理。整车货物托运受理,是运输合同签订和履行的开端,随着运输市场的开放,受理方法也灵活多样,其主要有签订运输合同、上门受理、现场受理、驻点受理和电话信函受理等方法。签订运输合同是指争取货主单位纳入合同运输,根据承托双方的运输合同办理运输;上门受理是指组货业务人员上门到货主单位办理货物托运受理;现场受理是指在货物集散地设立临时托运受理处,现场办理受理业务;驻点受理是指在商业繁华区、大型厂矿企业、货物集散地(车站、码头、港口)、大型建筑工地等设点受理;电话、信函受理是指承运人对本地或外地货主单位采用电话、传真、信函(包括电子邮件、微信等)托运,代填运单。

③整车普通货物配载和装卸基本要求。由于普通货物类别多,其性能、包装、体积、质量

各不相同,对运输的要求也不一样。因此,熟知普通货物与汽车运输有关性质和对运输的基本要求,这是搞好整车和零担运输的配载、装卸的重要条件,也是在储运过程中保证货物安全完好的必要条件,也便于货物装卸、搬运、堆垛及理货工作。托运人要针对货物本身特点、性能本着"固有、经济、适用、可行"的原则,分别采用木箱、纸箱、麻袋、筐篓、笼、坛、桶、罐、缸、捆、绑、夹板等各种包装(特殊货物要特殊包装),才能受理承运。

(2)零担货物运输

汽车零担货物是指托运人一次托运计费量不足3000kg的货物,对上述货物的运输称为零担货物运输,装运零担货物的车辆称为零担车。

①零担货物运输的特点。汽车零担货物具有运量零星、流向分散、批量较多、品种杂等特点,加之零担货物性能比较复杂,件包装类货物居多,包装质量也各不相同,有时几批甚至几十批货物才能配装成一零担车装运,因此,零担货运是一项比较细致和复杂的运输。

零担货运具有安全、快速、方便、价廉、服务周到、运送方法多样的特点,但其计划性较差、组货渠道杂、单位运输成本比较高。

②零担货物运输的一般要求。按件托运的零担货物,单件体积一般不小于$0.01m^3$,不大于$1.5m^3$。单件质量一般不超过200kg。货物的长、宽、高度分别不超过3.5m、1.5m、1.3m。一般不予办理零担货物运输的货物有:政府明令规定的禁运、限运的货物,如危险货物、易破损、易污染、易腐烂及鲜活物品等。

③零担货物运输的组织形式。零担车应有固定的班期,固定的运行线路和停靠站点,固定的箱式车型等,它是一种组织率较高、经济效益较好的货运班车。一般有直达零担班车和沿途零担班车2种形式。

直达零担班车是指在起运站将各个托运人托运到同一站,且性质适宜配装的各种零担货物,同车装运至到达站的运输形式。其特点是:送达速度快,避免了中转换装作业,减少了中转费用和换装破损。尤其适用于季节性商品和贵重商品的运输。沿途零担班车在同一线路沿线收发零担货物的运输,其特点是货运量零星,流向分散,但服务面广,适应性强,常用于城乡之间的零担货物运输。

④零担货物配载基本要求。精心组织轻重、大小、长短货物均衡搭配,充分利用车厢空间和装卸负荷巧配满载,并严格执行有关货物混装限制的规定。做到配载货物的品名、件数及到站,与随车同行的零担货物运单和交接清单内容一致,货物实际质量不超过承运车辆的核定吨位。

⑤零担货物装卸基本要求。装车时,承运车辆驾驶员必须会同理货员核单监装。工人装车积载要求:先装直达、后装中转、轻重对搭、重不压轻、大不压小、实不压虚、标志向外、箭头向上。卸车时,承运车辆驾驶员会同理货员核单监卸,逐批念唱到达站名和货物件数,指导工人轻拿轻搬,按流向分库进货位码垛。

(3)集装箱运输

集装箱运输是一种先进的运输方式,是运输现代化的重要组成部分。它节省货物包装、减少货损货差,便于机械化装卸,具有显著的技术经济效果。特别是"门对门"的运输更可以达到高速、高效、安全、优质经济的目的。

集装箱运输是将需运输的货物在出发点就组成具有一定标准体积和质量的集装单元,

保证货物在整个运输过程中不致损失,便于机械化装卸、搬运的一种货物运输形式。

所谓集装单元,就是指将散装或一般的箱装、袋装、捆扎等集装程度较低的货物,按照一定的标准质量或体积,整齐地汇集成一个便于装卸储运的单元。

集装单元的形式一般有集装箱、托盘、集装袋和集装网三大类,集装箱是一种反复使用具有标准化规格,能直接中转换装和便于机械化装卸,具有一定刚度和强度,容积在 1 m^3 以上的集装单元便于货物装满和卸空的大型容器和运载工具,是最常用一种集装单元。

①集装箱运输的特点。集装箱运输是现代化先进的运输方式,具有高速、高效、安全、经济的特点,特别对件货、杂货运输最为适宜,与其他的运输方式相比具有明显的优点。

减少了物资途耗:采用集装箱运输可以实现"门对门"运输,发货单位可事先装箱或箱不落地即可直接装箱,直送收货人仓库,连箱送达或开箱验货。运输过程中如需中转,可连箱带货一起中转,避免了货物中转的搬倒次数,从而减少了货物由于中转而产生的损害所造成的损耗。

节约了包装材料及费用:采用集装箱可以简化甚至取消包装,节约了大量包装材料,减少了包装费用。

提高了装卸效率,加速了车辆周转:实行集装运输,全部装卸可实行机械化,装卸时间短,从而加快了车辆周转。

简化运输交接手续:实行集装箱运输可以简化挂贴票签、按件交接手续,一箱一件凭铅封交付,手续简便,避免了差错。

节约了仓库投资:集装箱本身就是一个流动的仓库,可以露天存放,且运输和装卸不受天气限制。集装箱还可以成叠堆码,占地少,流动方便。

货物运输安全:使用集装箱在货物仓储和运输进程中可以避免失窃、丢失、擦损等,减少了货差货损。

便于联合运输:集装箱的规格是标准统一的,可以在公路、铁路、航运通用,这就使得联运得以实现,同时减少了联运的中间环节。

②集装箱的规格。集装箱按不同的运输条件各有不同的尺寸和结构,其制作材料也不相同。我国对货物集装箱外部尺寸和装载质量制定了 GB 1413—78 等系列国家标准。常用的有 4 种规格:

1AA 型(30t)　　总质量 30480kg,长 12m。
1CC 型(20t)　　总质量 20320kg,长 6m。
10D 型(10t)　　总质量 10000kg,长 4m。
5D 型(5t)　　总质量 5000kg,长 2m。

以上 4 种集装箱的宽和高均为 2.4m 和 2.6m。其中 5D、10D 集装箱主要用于国内运输,1AA、1CC 主要用于国际运输。

③集装箱的货运方式。根据收、发货人以及货流的构成情况,集装箱的货运方式可以分为整箱货运(FCL)和拼箱货运(LCL)两大类。

整箱货运方式类似普通货运中的整车运输,它的交接地点一般在发货人或收货人的仓库内,交接形式凭箱口的铅封,不点件计数。可以实现"门对门"运输。整装集装箱运输一般适用于货流大,且货流集中,中途不停靠站点,直达目的地点整装整卸的场合。

拼装集装箱货运类似普通货运中的零担货运,其交接货地点呈多个站点,在其站点需拆箱装卸货物,按件点交给收货人。这种运输方式不利于实现"门对门"运输,集装箱的承运部门对货差、货损负全部责任。拼装集装箱货运通常适用于货源分散,托运人单件托运量小,运送目的地各不相同的情况。

④集装箱运输的注意事项。集装箱运输是现代化先进的运输形式,但开展集装箱运输,必须满足一定的条件:具有相对集中、稳定、充足的货源,只有这样才能保证集装箱装载质量和容积的利用率,充分发挥集装箱的运输特点;具有满足运输过程各个环节的有关设备,如集装箱、集装箱汽车等;具有健全的组织机构和严密的管理制度;具有一定的道路运输条件,各种运输方式之间有方便、迅速的换装方式、措施等;具有一定的工业生产水平,货物的包装要实现标准化、系列化,以充分利用集装箱的载货容积。

⑤集装箱货物的容积配载。集装箱货运的重要工作之一就是集装箱货物的容积配载工作。主要考虑货物本身的包装和积载方法两方面的因素。

集装箱的载质量和容积能否得到充分利用,与货物本身的包装规格有着很大的关系。货物包装越小,利润率越高。不同外包装的利用率是不尽相同的,包装规格的统一、标准是提高集装箱载质量和容积利用率的重要途径。

采用不同的方法积载集装箱的货物,对集装箱载质量和容积的利用效果就不同。在包装规格既定的情况下,应根据货物的包装规格来确定积载方法,通过货物在集装箱内不同装载方案的比较,找出最佳的积载方法,从而充分提高集装箱载质量和容积的利用率。

(4)甩挂运输

甩挂运输是道路货运规模化、网络化、集约化发展的必然产物,发展甩挂运输是客观规律要求,也是我国节能减排工作中一项重要措施。

①甩挂运输的含义。所谓"甩挂",就是当配送车将满载的集装箱送到目的地时,车头与集装箱可以分离,车头再将另一个集装箱运回,从而减少配送车返程的空载率,并最大限度地节约等候装卸时间。

甩挂运输就是带有动力的机动车将随车拖带的承载装置,包括半挂车、全挂车甚至货车底盘上的货箱甩留目的地后,再拖带其他装满货物的装置返回原地或驶向新的地点。这种一辆带有动力的主车,连续拖带两个以上承载装置的运输方式被称为甩挂运输。狭义上讲,甩挂运输是牵引车拖带半挂车及货物运往某地后卸除半挂车,再换上另一辆半挂车继续运输;广义上讲,甩挂运输是带有动力的机动车将随车拖带的承载装置(半挂车、全挂车、货车底盘上的货箱等)甩留在目的地后,再拖带其他承载装置驶向新的地点。

②甩挂运输的特点。据测算,甩挂运输可以提高车辆运输效率30%以上,降低运输成本30%,可以使汽车燃油消耗量降低20%~30%。甩挂运输作业法在实际应用中体现出如下优势:

一是节省时间。挂车的组织模式消除了牵引车的等待装卸时间,不仅提高了驾驶员工作效率,也最大限度地消除了不同场站装卸效率的差异。

二是提高运力。甩挂运输增加了牵引车的有效运行时间,提高了单车利用率,合理协调了货物运输与装卸时间,提高了车辆运输生产率和货物的流转速度。

三是降低成本。完成同等运输量,可以减少牵引车的数量,降低牵引车的购置费用和运行费用。

四是节能环保。甩挂运输"一带多"的形式,提高了牵引车的工作效率和挂车的吨位利用率,减少了车辆对道路的占用,降低了能源消耗,减少了汽车排放污染。

五是促进多式联运发展。可以促进实现以汽车甩挂运输为基础的铁路驮背运输、水运滚装等方式的联合运输充分发挥各种运输方式的技术经济优势,减少货物装卸作业,提高铁路车辆和轮船的装卸效率。

③甩挂运输对车辆的基本要求。甩挂运输对车辆的基本要求具体包括以下几方面:

一是车辆设计的匹配。规定牵引座、牵引销的安装位置(前后);承载面高度(上下);车轴布置与安装位置等要求,保证质量分配合理、运动不干涉并满足列车的设计与使用性能要求;采用标准化的车厢(货箱)结构与尺寸,适应标准货物托盘的使用、固定,提高货物装载量。

二是安全连接的匹配。要求牵引座、牵引销的机械连接件型号尺寸统一;牵引车与半挂车电器连接形式与规格统一、协调;制动连接器形式与规格统一、协调、可靠;ABS接口形式协调适用;各种连接件的安装位置耦合顺畅、操作便利。保证组成列车后,各种连接的性能优良、安全可靠,确保行车安全。

三是牵引车与半挂车性能的优化匹配。通过优化设计,确保列车有充足的动力储备和良好的燃油经济性,并在列车的制动协调性、行车稳定性、通过性等方面满足行车安全要求。

四是辅助装备的适应性。半挂车支承装置应安全可靠、操作方便;快速接驳辅助工具应使用方便、快捷,通用性好;货物装卸装备应与货物及其包装方式、设施条件相适应且性能优良;采用涵盖车辆、货物、驾驶员以及行车计划在内的,便于甩挂运输调度和货运行业统一管理的电子标签和信息采集、传输技术,满足甩挂运输管理系统的统一要求且有高度的信息安全性、通信有效性、数据准确性、定位准确性等。

2. 特种货物运输

(1)长大笨重货物运输

长大笨重货物是指单件(含因货物性质或托运人要求不能分割拆散的组合件和捆扎件)长度≥6m或高度≥2.7m或宽度≥2.5m或质量≥4t的货物。

①长大笨重货物的特点。长大笨重货物的特点是超长、超高、超宽和笨重。超长货物多半是钢材、竹、木或其他制品,例如钢梁、钢管、元钢、工字钢、钢板、轻轨、行车架、打桩机、原木、毛竹、水泥电杆、铝材长料等到,宜采用加长、大型货车或半挂货车等车辆运输。超高、超宽货物多半是钢铁制品,如立式车床、锻压机、变压器、大型锅炉、化工合成塔以及桥梁、工程设备构件等,通常采用大型平板汽车列车运输。笨重货物是等于或超过4t以上的货物,常见有建筑和施工机械,如推土机、挖掘机、压路机,以及大型金属铸件和机器设备等,可用半挂货车或大型平板汽车列车运输。

②长大笨重货物的装载。长大笨重货物装车后,必须用垫木、铅丝或钢丝缆绳固定牢固,以防滑动。货物长度超过车身时(如钢材、钢板等),应在后栏板用坚固方木垫高或前低后高状;对于圆柱体及易于滚动的货物,如卷钢,轧辊等,必须使用座架或凹木加固;货物超出车身的尾部须白天插红旗,夜间悬挂红灯,以利于车辆行驶交通安全。对于超高、长大、笨重的货物,以确保通行,事前应对沿途桥涵或渡口进行勘察,制订有效措施以防不测;运输时

需有托运人配备电工,携带应用材料、工具随车护送,必要时还需请有关部门协同在前引道开路,以便排除障碍,顺利通行和提示过往车辆注意。

③运送。由于长大笨重的货物的外形尺寸较大,给运输带来了较大的难度,在运输过程中就必须综合考虑货物、运输工具、装卸条件、道路、桥梁等情况,从而达到安全运送的目的。

运送长大笨重货物必须掌握下列情况:

全面了解货物情况:了解货物的尺寸长宽高,货物的实际质量及形状,货物的质心位置,装运中是否有特殊要求,可否卧倒装运等。

察看装运场地及设备:察看附近有否电缆、水管、电话线、煤气管道、沟管及其他地下建筑物,车辆能否进入装卸场地,现场是否适合机械装卸。

综合考虑运输路线情况:对承运路线的道路和桥梁的宽度、弯道半径、承载能力以及其他车辆的流通情况,必须进行充分的调查研究。

只有对上述情况进行了全面了解,并综合分析以后,才能开始承运。

由于长大笨重货物在运输中占据的空间较大,会影响其他车辆的运行,所以承运长大笨重货物的车辆,既要考虑自身车辆的安全运行,同时也应考虑不能给其他车辆的运行造成困难。在运送长大笨重货物时,驾驶员应注意以下事项:运送长大笨重货物前,须请公路及有关部门在沿途和现场作技术指导,必要时还要对桥梁加固,以确保安全运行;运送长大笨重货物时,须经公安、公路管理部门审查批准,发给准运证,并按规定的路线和时间行驶;运输中要悬挂明显的标志,以引起其他车辆和行人的注意,标志要悬挂在货物超限时的末端,白天悬挂红旗,夜晚悬挂红灯;特殊超高的货物,要有专门车辆在前引路,以便排除障碍,顺利通行;驾驶员要集中精力,谨慎驾驶,密切注意运行情况,利用灯光、喇叭、广播等配合运输。

(2)鲜活、易腐货物运输

鲜活货物指在运输过程中,需采取特殊措施(保鲜、通气等),并需在限定运输期限内运抵的货物。易腐货物是指在运输过程中,必须保持一定低温,以防止腐坏、变质的货物。

①鲜活、易腐货物的特点。需有人随车押运照料。如运输兽、畜、蜜蜂、鱼、虾等活动物,需有人在运输途中添加饲料、加水、换水、注氧气等。可用一般敞式货车(装运耕牛或生猪时,不能使用全铁底板车厢的货车),或经适当改装的专用车、高栏板车等运输。

对温度的要求不同。运送肉类的温度要低,蛋类温度要适中,水果、蔬菜或鲜花均怕热又怕冷,如苹果和梨要保持 -4℃,香蕉要保持零上 12～14℃等。运输此类货物适宜使用冷藏车、保温车;对于要保持零度以上温度的货物,可采取加盖保温材料或采用封闭车厢车辆运输。

季节性强、货流波动幅度大。如水果主要产于夏季与秋季,海洋水产有冬汛和春汛期,鲜蛋的运输旺季在 4～6 月,蔬菜的运输旺季在 11 月至次年的 5 月等。由于各地自然条件不同和气候变化不一样,往往影响这些物资产量,使货流产生波动。

②运输鲜活、易腐货物须注意事项。托运鲜活货物,应提供最长运输期限及途中管理、照料事宜的说明书,有关部门提供的动植物检疫证明和准运手续,对于运输途中需要饲养和照料的动、植物,托运人必须派人押运。对于易腐需冷藏保温的货物,托运人应提供货物的冷藏温度和在一定时间的保持温度。鲜活、易腐货物原则上用专车专运,不得与其他货物混装。

对装载水果、蔬菜、鲜活植物等,各货物之间应保留一定的间隙,使空气能在货件间充分流动。车厢底板最好有底格,装货时应使货件与车壁留有适当空隙,以便使经由车壁和底板传入车内的热量,可以由空气吸收而不至直接影响货物。至于易腐货物,除冷冻货物应采用紧密堆码不留空隙(使货物本身积蓄的冷量不易散失),对本身不发热的某些冷却货物(如冷冻鱼虾),虽可采用紧密堆码法,但应防止过分紧压,以免损坏物体,影响质量。对于活口动物,如牛、马需用绳索拴牢在高栏板内,禽、兽及其他小动物须用集装笼或专用工具,固定在车厢内,保持平衡、妥当。

对鲜活货物应运送及时,运行中不得随意紧急制动,并配合押运人员定时停车照料。易腐货物要快速运输,压缩货物在途中时间,以保障货运质量。

(3)贵重货物运输

贵重货物指在运输过程中承运人须承担较大经济责任的货物。

①贵重货物的特点。货物本身价值昂贵,如货币及有价证券、贵重金属、精密仪器、高档电器、珍贵艺术品等,在运输、装卸、保管中要特别注意安全,做好防范工作,谨防货损货差。

②运输贵重货物的注意事项。托运贵重货物,托运人按货物实际价值,自行选择保险或保价的一种,在运单上准确填写投保货物的声明价格。贵重货物包装必须完好、牢固,一张运单托运的件货,凡不具备同品名、同规格、同包装的,应提交物品的清单;对国家或地方政府规定禁运、限运以及需办理准运证明的,托运人应随同运单提交有关部门的文件或证明,方能受理。为确保贵重货物运输安全,托运人应对物品属性以及运输、装卸、保管注意事项和运抵时间期限等提出特约要求,以利承运人重视。整批量大的贵重货物,原则上实行整车运送,安排适宜货物载运的、性能良好的货车或专用车直达运输;小批量零星贵重货物,拼装零担运输的应在运单上盖有"贵重货物"戳记,便于承运前、到达后的车站稳妥装卸和保管。

贵重货物装载必须做到轻搬、轻装,大不压小、重不压轻,标志朝外、箭头向上;货物间积载稳妥,不留空隙,质量分布均衡;严禁超高、超载,油布捆扎牢固,谨防湿损。

为确保货物安全,贵重货物应尽可能实行快运,超长运距应配备双班驾驶员,日夜兼程。途中定时检查车厢和油布,运行中不得随意紧急制动。

(4)易碎货物运输

易碎货物也称脆弱货物。指在运输过程中怕振动和易破碎的货物。

①常见易碎货物的种类及特点。主要是玻璃及其制品、陶瓷品及石棉瓦等。随着城乡人民生活水平的提高和市场日益繁荣,易碎货物的运输日趋增加,如常见瓶酒、酱菜、调味品、化妆品以及炊具、洁具等品种繁多,它们都具有不耐碰击、机械强度低等特性,在运输时,要采取相应措施。

②承运易碎品货物注意事项。易碎品货物要求包装牢固,物品衬垫材料充实,不易晃动、挤压;对于无包装的货物,须有夹板、紧绳紧固防护。原则上,易碎货物应采用整车运输,须拼装的零星货物,不得与怕湿、怕热以及易燃、易吸收的、易污染的物品混装;积载时小心轻放,注意标志,严禁滚翻、重压。运送易碎品货物时,行驶速度要匀速,不得紧急制动,避免剧烈振动。

(5)危险货物运输

近几年来,我国每年通过道路运输的危险货物超过2亿吨,道路危险货物运输的品种越来越多,危险特性越来越复杂,危险程度越来越高。

①危险货物的定义。《危险货物分类和品名编号》(GB 6944—2012)将危险货物定义为:具有爆炸、易燃、毒害、感染、腐蚀、放射性等危险特性,在运输、储存、生产、经营、使用和处置中,容易造成人身伤亡、财产损毁或环境污染而需要特别防护的物质和物品。

危险货物的定义包含性质、危险后果及特殊防护三方面的要求。一是具有爆炸、易燃、毒害、感染、腐蚀、放射性等危险特性。这非常具体地指明危险货物本身所具有的特殊性质,是造成火灾、灼伤、中毒等事故的先决条件。二是容易造成人身伤亡、财产损毁或环境污染。这指出危险货物在一定条件下,由于受热、明火、摩擦、振动、撞击、洒漏或与性质相抵触物品接触等,发生化学变化所产生的危害效应。不仅是货物本身遭到损失,更严重的是危及人身安全、破坏周围环境。三是在运输、储存、生产、经营、使用和处置中需要特别防护。特别防护不仅是一般运输普通货物必须做到的轻拿轻放、谨防明火,而且是要针对各种危险货物本身的特性所必须采取的特别防护措施。如,有的爆炸品需添加抑制剂,有的有机过氧化物需控制环境温度。危险品的包装和配载都有特定的要求。以上三个要求,缺一则不成危险货物。

②危险货物的分类。《危险货物分类和品名编号》(GB 6944—2012)将危险货物按其主要特性和运输要求分为9类,并规定了各类危险货物的定义或划分标准。

第1类:爆炸品。本类货物系指在外界作用下(如受热、撞击等),能发生剧烈的化学反应,瞬时产生大量的气体和热量,使周围压力急剧上升,发生爆炸,对周围环境造成破坏的物品,也包括无整体爆炸危险,但具有燃烧、抛射及较小爆炸危险,或仅产生热、光、音响或烟雾等一种或几种作用的烟火物品。常见的爆炸品有:火药、炸药及起爆药;火工品及引信;烟花爆竹。

第2类:气体。本类货物包括压缩气体、液化气体、溶解气体和冷冻液化气体、一种或多种气体与一种或多种其他类别物质的蒸汽的混合物、充有气体的物品和烟雾剂,并应符合下述两种情况之一者:在50℃时蒸气压力大于300kPa的物质;温度在20℃时,在101.3kPa标准压力下完全是气态的物质。常见的气体有压缩氧、压缩氢、氯、无水氨、溶解乙炔等。

第3类:易燃液体。在其闪点温度时放出易燃蒸气的液体或液体混合物,或是在溶液或悬浮液中含有固体的液体;还包括在温度等于或高于其闪点的条件下提交运输的液体,或以液态在高温条件下运输或提交运输、并在温度等于或低于最高运输温度下放出易燃蒸气的物质。常见的易燃液体有苯、二硫化碳、汽油等。

第4类:易燃固体、易于自燃的物质、遇水放出易燃气体的物质。常见的易燃固体、易于自燃的物质、遇水放出易燃气体的物质有硫、白磷或黄磷、钾钠等碱金属。

第5类:氧化物质和有机过氧化物。常见的有硝酸钾、氯酸钾。

第6类:毒性物质和感染性物质。常见的有:氢氰酸、氰化钡、氰化钾及氰化钠等氰化物;砷、砷粉及其化合物;发动机燃油抗爆剂混合物(四乙基铅)。

第7类:放射性物质。本项物质是指含有放射性核素且其放射性活度和总活度都分别超过GB 11806—2004规定的限值的物质。

第8类:腐蚀性物质。本类货物系指能通过化学作用使生物组织接触时会造成严重损伤,或在渗漏时会造成严重损害甚至毁坏其他货物或运载工具的物质。常见的腐蚀性物质有硫酸、硝酸、氢氯酸(盐酸)等。

第9类：杂项危险物质和物品,包括危害环境物质。本项货物是指具有其他类别未包括的危险的物质和物品,具有磁性、麻醉、毒害或其他类似性质。常见的有磁化材料、固态二氧化碳(干冰)等。

③危险货物运输的有关规定。为规范道路危险货物运输市场秩序,保障人民生命财产安全,保护环境,维护道路危险货物运输各方当事人的合法权益,根据《中华人民共和国道路运输条例》和《危险化学品安全管理条例》等有关法律、行政法规,交通运输部制定了《道路危险货物运输管理规定》,自2013年7月1日起施行。从事道路危险货物运输活动的,应当遵守以下有关规定。

危险货物托运人应当委托具有道路危险货物运输资质的企业承运,严格按照国家有关规定包装,并向承运人说明危险货物的品名、数量、危害、应急措施等情况。需要添加抑制剂或者稳定剂的,应当按照规定添加。托运危险化学品的还应提交与托运的危险化学品完全一致的安全技术说明书和安全标签。

道路危险货物运输企业或者单位,应当严格按照道路运输管理机构决定的许可事项从事道路危险货物运输活动,不得转让、出租道路危险货物运输许可证件。严禁非经营性道路危险货物运输单位从事道路危险货物运输经营活动。

不得使用罐式专用车辆或者运输有毒、腐蚀性危险货物的专用车辆运输普通货物。其他专用车辆可以从事食品、生活用品、药品、医疗器具以外的普通货物运输活动,但应当对专用车辆进行消除危险处理,确保不对普通货物造成污染、损害。危险货物不得与普通货物混装。专用车辆应当按照国家标准《道路运输危险货物车辆标志》(GB13392)的要求悬挂标志。

专用车辆应当根据所运危险货物的性质配备必需的应急处理器材和安全防护设施设备。

法律、行政法规规定的限运、凭证运输货物,道路危险货物运输企业或者单位应当按照有关规定办理相关运输手续。法律、行政法规规定托运人必须办理有关手续后方可运输的危险货物,道路危险货物运输企业应当查验有关手续齐全有效后方可承运。

道路危险货物运输企业或者单位,应当采取必要措施,防止危险货物脱落、扬散、丢失以及燃烧、爆炸、辐射、泄漏等。

道路危险货物运输企业或者单位,应当聘用具有相应从业资格证的驾驶人员、装卸管理人员和押运人员。驾驶人员、装卸管理人员和押运人员上岗时,应当随身携带从业资格证。

道路危险货物运输企业或者单位在运输危险货物时,应当遵守有关部门关于危险货物运输线路、时间、速度方面的有关规定。

道路危险货物运输途中,驾驶人员不得随意停车。因住宿或者发生影响正常运输的情况需要较长时间停车的,驾驶人员、押运人员应当设置警戒带,并采取相应的安全防范措施。运输剧毒化学品或者易制爆危险化学品需要较长时间停车的,驾驶人员或者押运人员应当向当地公安机关报告。

道路危险货物运输企业或者单位应当加强安全生产管理,配备专职安全管理人员,制定突发事件应急预案,严格落实各项安全制度。

在危险货物运输过程中发生燃烧、爆炸、污染、中毒或者被盗、丢失、流散、泄漏等事故,驾驶人员、押运人员应当立即根据应急预案和《道路运输危险货物安全卡》的要求采取应急处置措施,并向事故发生地公安部门、交通运输主管部门和本运输企业或者单位报告。运输企业或者单位接到事故报告后,应当按照本单位危险货物应急预案组织救援,并向事故发生地安全生产监督管理部门和环境保护、卫生主管部门报告。

在危险货物装卸、保管、贮存过程中,应当根据危险货物的性质和保管要求,轻装轻卸,分区存放,堆码整齐,防止混杂、撒漏、破损,不得与普通货物混合存放。

道路危险货物运输企业或者单位应当要求驾驶人员和押运人员在运输危险货物时,严格遵守有关部门关于危险货物运输线路、时间、速度方面的有关规定,并遵守有关部门关于剧毒、爆炸危险品道路运输车辆在重大节假日通行高速公路的相关规定。

道路危险货物运输企业或者单位应当通过卫星定位监控平台或者监控终端及时纠正和处理超速行驶、疲劳驾驶、不按规定线路行驶等违法违规驾驶行为。

模块2 汽车旅客运输

一、汽车旅客运输法规

为加强汽车旅客运输的组织管理,明确经营者与旅客的权利、义务,维护正常的运输程序,满足人民群众的旅行需要,根据国家政策、法规及公路运输的有关法规,交通部于1988年1月26日颁布了《汽车旅客运输规则》(以下简称《客规》)。

1.《客规》的适用范围

凡从事营业性班车客运、旅游客运、出租车客运、包车客运、行包运输、客运服务等汽车客运的单位和个人以及旅客,均须遵守本规则。

2. 汽车旅客运输基本条件

汽车旅客运输的基本条件是对客运经营者具备的能力、资格、道路旅客运输的服务设施、运输设备等方面的基本要求。

(1)对客运经营者的要求

①必须符合《道路旅客运输业户开业技术经济条件(试行)》的有关规定,到当地运输管理部门办理有关手续,取得合法资格后方准予参加营业性汽车客运。

②汽车客运的站方应积极组织客源,做好站务工作;运方应根据客流及其变化规律,及时提供完好车辆。站、运双方必须密切配合,科学安排班次,合理调派车辆,提供优质服务,维护运输秩序,共同做好旅客运输工作。

(2)对客车的要求

①营运客车必须经车辆管理部门审验合格;保持良好的技术状况,制动、转向系统以及灯光、喇叭、门窗、座椅、行李架(舱)、绳网、雨布符合使用要求;车内备有票价表和旅客意见簿;车外装置与营运方式、种类相符的标志,客运班车悬挂有效的班车路牌、旅游车悬挂标志牌、出租车安装出租车标志灯。

②必须具备与其营业方式、种类、范围相适应的营运客车。营运客车分普通客车、中级

客车、高级客车3类。每类分大型、中型、小型3种。

（3）对车站的要求

①车站设置应布局合理，便于旅客集散和换乘，有利于旅客运输事业的发展。

②班车客运车站，划分为一、二、三、四、五级车站和简易车站。站级的划分和建设，按中华人民共和国交通部2004年颁布的标准（JT/T 200—2004）《汽车客运站级别划分和建设要求》执行。

③各级客运车站都应设置售票处、候车区、厕所；配备时钟、座椅，供应饮用水，公布班次时刻表、里程票价表、营运线路图、旅客须知，张贴禁运、限运物品宣传图，设置旅客意见簿、旅客留言牌、公告栏等，并根据当地需要配备御寒降温设施。各级客运站都应配有危险品检查员，负责查堵危险品。招呼站要设置清晰醒目的站牌。

④一、二级客运车站除具备一般车站的设施外，其售票厅、候车室、行包房、小件寄存处要分设，并设置问询服务处、值班站长室、民警值班室、广播室和公用电话等。

⑤客运车站内外应经常保持整洁卫生，窗明地净，通风良好，各项服务设施醒目有效。

（4）对客运人员的要求

客车驾驶员必须持有相应准驾车型的驾驶证和从业资格证书。乘务人员应具备一定业务知识。

3. 汽车旅客运输合同

（1）汽车旅客运输合同的种类

根据运输方式的不同，公路汽车旅客运输合同可分为普通客运合同、直达客运合同、城乡公共客运合同、旅游客运合同及包车合同等不同形式。根据《旅客运输规则》规定，汽车旅客运送合同分为班车客运、旅游客运、出租车客运和包车客运合同四种。

①班车客运合同。班车客运合同是指旅客与班车客运经营者订立的运送合同。班车客运经营指客运经营者定点、定线进行的旅客运送经营。班车客运实行"强制缔约"，即对符合规定的旅客购买车票的订立合同的要约，客运经营者不得拒绝。

②旅游客运合同。旅游客运合同指旅客客运经营者与旅游旅客之间订立的运输合同。旅游客运是指以运送旅游者游览观光为目的，其路线必须有一端位于名胜古迹、风景区等旅游点的一种营运方式。

③出租车客运合同。出租车客运合同是指出租车客运经营者与旅客订立的运输合同。出租车客运指以轿车、小型客车为主，根据用户（旅客）要求的时间和地点行驶、上下及等待，按里程或时间计费的一种营运方式。

④包车客运合同。包车客运合同是指运送人与用户将客车全部包给用户（旅客），在用户的指示下进行运输的合同。包车客运是旅客运输的一种营运方式，其特点是运送人遵照用户的指示进行运输，或按行驶里程或按包用时间收取运费。

（2）汽车旅客运输合同的主要形式

车票是汽车旅客运输合同的主要形式，是汽车旅客运输凭证，对车票的使用和管理有以下要求：

①汽车客运经营者必须使用交通主管部门统一规定的客票和收费凭证，任何单位和个人不得私自印制和伪造。

②车票必须由经营者凭经营许可证按规定的程序,向所在地运政机构申领,自行对外结算,并按月向运政机构报送使用情况,不准转让或作价出卖客票。

③车票按不同营运方式分为班车客票、旅游客票、出租客票和包车票。汽车旅客运输合同成立的时间以客运经营者售出车票为准。旅客只要付出乘运费用,获取车票,旅客运输合同即告生效,旅客就有权按车票规定的日期、车次、座别乘车,客运经营者就有义务按车票规定内容出车、运行。车票属无记名票据,车票并不记载或签注旅客的姓名,因此在乘车前合法转让车票或代购车票是允许的。但旅客一经上车,车票就不得转让他人,旅客中途终止旅行,客票即行失效。

(3)汽车旅客运输合同的履行

汽车旅客运输合同一经成立,当事人应认真履行各自的义务,客运人的主要义务是:

①按时将旅客和行包安全运送目的地;

②应给旅客提供必要的方便;

③途中遇到非常情况或发生事故,应尽力抢救;

④免费运送旅客携带的1.2m以下儿童1名,免费运送旅客携带10kg以下的物品;

⑤执行防汛、抢险、救灾等紧急任务的人员,以及新闻记者、革命残废军人持证明可优先购票,其中残废军人凭《革命残废军人抚恤证》购买半价优待票。

(4)汽车旅客运输合同的变更或解除。

汽车旅客运输合同的变更或解除,应具备法定条件和履行法定手续。变更旅客运输合同的形式是旅客向公路承运人提出签证改乘,经公路承运人同意签证后,合同变更成立,当事人双方应当按照变更后的合同履行各自的义务。

班车客运的变更:

①旅客不能按票面指定的日期、车次乘车时,可在该班车开车2小时前办理签证改乘,改乘以一次为限。开车前2小时内不办理签证改乘,可作退票处理,并核收退票费。

②旅客要求越站乘车,事先声明并经驾乘人员同意,补收加乘区段票款。如果不事先声明的,其越乘区段按无票乘车处理。

③旅客退票应于规定开车时间2小时前办理,最迟在开车后1小时内办理。开车1小时后,不办理退票;车上发售的客票和签证改乘的客票不办理退票;属承运人责任造成的退票,不收退票费。

④班车在发车站停开、延期或改变车型,应公告通知。旅客要求退票,应退还全部票款;旅客要求改乘他次班车,由车站签证改乘,改变车型应退补票价差额。班车因故停止运行,车站应协助旅客联系解决食、宿,费用由旅客自理。

⑤因班车中途发生故障,车站应迅速派车接运,接运车辆类别如果有变更,票价差额不退补。

⑥因路线阻滞,班车必须改道行驶时,票价按改道实际里程计收。按改道里程发售客票后,如果班车恢复原路线行驶,发车前由始发站将票价差额退还旅客。班车行至途中临时需要改线或绕道,票价差额不退不补。如果不能继续行驶,旅客愿意在停车点或返回途中停止旅行,都退还原票价款,补收已乘区段票款;要求返回原乘车站时,免费送回,并退还全部票款;如果愿意在被阻地等候乘车,由站、车人员在车票上签证,凭此继续乘车。凡因班车停开和改道运行所发生的退票,均不收退票费。

旅游客运的变更:提供旅游综合服务的旅游客运,退票须在开车前办理,并核收退票费;无旅游综合服务的旅游客运,退票按班车退票办理;旅客中途终止旅游的,不予退票。

4. 客车营运规则

为满足旅客不同层次、不同要求的旅行需要,汽车客运分为班车客运、旅游客运、出租车客运和包车客运4种方式。

(1)班车客运规则

①按指定车站、时间进入车位,装运行包,检票上车,正点发车,严禁提前发车。

②为了保证行车安全和旅客的舒适性,班车一般不允许超载。但在道路条件较好的情况下,车内通道未安装活动座椅的客运车辆可按规定增载。

③班车客运必须按规定的线路、站点和时间运行、停靠。班车客运线路实行分级管理,逐级审批制度,跨省班车线路需在途经第三省区域配客时,还应征得途经省运管部门同意。

(2)旅游客运、出租车客运规则

旅游汽车客运、出租车客运规则及经营许可需符合有关规定。

(3)包车客运规则

用户包车一般应事先向运输经营者预约,并填写"汽车旅客运输包车预约书",办理包车手续;包车必须使用包车票,不得使用其他票种;包车在用户包用期间,要服从用户的合理安排,保证车辆正常使用;包车变更应事先与对方协商。运输经营者自行变更车型或未按约定时间供车者,按违约或延迟供车处理。包车一律使用车籍地省级运政机构核发的省际、市际客运线路标志牌。

5. 汽车旅客运价

汽车旅客运输按不同客运种类、不同客车类型、不同营运方式、不同级别路线,实行不同的运价。汽车旅客运价和其他收费,按照2009年交通运输部、国家发展和改革委员会颁布的《汽车运价规则》有关规定和各省、自治区、直辖市核定的运价费率执行。

6. 旅客运输责任

在汽车旅客运输过程中,旅客应按有关的道路交通运输规则、规定,文明乘车。承运人应用相应的车辆把旅客按规定的线路、班次、站点,安全、正点送到目的地。如果承运人或旅客任何一方不按规定履行应尽的义务,就会引起客运纠纷、商务事故,产生旅客运输责任。

(1)旅客运输责任

旅客运输责任是指客运经营者、车站、旅客在汽车旅客运输中发生违约、违规行为而承受的法律后果。在汽车旅客运输中,有可能发生旅客漏乘、误乘,旅客行包丢失、损坏,旅客人身伤亡,车站设施、客车设备损坏以及旅客无票或持无效客票,旅客携带危险品等各类违约或违规行为事实。对此,依法确定其责任者,并让其承受违规、违约制裁,对于维护正常公路运输秩序,保护旅客、车站、客运经营者的合法权益,预防和减少违规违约现象都能起到重要作用。

(2)旅客运输责任的划分

车站责任:由于车站在发售客票中填错发车日期、班次、开车时间,造成旅客误乘或漏乘的;由于检票、发车、填写路单失误,造成旅客误乘、漏乘的;由于在车站保管、装卸、交接过程中,造成旅客寄存物品或托运行包损坏、丢失或错运的;由于不按时检票或不及时接车,造成班车晚点运行的;由于站方原因发生的其他问题。

承运方责任:因客车技术状况或装备的问题,造成旅客人身伤害及行包损坏、丢失的;因驾驶员违章行驶或操作,造成人身伤害及行包损坏、丢失的;因驾驶员擅自改变运行计划,如提前开车、绕道行驶或越站、致使旅客漏乘等造成的直接损失;在行车途中发生托运包丢失、损坏的;不按运行计划或合同向车站提供完好车辆,使班车停开、缺班的;由于运方原因发生的其他问题。

旅客责任:旅客无票、持无效票或不符合规定的客票乘车的;隐瞒酒醉、恶性传染病乘车造成污染、危及其他旅客的;夹带危险品或其他政策禁运物品进站、上车、托运的;损坏车站设备或造成其他旅客伤害的;自理行包和随身携带物品丢失、损坏的;客车中途停靠不按时上车造成漏乘、错乘的;旅客乘车途中自身病害造成的伤亡和损失;由于旅客原因发生的其他问题。

不属经营者的责任:被有关部门查获处理的物品;行包包装完好无异,而内部缺损、变质;旅客自行看管的物品非经营者造成的损坏;不可抗力。

(3)旅客运输违规违约的处理规则

①站方、运方违规违约的处理规则。凡因车站、运方责任造成旅客误乘、漏乘,行包损坏、丢失,旅客人身伤害的,按下列规定处理:旅客误乘、漏乘,由发车站以时间最近一次班车将旅客送至原车票指定的到达站;误、漏乘旅客的其他直接经济损失,由责任方赔偿,赔偿金额最多不超过其车票价款的100%;旅客托运行包丢失、损坏,由责任方全部退还托运人;旅客人身伤害经济损失的,由责任方处理;车站、运方之间因违反合同规定,造成对方经济损失的,由责任方按合同规定支付违约金、赔偿金。

②旅客违规违约的处理规则。旅客不遵守乘车规定,实施了违规、违约行为,应按以下规定处理:旅客无票、持无效票或不符合规定的客票乘车的,由该旅客除补交由始发站至到达站全程客票价款外,并处以票价100%的罚款;损坏车站设施和客车设备的,由损坏者按实际损失赔偿;旅客在小件物品或行包中藏匿禁运物品,视情节轻重处以30元以下罚款。

③违规违约的处理机构及程序。班车客运在发车站发生违约事实由始发站负责处理;运行途中发生的,由就近站负责;到站后发生的,由到达站负责处理。旅客运输过程中发生事故后,车站或运方应做好记录,受损方在事故发生之日起90天内,向责任方提出赔偿要求,责任方应在接到赔偿要求10天内偿付,逾期偿付的,每延迟一日加付5%滞纳金。违规违约引起的纠纷可由当事人自行协商解决,也可向当地交通主管部门申请调解,也可向人民法院提起诉讼。

为了加强汽车旅客运输行业管理,建立统一、开放、竞争、有序的汽车旅客运输市场,保护合法经营,保障汽车旅客运输经营者及其服务对象的合法权益,维护运输秩序,促进运输事业的发展,交通部1986年制定了《公路运输管理暂行条例》、1995年制定了《省级道路旅客运输管理办法》、1996年制定了《交通行政处罚程序规定》、1998年制定了《道路运输行政处罚规定》和《高速公路旅客运输管理规定》,国务院2004年实施了《道路交通安全法》等法规,作为汽车旅客营运驾驶员应认真学习,严格遵守。

二、旅客运输的基本知识

汽车旅客运输是指人们使用运输工具——汽车,通过道路使旅客实现有目的位移,简称汽车客运,其服务对象是旅客。客运生产就是向旅客提供服务的过程。

汽车旅客运输的服务对象是人,因此对汽车旅客运输的基本要求是品质要求和数量要求,而品质要求尤其重要。数量要求主要是道路客运车辆和设施与客运需求相适应,品质要求是保证客运过程中旅客的安全、方便、及时、舒适。为保证旅客运输的品质,客运驾驶员必须掌握旅客运输的基本知识。

1. 汽车客运的特点

汽车客运与其他客运方式相比,具有其自身独特的特点,主要表现在:客运线路密集度高、营运区域广;客运不受地理环境的限制,对道路、气候环境的适应性强;机动、灵活、方便,可实现门到门的直达运输;客运的方式多种多样,可以满足多种客运需求;投资少、见效快,设备更新容易,有利于技术进步。

2. 旅客运输量

旅客运输作为一种生产活动,其社会劳动量的衡量指标是汽车旅客运输量,它包括客运量和旅客周转量。

客运量是在一定时间内实际运送旅客的数量,计量单位以"人次"表示。它主要作为办理运输手续的依据。旅客周转量是在一定时间内实际运送的旅客数量与运送里程数的乘积,其计量单位以"人·公里"表示,它主要作为客运生产量的指标。

3. 客运运输作业程序

公路汽车客运作业基本程序包括发售客票、行包受理、候车服务、客车准备、组织乘车与发车、客车运送、客车到达、交付行包及其他服务作业等内容。如图3-4所示。

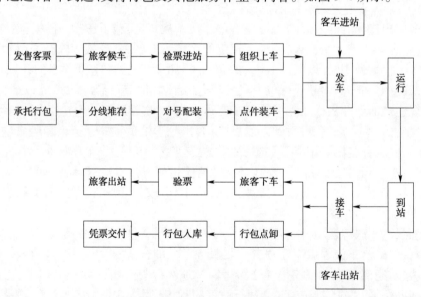

图3-4 公路汽车客运作业基本程序示意图

①发售客票。车票是乘车票据的总称,是旅客和客运经营者发生供求关系的依据,也是旅客支付票价和乘车的凭证。客票发售方式通常有固定窗口售票、车上售票、电话或互联网订票及候车室内流动售票等。

②行包受理托运。行包运输是旅客运输的重要组成部分。旅客在旅行过程中为了生活

和工作的需要,常需随带一些生产或生活用品,这些物品是否安全、及时运送,直接关系到旅客的切身利益。因此,确保行包的安全无损和准确及时地运送目的地,是行包运输工作组织的基本要求。

③候车服务。是公路汽车客运站作业中的重要环节。良好的候车服务工作将有助于客运工作有序地进行。候车服务工作要求做到候车室清洁卫生,为旅客提供必需的饮水供应、候车坐椅及有关旅行所需资料,如客运班次表、客运线路分布图、票价表、中转换乘其他交通工具时刻表及交通常识等。客流量较大的客运站还须设立讯问处和小件物品寄存处等。

④组织乘车与发车。首先由站务人员和行车人员对进站待运客车进行车厢清理,防止无票人员或携带违禁品人员上车;然后由站务人员按售出车票的座位号组织旅客排队、顺序检票、排队上车、对号入座。旅客上车入座后,由站务人员或乘务人员报清本次班车的终点站、中途停靠站、途中用餐与住宿站点以及预计到达时间等;检查是否有误乘旅客并及时予以纠正;最后正确填写行车路单中的有关事项,交客车驾驶员。若一切发车准备工作就绪,即由车站发出发车指令,客运班车正点发车。

⑤客车到达。班车到站,站务人员与行车人员办理接车手续,指引车辆停放,向旅客通报站名,检验车票、照顾旅客下车,准确点清并向旅客交付行包,同时处理其他临时遇到的问题。如果是中途站,尚需组织本站旅客上车后继续运行;如果是终到站,则客运车辆经清扫或检查后入库停放或继续执行下一车次的客运任务。

4. 旅客运输品质

旅客运输部门的服务对象是人。旅客运输工作是为人民服务的工作,必须提高运输品质,全心全意为旅客服务。

旅客运输品质的基本要求是:安全、及时、经济、方便、舒适、文明。

安全是旅客运输品质的首要特性。它包括旅客、行人和驾驶员等的人身安全,以及货物、行包的完整,车辆的运行安全。

及时是旅客运输品质的时间特性。它包括三个方面的要求:一是根据旅客需要及时地提供运输服务;二是准时将旅客送达目的地;三是在保证安全前提下尽量缩短运输时间。

经济是运输品质的经济特性,就是为旅客提供相对合理、价廉的运输服务。

方便就是为旅客提供各种便利,要求运输服务周到。

舒适主要指旅客在购票、候车和乘车的过程中,身心感到舒适的程度。

文明是服务过程中精神需求的品质特性,它主要体现在乘车、候车环境及驾驶员和乘务员的仪表、谈吐、服务水平。

三、汽车旅客运输形式

"客运",是指以旅客为运输对象,以汽车为主要运输工具实施的有目的的旅客空间位移的运输活动。

客运包括班车客运、出租车客运、旅游客运、包车客运四种形式。

1. 班车客运

班车客运是指以道路和站点为基础,在城市与城市,城市与乡村、乡村与乡村之间的中、长距离的线路运输,其基本特征是使用大中型客车,有规定的停车站点、规定的行驶线路、规定的发车班次、规定的发车时间,这是道路客运中最主要和最基本的运输方式。

(1) 班车客运的运行

班车运行是否规范,直接关系到运输品质,也影响其他经营者的经营利益,因此,班车运行必须遵守有关规定:

①班车必须按规定的线路、站点(包括食宿点)和时间运行、停靠。

②班车必须按指定车站和时间进入车位装运行包,检票上客,正点发车,严禁提前发车。

③班车到站后,按指定车位停放,及时向车站办理行包和其他事宜的交接手续。

④班车在始发站停开、晚点或变更车辆类别时,应及时公告。旅客因此要求退票,应退还全部票款,不收退票费。变更车辆类别,应退还或补收票价差额。班车途中发生故障,客运经营者应迅速派相同或相近类别车辆接运。接运车辆如有变更,票价差额概不退补。

⑤线路阻滞,班车必须改道行驶时,票价按改道实际里程计收。按改道里程发售客票后,如班车恢复原路线行驶,发车前由始发站将票价差额退还旅客。

⑥班车行驶途中临时需要改线或绕道,票价差额不退不补。

(2) 班车客运驾驶员的文明服务规范

班车客运特别是中长途班车客运,乘客多、运送路途远、运行时间长,驾驶员应为乘客做好以下工作:

①准时将车开到指定站台,做好乘客上车准备,并与站台服务人员取得联系。

②乘客上完车及装完行包后,根据路单与车站站务人员共同检查乘客人数及行李装卸情况,以免漏乘或发生差错。

③乘客上车后,利用发车前的时间向乘客说明本次班车的班次,沿途停靠站、终点站,发车时间、到达时间及旅客不得夹带危险物品乘车等行车安全注意事项。

④对汽车作最后的检查,从车站值班人员处接过行车路单,待车站发出信号后,关严车门,起步行车。

⑤在车辆运行途中,驾驶员要做到车未停稳不得打开车门,车门未关好不得起步行驶。同是要注意车内旅客的动向,提醒乘客不要将头、手等部位伸出窗外,以免发生意外。

⑥沿途行车,应每隔2h左右休息一次,打开车门让乘客下车散步及入厕,重新开车前,应认真清查人数。

⑦乘客在车上发生急病或意外伤害时,应迅速送往医院进行救护,并及时报告有关部门。

⑧班车进站或到站,应按车站指定位置或选找适当位置停车,将路单、交接清单等交给车站值班人员,由车站负责乘客上下。重新开车时,应接过路单或交接清单,了解乘客上下情况,若有问题应向站方及时提出。

同时作为从事班车客运的驾驶员,还必须遵守以下规定:

①按批准的线路、站点、班次营运,不得脱班、改线行驶,不得在市内和其他禁停车的地段随意停靠,不得擅自转让营运权。

②不得采用任何不正当的手段招揽旅客。

③主动依据有关法律缴纳税款和有关的费用,定期报送有关统计资料和报表。

④对旅客的安全和生命财产负责。

⑤不得超出规定的标准载运旅客和货物。

2. 出租车客运

出租车客运是指以轿车、小型客车为主要运输工具,按乘客意愿呼叫、停歇、上下、等待,按里程或时间计费的一种区域性旅客运输,是包车客运的一种特殊形式。

(1) 出租车客运的特点

不受定线、定班、定时的限制,经营上机动灵活;营运时间长,同时又方便旅客要车,方便旅客的出行需要;载客人数较少;营运成本高,因此运输价格也比较高。

(2) 出租汽车的要车方式

电话预约、乘客上停车场或营业站要车、预约登记要车(通常指用车前4h以上)、沿途招手停车、打车软件约车等。沿途招手要车是最方便、采用最多的乘客要车方式。

沿途招手要车的方式方便了乘客,也有利于提高服务品质,是一种简单、灵活、方便的要车方式。出租车驾驶员遇招手要车时,对下列情况,不要呼应:

①在有隔离设施的路上;
②在交叉路口、桥梁、人行横道、导向线、车站及有禁止停车的地方;
③在道路狭窄、交通拥挤,容易堵车的路段;
④在车道上招手要车;
⑤在一切影响安全和正常交通的地方。

滴滴出行,是一款免费打车平台,称为手机"打车神器"。目前,滴滴已从出租车打车软件,成长为涵盖出租车、专车、快车、顺风车、代驾及大巴等多项业务在内的一站式出行平台。"滴滴出行"改变了传统打车方式,建立培养出大移动互联网时代下引领的用户现代化出行方式。其利用移动互联网特点,将线上与线下相融合,从打车初始阶段到下车使用线上支付车费,画出一个乘客与驾驶员紧密相连的闭环,最大限度优化乘客打车体验,改变传统出租车驾驶员等客方式,让驾驶员根据乘客目的地按意愿"接单",节约驾驶员与乘客沟通成本,降低空驶率,最大化节省驾乘双方资源与时间。

(3) 出租汽车的文明服务规范

出租汽车驾驶员必须树立安全优质、诚信无欺、礼貌热情、遵纪守法的服务宗旨,在营运服务时,必须做到:

①遵纪守法,合法经营,严禁利用出租汽车运载赃物、违禁物品和进行流氓、赌博等犯罪活动;
②机动车辆行驶证、驾驶证、营运证等证件齐全;
③坚持文明开车,礼貌待客,助人为乐;服务要主动、热情、耐心、周到,乘客用车,先请上车,后问去向,不得拒载和强行拉客;
④主动为乘客解决困难,准确回答乘客提出的问题;乘客上下车时,主动开启车门,帮助乘客提拿行李,老弱病残乘车应搀扶上下;
⑤主动为乘客解决困难,准确回答乘客提出的问题;
⑥遵守营业市场秩序,服从公安、交通、工商、物价的管理;发现违法犯罪分子或有违法犯罪嫌疑的人应及时报告公安部门;
⑦按乘客指定的目的地选择经济路线行驶,不得故意绕行;
⑧必须使用计价器并按计价器显示数额收费,并给予专用票据,不得向乘客索要小费或物品;

⑨约时不误,安全正点。车辆行驶中车速度均匀、平稳、安全;
⑩等候乘客时人不离车,客人放在车上的物品应妥善保管,遗忘车上的物品及时返还。
(4)出租车的营运收费
出租车的运价包括的项目一般有车公里价、基价公里、起租费、等候费、深夜用车费、空驶费、回空费等服务费。过渡费、过桥费、过路费等,虽不属运价范畴,但一般在营运结束时与车费一并向乘客收取。

凡经营出租汽车客运业务者,都必须使用由出租汽车管理机关和税务机关统一核定、印制的"出租汽车统一车费发票";驾驶员领取的定额和非定额的车费发票均只限领取人使用,不得互相调换、转借;统一车费发票必须逐本依照编号顺序使用,不准倒号、跳号,不准两本交替使用;固定线路的出租车须在上车时给车费发票,非定线车应在下车时按运价标准或计价器显示金额付给车费发票;不准不给、拒给乘客发票,不得将车费发票移作他用。

3. 旅游客运

旅游客运是以运送旅游者游览观光为目的,其线路必须有一端位于名胜古迹、风景区等旅游点的一种营运方式。

(1)旅游客运的特点

运送的旅客是旅游者;开行线路的起讫地一方必须是旅游区;以观光为主,中途停靠点和时间服从旅游计划的安排;大多数情况是往返包车;车辆舒适性能较高,适宜旅游休闲。

(2)旅游客运的分类

按营运方式不同,可分为旅游班车、区域旅游车和旅游包车。

旅游班车的形式与班车客运相同,实行定线、定班、定时、定价、定载容量,其区别:一是旅游班车的一端必须是风景区;二是乘客可以随车返回;三是线路一端组客。

区域旅游车在风景旅游区开行,没有固定线路和班次,在确定的区域内,根据旅游客流的变化,灵活地安排车辆。

旅游包车是按照用户要求的线路、景点、时间,运送团体旅客,并停靠等待的旅游客运。

(3)旅游客车的运行

旅游客运线路审批程序与班车客运相同,同时还需办理旅游客运线路或区域的申报手续。旅游客运经营者在开展经营活动中,必须按照交通部颁布的《出租汽车旅游汽车客运管理规定》中的要求进行。

(4)旅游客运驾驶员的文明服务规范

驾驶员应注意穿着整齐,举止文明,保持车容及内部整洁,并准时将车开至出发点,等待旅游者上车。如果车上配备导游,应服从导游安排。在规定的停靠点要按要求停车,驾驶员不要离开车辆。在规定的开车时间内,要清点人员,防止漏乘,必要时可适当延长开车时间。对地势险要的地点,驾驶员应协助导游告诫游客注意安全。游客发生意外事件,要积极承担应尽的义务,为其提供服务。

4. 包车客运

包车客运是指以运送团体旅客为目的,将7座以上(不含7座)客车包租给客户安排使用,提供驾驶劳务,与客户签订包车合同,按照约定的起始地、目的地和路线行驶,按行驶里程或包用时间计费并统一支付费用的一种客运方式。

（1）包车客运的特点

①与班车客运相比,其接洽方式、开行线路、开车停车地点、开车停车时间、乘车对象、运费结算不同。包车的服务对象是团体为主,行驶路线、乘车时间、地点、途中停止,由用户选择确定,费用结算是一车一票或多车一票。

②与出租车相比都采用不定班、不定线,按用户要求行驶,按里程或时间计费,而包车的主要区别是在车型上不同。

③与旅游客运相似,但其线路一端不限于是风景区。

④包车客运的需求不稳定,随机性强。

（2）包车客运的运行

根据包车客运的特点,包车客运必须注意以下问题：

①受理包车客运业务时,应要求用户填写包车预约书,确定双方的权利、义务,避免发生运输纠纷。

②包车必须使用包车票、包车行车路单,不得使用其他票种。

③班车客运企业承接包车客运业务的,首先必须保证班车的正常运行,不得停开班车从事包车业务。

④用户要求变更使用包车时间、地点或取消包车,须在使用前办理变更手续。

⑤包车应按规定填写使用包车标志牌。

（3）包车客运驾驶员的服务规范

进行包车客运时,驾驶员应注意以下事项：

①出车前,应了解包车的具体单位、包车时间、行驶里程、联系人等,准时将车开到指定地点,做好载客准备。

②与包车单位联系人联系,了解包车单位的具体要求和行车计划,以便相互配合。

③为掌握好包车收费,驾驶员应了解包车费用以及在执行包车任务中准确记录行车情况,包车计费方法应及时向用车单位讲明。

④行车中发生意外情况,应根据用车单位的意见及时处理,同时报告本单位。

⑤任务完成后,要及时将车开回车场,向调度室报告执行任务情况。

附录 1

中华人民共和国道路交通安全法

（2011 年 4 月 22 日第二次修正）

第一章 总 则

第一条 为了维护道路交通秩序,预防和减少交通事故,保护人身安全,保护公民、法人和其他组织的财产安全及其他合法权益,提高通行效率,制定本法。

第二条 中华人民共和国境内的车辆驾驶人、行人、乘车人以及与道路交通活动有关的单位和个人,都应当遵守本法。

第三条 道路交通安全工作,应当遵循依法管理、方便群众的原则,保障道路交通有序、安全、畅通。

第四条 各级人民政府应当保障道路交通安全管理工作与经济建设和社会发展相适应。

县级以上地方各级人民政府应当适应道路交通发展的需要,依据道路交通安全法律、法规和国家有关政策,制定道路交通安全管理规划,并组织实施。

第五条 国务院公安部门负责全国道路交通安全管理工作。县级以上地方各级人民政府公安机关交通管理部门负责本行政区域内的道路交通安全管理工作。

县级以上各级人民政府交通、建设管理部门依据各自职责,负责有关的道路交通工作。

第六条 各级人民政府应当经常进行道路交通安全教育,提高公民的道路交通安全意识。

公安机关交通管理部门及其交通警察执行职务时,应当加强道路交通安全法律、法规的宣传,并模范遵守道路交通安全法律、法规。

机关、部队、企业事业单位、社会团体以及其他组织,应当对本单位的人员进行道路交通安全教育。

教育行政部门、学校应当将道路交通安全教育纳入法制教育的内容。

新闻、出版、广播、电视等有关单位,有进行道路交通安全教育的义务。

第七条 对道路交通安全管理工作,应当加强科学研究,推广、使用先进的管理方法、技术、设备。

第二章 车辆和驾驶人

第一节 机动车、非机动车

第八条 国家对机动车实行登记制度。机动车经公安机关交通管理部门登记后,方可上道路行驶。尚未登记的机动车,需要临时上道路行驶的,应当取得临时通行牌证。

第九条 申请机动车登记,应当提交以下证明、凭证:

(一)机动车所有人的身份证明;

(二)机动车来历证明;

(三)机动车整车出厂合格证明或者进口机动车进口凭证;

(四)车辆购置税的完税证明或者免税凭证;

(五)法律、行政法规规定应当在机动车登记时提交的其他证明、凭证。

公安机关交通管理部门应当自受理申请之日起五个工作日内完成机动车登记审查工作,对符合前款规定条件的,应当发放机动车登记证书、号牌和行驶证;对不符合前款规定条件的,应当向申请人说明不予登记的理由。

公安机关交通管理部门以外的任何单位或者个人不得发放机动车号牌或者要求机动车悬挂其他号牌,本法另有规定的除外。

机动车登记证书、号牌、行驶证的式样由国务院公安部门规定并监制。

第十条 准予登记的机动车应当符合机动车国家安全技术标准。申请机动车登记时,应当接受对该机动车的安全技术检验。但是,经国家机动车产品主管部门依据机动车国家安全技术标准认定的企业生产的机动车型,该车型的新车在出厂时经检验符合机动车国家安全技术标准,获得检验合格证的,免予安全技术检验。

第十一条 驾驶机动车上道路行驶,应当悬挂机动车号牌,放置检验合格标志、保险标志,并随车携带机动车行驶证。

机动车号牌应当按照规定悬挂并保持清晰、完整,不得故意遮挡、污损。

任何单位和个人不得收缴、扣留机动车号牌。

第十二条 有下列情形之一的,应当办理相应的登记:

(一)机动车所有权发生转移的;

(二)机动车登记内容变更的;

(三)机动车用作抵押的;

(四)机动车报废的。

第十三条 对登记后上道路行驶的机动车,应当依照法律、行政法规的规定,根据车辆用途、载客载货数量、使用年限等不同情况,定期进行安全技术检验。对提供机动车行驶证和机动车第三者责任强制保险单的,机动车安全技术检验机构应当予以检验,任何单位不得附加其他条件。对符合机动车国家安全技术标准的,公安机关交通管理部门应当发给检验合格标志。

对机动车的安全技术检验实行社会化。具体办法由国务院规定。

机动车安全技术检验实行社会化的地方,任何单位不得要求机动车到指定的场所进行检验。

公安机关交通管理部门、机动车安全技术检验机构不得要求机动车到指定的场所进行维修、保养。

机动车安全技术检验机构对机动车检验收取费用,应当严格执行国务院价格主管部门核定的收费标准。

第十四条 国家实行机动车强制报废制度,根据机动车的安全技术状况和不同用途,规定不同的报废标准。

应当报废的机动车必须及时办理注销登记。

达到报废标准的机动车不得上道路行驶。报废的大型客、货车及其他营运车辆应当在公安机关交通管理部门的监督下解体。

第十五条 警车、消防车、救护车、工程救险车应当按照规定喷涂标志图案,安装警报器、标志灯具。其他机动车不得喷涂、安装、使用上述车辆专用的或者与其相类似的标志图案、警报器或者标志灯具。

警车、消防车、救护车、工程救险车应当严格按照规定的用途和条件使用。

公路监督检查的专用车辆,应当依照公路法的规定,设置统一的标志和示警灯。

第十六条 任何单位或者个人不得有下列行为:

(一)拼装机动车或者擅自改变机动车已登记的结构、构造或者特征;

(二)改变机动车型号、发动机号、车架号或者车辆识别代号;

(三)伪造、变造或者使用伪造、变造的机动车登记证书、号牌、行驶证、检验合格标志、保险标志;

(四)使用其他机动车的登记证书、号牌、行驶证、检验合格标志、保险标志。

第十七条 国家实行机动车第三者责任强制保险制度,设立道路交通事故社会救助基金。具体办法由国务院规定。

第十八条 依法应当登记的非机动车,经公安机关交通管理部门登记后,方可上道路行驶。

依法应当登记的非机动车的种类,由省、自治区、直辖市人民政府根据当地实际情况规定。

非机动车的外形尺寸、质量、制动器、车铃和夜间反光装置,应当符合非机动车安全技术标准。

第二节 机动车驾驶人

第十九条 驾驶机动车,应当依法取得机动车驾驶证。

申请机动车驾驶证,应当符合国务院公安部门规定的驾驶许可条件;经考试合格后,由公安机关交通管理部门发给相应类别的机动车驾驶证。

持有境外机动车驾驶证的人,符合国务院公安部门规定的驾驶许可条件,经公安机关交通管理部门考核合格的,可以发给中国的机动车驾驶证。

驾驶人应当按照驾驶证载明的准驾车型驾驶机动车;驾驶机动车时,应当随身携带机动车驾驶证。

公安机关交通管理部门以外的任何单位或者个人,不得收缴、扣留机动车驾驶证。

第二十条 机动车的驾驶培训实行社会化,由交通主管部门对驾驶培训学校、驾驶培训班实行资格管理,其中专门的拖拉机驾驶培训学校、驾驶培训班由农业(农业机械)主管部门实行资格管理。

驾驶培训学校、驾驶培训班应当严格按照国家有关规定,对学员进行道路交通安全法律、法规、驾驶技能的培训,确保培训质量。

任何国家机关以及驾驶培训和考试主管部门不得举办或者参与举办驾驶培训学校、驾驶培训班。

第二十一条 驾驶人驾驶机动车上道路行驶前,应当对机动车的安全技术性能进行认真检查;不得驾驶安全设施不全或者机件不符合技术标准等具有安全隐患的机动车。

第二十二条 机动车驾驶人应当遵守道路交通安全法律、法规的规定,按照操作规范安全驾驶、文明驾驶。

饮酒、服用国家管制的精神药品或者麻醉药品,或者患有妨碍安全驾驶机动车的疾病,或者过度疲劳影响安全驾驶的,不得驾驶机动车。

任何人不得强迫、指使、纵容驾驶人违反道路交通安全法律、法规和机动车安全驾驶要求驾驶机动车。

第二十三条 公安机关交通管理部门依照法律、行政法规的规定,定期对机动车驾驶证实施审验。

第二十四条 公安机关交通管理部门对机动车驾驶人违反道路交通安全法律、法规的行为,除依法给予行政处罚外,实行累积记分制度。公安机关交通管理部门对累积记分达到规定分值的机动车驾驶人,扣留机动车驾驶证,对其进行道路交通安全法律、法规教育,重新考试;考试合格的,发还其机动车驾驶证。

对遵守道路交通安全法律、法规,在一年内无累积记分的机动车驾驶人,可以延长机动车驾驶证的审验期。具体办法由国务院公安部门规定。

第三章 道路通行条件

第二十五条 全国实行统一的道路交通信号。

交通信号包括交通信号灯、交通标志、交通标线和交通警察的指挥。

交通信号灯、交通标志、交通标线的设置应当符合道路交通安全、畅通的要求和国家标准,并保持清晰、醒目、准确、完好。

根据通行需要,应当及时增设、调换、更新道路交通信号。增设、调换、更新限制性的道路交通信号,应当提前向社会公告,广泛进行宣传。

第二十六条 交通信号灯由红灯、绿灯、黄灯组成。红灯表示禁止通行,绿灯表示准许通行,黄灯表示警示。

第二十七条 铁路与道路平面交叉的道口,应当设置警示灯、警示标志或者安全防护设施。无人看守的铁路道口,应当在距道口一定距离处设置警示标志。

第二十八条 任何单位和个人不得擅自设置、移动、占用、损毁交通信号灯、交通标志、交通标线。

道路两侧及隔离带上种植的树木或者其他植物,设置的广告牌、管线等,应当与交通设施保持必要的距离,不得遮挡路灯、交通信号灯、交通标志,不得妨碍安全视距,不得影响通行。

第二十九条 道路、停车场和道路配套设施的规划、设计、建设,应当符合道路交通安全、畅通的要求,并根据交通需求及时调整。

公安机关交通管理部门发现已经投入使用的道路存在交通事故频发路段,或者停车场、道路配套设施存在交通安全严重隐患的,应当及时向当地人民政府报告,并提出防范交通事故、消除隐患的建议,当地人民政府应当及时做出处理决定。

第三十条 道路出现坍塌、坑槽、水毁、隆起等损毁或者交通信号灯、交通标志、交通标线等交通设施损毁、灭失的,道路、交通设施的养护部门或者管理部门应当设置警示标志并及时修复。

公安机关交通管理部门发现前款情形,危及交通安全,尚未设置警示标志的,应当及时采取安全措施,疏导交通,并通知道路、交通设施的养护部门或者管理部门。

第三十一条　未经许可,任何单位和个人不得占用道路从事非交通活动。

第三十二条　因工程建设需要占用、挖掘道路,或者跨越、穿越道路架设、增设管线设施,应当事先征得道路主管部门的同意;影响交通安全的,还应当征得公安机关交通管理部门的同意。

施工作业单位应当在经批准的路段和时间内施工作业,并在距离施工作业地点来车方向安全距离处设置明显的安全警示标志,采取防护措施;施工作业完毕,应当迅速清除道路上的障碍物,消除安全隐患,经道路主管部门和公安机关交通管理部门验收合格,符合通行要求后,方可恢复通行。

对未中断交通的施工作业道路,公安机关交通管理部门应当加强交通安全监督检查,维护道路交通秩序。

第三十三条　新建、改建、扩建的公共建筑、商业街区、居住区、大(中)型建筑等,应当配建、增建停车场;停车泊位不足的,应当及时改建或者扩建;投入使用的停车场不得擅自停止使用或者改作他用。

在城市道路范围内,在不影响行人、车辆通行的情况下,政府有关部门可以施划停车泊位。

第三十四条　学校、幼儿园、医院、养老院门前的道路没有行人过街设施的,应当施划人行横道线,设置提示标志。

城市主要道路的人行道,应当按照规划设置盲道。盲道的设置应当符合国家标准。

第四章　道路通行规定

第一节　一般规定

第三十五条　机动车、非机动车实行右侧通行。

第三十六条　根据道路条件和通行需要,道路划分为机动车道、非机动车道和人行道的,机动车、非机动车、行人实行分道通行。没有划分机动车道、非机动车道和人行道的,机动车在道路中间通行,非机动车和行人在道路两侧通行。

第三十七条　道路划设专用车道的,在专用车道内,只准许规定的车辆通行,其他车辆不得进入专用车道内行驶。

第三十八条　车辆、行人应当按照交通信号通行;遇有交通警察现场指挥时,应当按照交通警察的指挥通行;在没有交通信号的道路上,应当在确保安全、畅通的原则下通行。

第三十九条　公安机关交通管理部门根据道路和交通流量的具体情况,可以对机动车、非机动车、行人采取疏导、限制通行、禁止通行等措施。遇有大型群众性活动、大范围施工等情况,需要采取限制交通的措施,或者做出与公众的道路交通活动直接有关的决定,应当提前向社会公告。

第四十条　遇有自然灾害、恶劣气象条件或者重大交通事故等严重影响交通安全的情形,采取其他措施难以保证交通安全时,公安机关交通管理部门可以实行交通管制。

第四十一条 有关道路通行的其他具体规定,由国务院规定。

第二节 机动车通行规定

第四十二条 机动车上道路行驶,不得超过限速标志标明的最高时速。在没有限速标志的路段,应当保持安全车速。

夜间行驶或者在容易发生危险的路段行驶,以及遇有沙尘、冰雹、雨、雪、雾、结冰等气象条件时,应当降低行驶速度。

第四十三条 同车道行驶的机动车,后车应当与前车保持足以采取紧急制动措施的安全距离。有下列情形之一的,不得超车:

(一)前车正在左转弯、掉头、超车的;

(二)与对面来车有会车可能的;

(三)前车为执行紧急任务的警车、消防车、救护车、工程救险车的;

(四)行经铁路道口、交叉路口、窄桥、弯道、陡坡、隧道、人行横道、市区交通流量大的路段等没有超车条件的。

第四十四条 机动车通过交叉路口,应当按照交通信号灯、交通标志、交通标线或者交通警察的指挥通过;通过没有交通信号灯、交通标志、交通标线或者交通警察指挥的交叉路口时,应当减速慢行,并让行人和优先通行的车辆先行。

第四十五条 机动车遇有前方车辆停车排队等候或者缓慢行驶时,不得借道超车或者占用对面车道,不得穿插等候的车辆。

在车道减少的路段、路口,或者在没有交通信号灯、交通标志、交通标线或者交通警察指挥的交叉路口遇到停车排队等候或者缓慢行驶时,机动车应当依次交替通行。

第四十六条 机动车通过铁路道口时,应当按照交通信号或者管理人员的指挥通行;没有交通信号或者管理人员的,应当减速或者停车,在确认安全后通过。

第四十七条 机动车行经人行横道时,应当减速行驶;遇行人正在通过人行横道,应当停车让行。

机动车行经没有交通信号的道路时,遇行人横过道路,应当避让。

第四十八条 机动车载物应当符合核定的载质量,严禁超载;载物的长、宽、高不得违反装载要求,不得遗洒、飘散载运物。

机动车运载超限的不可解体的物品,影响交通安全的,应当按照公安机关交通管理部门指定的时间、路线、速度行驶,悬挂明显标志。在公路上运载超限的不可解体的物品,并应当依照公路法的规定执行。

机动车载运爆炸物品、易燃易爆化学物品以及剧毒、放射性等危险物品,应当经公安机关批准后,按指定的时间、路线、速度行驶,悬挂警示标志并采取必要的安全措施。

第四十九条 机动车载人不得超过核定的人数,客运机动车不得违反规定载货。

第五十条 禁止货运机动车载客。

货运机动车需要附载作业人员的,应当设置保护作业人员的安全措施。

第五十一条 机动车行驶时,驾驶人、乘坐人员应当按规定使用安全带,摩托车驾驶人及乘坐人员应当按规定戴安全头盔。

第五十二条 机动车在道路上发生故障,需要停车排除故障时,驾驶人应当立即开启危险报警闪光灯,将机动车移至不妨碍交通的地方停放;难以移动的,应当持续开启危险报警闪光灯,并在来车方向设置警告标志等措施扩大示警距离,必要时迅速报警。

第五十三条 警车、消防车、救护车、工程救险车执行紧急任务时,可以使用警报器、标志灯具;在确保安全的前提下,不受行驶路线、行驶方向、行驶速度和信号灯的限制,其他车辆和行人应当让行。

警车、消防车、救护车、工程救险车非执行紧急任务时,不得使用警报器、标志灯具,不享有前款规定的道路优先通行权。

第五十四条 道路养护车辆、工程作业车进行作业时,在不影响过往车辆通行的前提下,其行驶路线和方向不受交通标志、标线限制,过往车辆和人员应当注意避让。

洒水车、清扫车等机动车应当按照安全作业标准作业;在不影响其他车辆通行的情况下,可以不受车辆分道行驶的限制,但是不得逆向行驶。

第五十五条 高速公路、大中城市中心城区内的道路,禁止拖拉机通行。其他禁止拖拉机通行的道路,由省、自治区、直辖市人民政府根据当地实际情况规定。

在允许拖拉机通行的道路上,拖拉机可以从事货运,但是不得用于载人。

第五十六条 机动车应当在规定地点停放。禁止在人行道上停放机动车;但是,依照本法第三十三条规定施划的停车泊位除外。

在道路上临时停车的,不得妨碍其他车辆和行人通行。

第三节 非机动车通行规定

第五十七条 驾驶非机动车在道路上行驶应当遵守有关交通安全的规定。非机动车应当在非机动车道内行驶;在没有非机动车道的道路上,应当靠车行道的右侧行驶。

第五十八条 残疾人机动轮椅车、电动自行车在非机动车道内行驶时,最高时速不得超过十五公里。

第五十九条 非机动车应当在规定地点停放。未设停放地点的,非机动车停放不得妨碍其他车辆和行人通行。

第六十条 驾驭畜力车,应当使用驯服的牲畜;驾驭畜力车横过道路时,驾驭人应当下车牵引牲畜;驾驭人离开车辆时,应当拴系牲畜。

第四节 行人和乘车人通行规定

第六十一条 行人应当在人行道内行走,没有人行道的靠路边行走。

第六十二条 行人通过路口或者横过道路,应当走人行横道或者过街设施;通过有交通信号灯的人行横道,应当按照交通信号灯指示通行;通过没有交通信号灯、人行横道的路口,或者在没有过街设施的路段横过道路,应当在确认安全后通过。

第六十三条 行人不得跨越、倚坐道路隔离设施,不得扒车、强行拦车或者实施妨碍道路交通安全的其他行为。

第六十四条 学龄前儿童以及不能辨认或者不能控制自己行为的精神疾病患者、智力障碍者在道路上通行,应当由其监护人、监护人委托的人或者对其负有管理、保护职责的人带领。

盲人在道路上通行,应当使用盲杖或者采取其他导盲手段,车辆应当避让盲人。

第六十五条 行人通过铁路道口时,应当按照交通信号或者管理人员的指挥通行;没有交通信号和管理人员的,应当在确认无火车驶临后,迅速通过。

第六十六条 乘车人不得携带易燃易爆等危险物品,不得向车外抛洒物品,不得有影响驾驶人安全驾驶的行为。

第五节 高速公路的特别规定

第六十七条 行人、非机动车、拖拉机、轮式专用机械车、铰接式客车、全挂拖斗车以及其他设计最高时速低于七十公里的机动车,不得进入高速公路。高速公路限速标志标明的最高时速不得超过一百二十公里。

第六十八条 机动车在高速公路上发生故障时,应当依照本法第五十二条的有关规定办理;但是,警告标志应当设置在故障车来车方向一百五十米以外,车上人员应当迅速转移到右侧路肩上或者应急车道内,并且迅速报警。

机动车在高速公路上发生故障或者交通事故,无法正常行驶的,应当由救援车、清障车拖曳、牵引。

第六十九条 任何单位、个人不得在高速公路上拦截检查行驶的车辆,公安机关的人民警察依法执行紧急公务除外。

第五章 交通事故处理

第七十条 在道路上发生交通事故,车辆驾驶人应当立即停车,保护现场;造成人身伤亡的,车辆驾驶人应当立即抢救受伤人员,并迅速报告执勤的交通警察或者公安机关交通管理部门。因抢救受伤人员变动现场的,应当标明位置。乘车人、过往车辆驾驶人、过往行人应当予以协助。

在道路上发生交通事故,未造成人身伤亡,当事人对事实及成因无争议的,可以即行撤离现场,恢复交通,自行协商处理损害赔偿事宜;不即行撤离现场的,应当迅速报告执勤的交通警察或者公安机关交通管理部门。

在道路上发生交通事故,仅造成轻微财产损失,并且基本事实清楚的,当事人应当先撤离现场再进行协商处理。

第七十一条 车辆发生交通事故后逃逸的,事故现场目击人员和其他知情人员应当向公安机关交通管理部门或者交通警察举报。举报属实的,公安机关交通管理部门应当给予奖励。

第七十二条 公安机关交通管理部门接到交通事故报警后,应当立即派交通警察赶赴现场,先组织抢救受伤人员,并采取措施,尽快恢复交通。

交通警察应当对交通事故现场进行勘验、检查,收集证据;因收集证据的需要,可以扣留事故车辆,但是应当妥善保管,以备核查。

对当事人的生理、精神状况等专业性较强的检验,公安机关交通管理部门应当委托专门机构进行鉴定。鉴定结论应当由鉴定人签名。

第七十三条 公安机关交通管理部门应当根据交通事故现场勘验、检查、调查情况和有关的检验、鉴定结论,及时制作交通事故认定书,作为处理交通事故的证据。交通事故认定书应当载明交通事故的基本事实、成因和当事人的责任,并送达当事人。

第七十四条　对交通事故损害赔偿的争议,当事人可以请求公安机关交通管理部门调解,也可以直接向人民法院提起民事诉讼。

经公安机关交通管理部门调解,当事人未达成协议或者调解书生效后不履行的,当事人可以向人民法院提起民事诉讼。

第七十五条　医疗机构对交通事故中的受伤人员应当及时抢救,不得因抢救费用未及时支付而拖延救治。肇事车辆参加机动车第三者责任强制保险的,由保险公司在责任限额范围内支付抢救费用;抢救费用超过责任限额的,未参加机动车第三者责任强制保险或者肇事后逃逸的,由道路交通事故社会救助基金先行垫付部分或者全部抢救费用,道路交通事故社会救助基金管理机构有权向交通事故责任人追偿。

第七十六条　机动车发生交通事故造成人身伤亡、财产损失的,由保险公司在机动车第三者责任强制保险责任限额范围内予以赔偿;不足的部分,按照下列规定承担赔偿责任:

(一)机动车之间发生交通事故的,由有过错的一方承担赔偿责任;双方都有过错的,按照各自过错的比例分担责任。

(二)机动车与非机动车驾驶人、行人之间发生交通事故,非机动车驾驶人、行人没有过错的,由机动车一方承担赔偿责任;有证据证明非机动车驾驶人、行人有过错的,根据过错程度适当减轻机动车一方的赔偿责任;机动车一方没有过错的,承担不超过百分之十的赔偿责任。

交通事故的损失是由非机动车驾驶人、行人故意碰撞机动车造成的,机动车一方不承担赔偿责任。

第七十七条　车辆在道路以外通行时发生的事故,公安机关交通管理部门接到报案的,参照本法有关规定办理。

第六章　执法监督

第七十八条　公安机关交通管理部门应当加强对交通警察的管理,提高交通警察的素质和管理道路交通的水平。

公安机关交通管理部门应当对交通警察进行法制和交通安全管理业务培训、考核。交通警察经考核不合格的,不得上岗执行职务。

第七十九条　公安机关交通管理部门及其交通警察实施道路交通安全管理,应当依据法定的职权和程序,简化办事手续,做到公正、严格、文明、高效。

第八十条　交通警察执行职务时,应当按照规定着装,佩戴人民警察标志,持有人民警察证件,保持警容严整,举止端庄,指挥规范。

第八十一条　依照本法发放牌证等收取工本费,应当严格执行国务院价格主管部门核定的收费标准,并全部上缴国库。

第八十二条　公安机关交通管理部门依法实施罚款的行政处罚,应当依照有关法律、行政法规的规定,实施罚款决定与罚款收缴分离;收缴的罚款以及依法没收的违法所得,应当全部上缴国库。

第八十三条　交通警察调查处理道路交通安全违法行为和交通事故,有下列情形之一的,应当回避:

(一)是本案的当事人或者当事人的近亲属;
(二)本人或者其近亲属与本案有利害关系;
(三)与本案当事人有其他关系,可能影响案件的公正处理。

第八十四条 公安机关交通管理部门及其交通警察的行政执法活动,应当接受行政监察机关依法实施的监督。

公安机关督察部门应当对公安机关交通管理部门及其交通警察执行法律、法规和遵守纪律的情况依法进行监督。

上级公安机关交通管理部门应当对下级公安机关交通管理部门的执法活动进行监督。

第八十五条 公安机关交通管理部门及其交通警察执行职务,应当自觉接受社会和公民的监督。

任何单位和个人都有权对公安机关交通管理部门及其交通警察不严格执法以及违法违纪行为进行检举、控告。收到检举、控告的机关,应当依据职责及时查处。

第八十六条 任何单位不得给公安机关交通管理部门下达或者变相下达罚款指标;公安机关交通管理部门不得以罚款数额作为考核交通警察的标准。

公安机关交通管理部门及其交通警察对超越法律、法规规定的指令,有权拒绝执行,并同时向上级机关报告。

第七章 法 律 责 任

第八十七条 公安机关交通管理部门及其交通警察对道路交通安全违法行为,应当及时纠正。

公安机关交通管理部门及其交通警察应当依据事实和本法的有关规定对道路交通安全违法行为予以处罚。对于情节轻微,未影响道路通行的,指出违法行为,给予口头警告后放行。

第八十八条 对道路交通安全违法行为的处罚种类包括:警告、罚款、暂扣或者吊销机动车驾驶证、拘留。

第八十九条 行人、乘车人、非机动车驾驶人违反道路交通安全法律、法规关于道路通行规定的,处警告或者五元以上五十元以下罚款;非机动车驾驶人拒绝接受罚款处罚的,可以扣留其非机动车。

第九十条 机动车驾驶人违反道路交通安全法律、法规关于道路通行规定的,处警告或者二十元以上二百元以下罚款。本法另有规定的,依照规定处罚。

第九十一条 饮酒后驾驶机动车的,处暂扣六个月机动车驾驶证,并处一千元以上二千元以下罚款。因饮酒后驾驶机动车被处罚,再次饮酒后驾驶机动车的,处十日以下拘留,并处一千元以上二千元以下罚款,吊销机动车驾驶证。

醉酒驾驶机动车的,由公安机关交通管理部门约束至酒醒,吊销机动车驾驶证,依法追究刑事责任;五年内不得重新取得机动车驾驶证。

饮酒后驾驶营运机动车的,处十五日拘留,并处五千元罚款,吊销机动车驾驶证,五年内不得重新取得机动车驾驶证。

醉酒驾驶营运机动车的,由公安机关交通管理部门约束至酒醒,吊销机动车驾驶证,依法追究刑事责任;十年内不得重新取得机动车驾驶证,重新取得机动车驾驶证后,不得驾驶营运机动车。

饮酒后或者醉酒驾驶机动车发生重大交通事故,构成犯罪的,依法追究刑事责任,并由公安机关交通管理部门吊销机动车驾驶证,终生不得重新取得机动车驾驶证。

第九十二条　公路客运车辆载客超过额定乘员的,处二百元以上五百元以下罚款;超过额定乘员百分之二十或者违反规定载货的,处五百元以上二千元以下罚款。

货运机动车超过核定载质量的,处二百元以上五百元以下罚款;超过核定载质量百分之三十或者违反规定载客的,处五百元以上二千元以下罚款。

前两款行为的,由公安机关交通管理部门扣留机动车至违法状态消除。

运输单位的车辆有本条第一款、第二款规定的情形,经处罚不改的,对直接负责的主管人员处二千元以上五千元以下罚款。

第九十三条　对违反道路交通安全法律、法规关于机动车停放、临时停车规定的,可以指出违法行为,并予以口头警告,令其立即驶离。

机动车驾驶人不在现场或者虽在现场但拒绝立即驶离,妨碍其他车辆、行人通行的,处二十元以上二百元以下罚款,并可以将该机动车拖移至不妨碍交通的地点或者公安机关交通管理部门指定的地点停放。公安机关交通管理部门拖车不得向当事人收取费用,并应当及时告知当事人停放地点。

因采取不正确的方法拖车造成机动车损坏的,应当依法承担补偿责任。

第九十四条　机动车安全技术检验机构实施机动车安全技术检验超过国务院价格主管部门核定的收费标准收取费用的,退还多收取的费用,并由价格主管部门依照《中华人民共和国价格法》的有关规定给予处罚。

机动车安全技术检验机构不按照机动车国家安全技术标准进行检验,出具虚假检验结果的,由公安机关交通管理部门处所收检验费用五倍以上十倍以下罚款,并依法撤销其检验资格;构成犯罪的,依法追究刑事责任。

第九十五条　上道路行驶的机动车未悬挂机动车号牌,未放置检验合格标志、保险标志,或者未随车携带行驶证、驾驶证的,公安机关交通管理部门应当扣留机动车,通知当事人提供相应的牌证、标志或者补办相应手续,并可以依照本法第九十条的规定予以处罚。当事人提供相应的牌证、标志或者补办相应手续的,应当及时退还机动车。

故意遮挡、污损或者不按规定安装机动车号牌的,依照本法第九十条的规定予以处罚。

第九十六条　伪造、变造或者使用伪造、变造的机动车登记证书、号牌、行驶证、驾驶证的,由公安机关交通管理部门予以收缴,扣留该机动车,处十五日以下拘留,并处二千元以上五千元以下罚款;构成犯罪的,依法追究刑事责任。

伪造、变造或者使用伪造、变造的检验合格标志、保险标志的,由公安机关交通管理部门予以收缴,扣留该机动车,处十日以下拘留,并处一千元以上三千元以下罚款;构成犯罪的,依法追究刑事责任。

使用其他车辆的机动车登记证书、号牌、行驶证、检验合格标志、保险标志的,由公安机关交通管理部门予以收缴,扣留该机动车,处二千元以上五千元以下罚款。

当事人提供相应的合法证明或者补办相应手续的,应当及时退还机动车。

第九十七条　非法安装警报器、标志灯具的,由公安机关交通管理部门强制拆除,予以收缴,并处二百元以上二千元以下罚款。

第九十八条　机动车所有人、管理人未按照国家规定投保机动车第三者责任强制保险的,由公安机关交通管理部门扣留车辆至依照规定投保后,并处依照规定投保最低责任限额应缴纳的保险费的二倍罚款。

依照前款缴纳的罚款全部纳入道路交通事故社会救助基金。具体办法由国务院规定。

第九十九条　有下列行为之一的,由公安机关交通管理部门处二百元以上二千元以下罚款:

(一)未取得机动车驾驶证、机动车驾驶证被吊销或者机动车驾驶证被暂扣期间驾驶机动车的;

(二)将机动车交由未取得机动车驾驶证或者机动车驾驶证被吊销、暂扣的人驾驶的;

(三)造成交通事故后逃逸,尚不构成犯罪的;

(四)机动车行驶超过规定时速百分之五十的;

(五)强迫机动车驾驶人违反道路交通安全法律、法规和机动车安全驾驶要求驾驶机动车,造成交通事故,尚不构成犯罪的;

(六)违反交通管制的规定强行通行,不听劝阻的;

(七)故意损毁、移动、涂改交通设施,造成危害后果,尚不构成犯罪的;

(八)非法拦截、扣留机动车辆,不听劝阻,造成交通严重阻塞或者较大财产损失的。

行为人有前款第二项、第四项情形之一的,可以并处吊销机动车驾驶证;有第一项、第三项、第五项至第八项情形之一的,可以并处十五日以下拘留。

第一百条　驾驶拼装的机动车或者已达到报废标准的机动车上道路行驶的,公安机关交通管理部门应当予以收缴,强制报废。

对驾驶前款所列机动车上道路行驶的驾驶人,处二百元以上二千元以下罚款,并吊销机动车驾驶证。

出售已达到报废标准的机动车的,没收违法所得,处销售金额等额的罚款,对该机动车依照本条第一款的规定处理。

第一百零一条　违反道路交通安全法律、法规的规定,发生重大交通事故,构成犯罪的,依法追究刑事责任,并由公安机关交通管理部门吊销机动车驾驶证。

造成交通事故后逃逸的,由公安机关交通管理部门吊销机动车驾驶证,且终生不得重新取得机动车驾驶证。

第一百零二条　对六个月内发生二次以上特大交通事故负有主要责任或者全部责任的专业运输单位,由公安机关交通管理部门责令消除安全隐患,未消除安全隐患的机动车,禁止上道路行驶。

第一百零三条　国家机动车产品主管部门未按照机动车国家安全技术标准严格审查,许可不合格机动车型投入生产的,对负有责任的主管人员和其他直接责任人员给予降级或者撤职的行政处分。

机动车生产企业经国家机动车产品主管部门许可生产的机动车型,不执行机动车国家安全技术标准或者不严格进行机动车成品质量检验,致使质量不合格的机动车出厂销售的,由质量技术监督部门依照《中华人民共和国产品质量法》的有关规定给予处罚。

擅自生产、销售未经国家机动车产品主管部门许可生产的机动车型的，没收非法生产、销售的机动车成品及配件，可以并处非法产品价值三倍以上五倍以下罚款；有营业执照的，由工商行政管理部门吊销营业执照，没有营业执照的，予以查封。

生产、销售拼装的机动车或者生产、销售擅自改装的机动车的，依照本条第三款的规定处罚。

有本条第二款、第三款、第四款所列违法行为，生产或者销售不符合机动车国家安全技术标准的机动车，构成犯罪的，依法追究刑事责任。

第一百零四条 未经批准，擅自挖掘道路、占用道路施工或者从事其他影响道路交通安全活动的，由道路主管部门责令停止违法行为，并恢复原状，可以依法给予罚款；致使通行的人员、车辆及其他财产遭受损失的，依法承担赔偿责任。

有前款行为，影响道路交通安全活动的，公安机关交通管理部门可以责令停止违法行为，迅速恢复交通。

第一百零五条 道路施工作业或者道路出现损毁，未及时设置警示标志、未采取防护措施，或者应当设置交通信号灯、交通标志、交通标线而没有设置或者应当及时变更交通信号灯、交通标志、交通标线而没有及时变更，致使通行的人员、车辆及其他财产遭受损失的，负有相关职责的单位应当依法承担赔偿责任。

第一百零六条 在道路两侧及隔离带上种植树木、其他植物或者设置广告牌、管线等，遮挡路灯、交通信号灯、交通标志，妨碍安全视距的，由公安机关交通管理部门责令行为人排除妨碍；拒不执行的，处二百元以上二千元以下罚款，并强制排除妨碍，所需费用由行为人负担。

第一百零七条 对道路交通违法行为人予以警告、二百元以下罚款，交通警察可以当场作出行政处罚决定，并出具行政处罚决定书。

行政处罚决定书应当载明当事人的违法事实、行政处罚的依据、处罚内容、时间、地点以及处罚机关名称，并由执法人员签名或者盖章。

第一百零八条 当事人应当自收到罚款的行政处罚决定书之日起十五日内，到指定的银行缴纳罚款。

对行人、乘车人和非机动车驾驶人的罚款，当事人无异议的，可以当场予以收缴罚款。

罚款应当开具省、自治区、直辖市财政部门统一制发的罚款收据；不出具财政部门统一制发的罚款收据的，当事人有权拒绝缴纳罚款。

第一百零九条 当事人逾期不履行行政处罚决定的，作出行政处罚决定的行政机关可以采取下列措施：

（一）到期不缴纳罚款的，每日按罚款数额的百分之三加处罚款；

（二）申请人民法院强制执行。

第一百一十条 执行职务的交通警察认为应当对道路交通违法行为人给予暂扣或者吊销机动车驾驶证处罚的，可以先予扣留机动车驾驶证，并在二十四小时内将案件移交公安机关交通管理部门处理。

道路交通违法行为人应当在十五日内到公安机关交通管理部门接受处理。无正当理由逾期未接受处理的,吊销机动车驾驶证。

公安机关交通管理部门暂扣或者吊销机动车驾驶证的,应当出具行政处罚决定书。

第一百一十一条 对违反本法规定予以拘留的行政处罚,由县、市公安局、公安分局或者相当于县一级的公安机关裁决。

第一百一十二条 公安机关交通管理部门扣留机动车、非机动车,应当当场出具凭证,并告知当事人在规定期限内到公安机关交通管理部门接受处理。

公安机关交通管理部门对被扣留的车辆应当妥善保管,不得使用。

逾期不来接受处理,并且经公告三个月仍不来接受处理的,对扣留的车辆依法处理。

第一百一十三条 暂扣机动车驾驶证的期限从处罚决定生效之日起计算;处罚决定生效前先予扣留机动车驾驶证的,扣留一日折抵暂扣期限一日。

吊销机动车驾驶证后重新申请领取机动车驾驶证的期限,按照机动车驾驶证管理规定办理。

第一百一十四条 公安机关交通管理部门根据交通技术监控记录资料,可以对违法的机动车所有人或者管理人依法予以处罚。对能够确定驾驶人的,可以依照本法的规定依法予以处罚。

第一百一十五条 交通警察有下列行为之一的,依法给予行政处分:

(一)为不符合法定条件的机动车发放机动车登记证书、号牌、行驶证、检验合格标志的;

(二)批准不符合法定条件的机动车安装、使用警车、消防车、救护车、工程救险车的警报器、标志灯具,喷涂标志图案的;

(三)为不符合驾驶许可条件、未经考试或者考试不合格人员发放机动车驾驶证的;

(四)不执行罚款决定与罚款收缴分离制度或者不按规定将依法收取的费用、收缴的罚款及没收的违法所得全部上缴国库的;

(五)举办或者参与举办驾驶学校或者驾驶培训班、机动车修理厂或者收费停车场等经营活动的;

(六)利用职务上的便利收受他人财物或者谋取其他利益的;

(七)违法扣留车辆、机动车行驶证、驾驶证、车辆号牌的;

(八)使用依法扣留的车辆的;

(九)当场收取罚款不开具罚款收据或者不如实填写罚款额的;

(十)徇私舞弊,不公正处理交通事故的;

(十一)故意刁难,拖延办理机动车牌证的;

(十二)非执行紧急任务时使用警报器、标志灯具的;

(十三)违反规定拦截、检查正常行驶的车辆的;

(十四)非执行紧急公务时拦截搭乘机动车的;

(十五)不履行法定职责的。

公安机关交通管理部门有前款所列行为之一的,对直接负责的主管人员和其他直接责任人员给予相应的行政处分。

第一百一十六条 依照本法第一百一十五条的规定,给予交通警察行政处分的,在做出行政处分决定前,可以停止其执行职务;必要时,可以予以禁闭。

依照本法第一百一十五条的规定,交通警察受到降级或者撤职行政处分的,可以予以辞退。

交通警察受到开除处分或者被辞退的,应当取消警衔;受到撤职以下行政处分的交通警察,应当降低警衔。

第一百一十七条 交通警察利用职权非法占有公共财物,索取、收受贿赂,或者滥用职权、玩忽职守,构成犯罪的,依法追究刑事责任。

第一百一十八条 公安机关交通管理部门及其交通警察有本法第一百一十五条所列行为之一,给当事人造成损失的,应当依法承担赔偿责任。

第八章 附 则

第一百一十九条 本法中下列用语的含义:

(一)"道路",是指公路、城市道路和虽在单位管辖范围但允许社会机动车通行的地方,包括广场、公共停车场等用于公众通行的场所。

(二)"车辆",是指机动车和非机动车。

(三)"机动车",是指以动力装置驱动或者牵引,上道路行驶的供人员乘用或者用于运送物品以及进行工程专项作业的轮式车辆。

(四)"非机动车",是指以人力或者畜力驱动,上道路行驶的交通工具,以及虽有动力装置驱动但设计最高时速、空车质量、外形尺寸符合有关国家标准的残疾人机动轮椅车、电动自行车等交通工具。

(五)"交通事故",是指车辆在道路上因过错或者意外造成的人身伤亡或者财产损失的事件。

第一百二十条 中国人民解放军和中国人民武装警察部队在编机动车牌证、在编机动车检验以及机动车驾驶人考核工作,由中国人民解放军、中国人民武装警察部队有关部门负责。

第一百二十一条 对上道路行驶的拖拉机,由农业(农业机械)主管部门行使本法第八条、第九条、第十三条、第十九条、第二十三条规定的公安机关交通管理部门的管理职权。

农业(农业机械)主管部门依照前款规定行使职权,应当遵守本法有关规定,并接受公安机关交通管理部门的监督;对违反规定的,依照本法有关规定追究法律责任。

本法施行前由农业(农业机械)主管部门发放的机动车牌证,在本法施行后继续有效。

第一百二十二条 国家对入境的境外机动车的道路交通安全实施统一管理。

第一百二十三条 省、自治区、直辖市人民代表大会常务委员会可以根据本地区的实际情况,在本法规定的罚款幅度内,规定具体的执行标准。

第一百二十四条 本法自2004年5月1日起施行。

附录 2

中华人民共和国道路运输条例

(2012 年修订,2013 年 1 月 1 日起施行)

第一章 总 则

第一条 为了维护道路运输市场秩序,保障道路运输安全,保护道路运输有关各方当事人的合法权益,促进道路运输业的健康发展,制定本条例。

第二条 从事道路运输经营以及道路运输相关业务的,应当遵守本条例。

前款所称道路运输经营包括道路旅客运输经营(以下简称客运经营)和道路货物运输经营(以下简称货运经营);道路运输相关业务包括站(场)经营、机动车维修经营、机动车驾驶员培训。

第三条 从事道路运输经营以及道路运输相关业务,应当依法经营,诚实信用,公平竞争。

第四条 道路运输管理,应当公平、公正、公开和便民。

第五条 国家鼓励发展乡村道路运输,并采取必要的措施提高乡镇和行政村的通班车率,满足广大农民的生活和生产需要。

第六条 国家鼓励道路运输企业实行规模化、集约化经营。任何单位和个人不得封锁或者垄断道路运输市场。

第七条 国务院交通主管部门主管全国道路运输管理工作。

县级以上地方人民政府交通主管部门负责组织领导本行政区域的道路运输管理工作。

县级以上道路运输管理机构负责具体实施道路运输管理工作。

第二章 道路运输经营

第一节 客 运

第八条 申请从事客运经营的,应当具备下列条件:

(一)有与其经营业务相适应并经检测合格的车辆;

(二)有符合本条例第九条规定条件的驾驶人员;

(三)有健全的安全生产管理制度。

申请从事班线客运经营的,还应当有明确的线路和站点方案。

第九条 从事客运经营的驾驶人员,应当符合下列条件:

(一)取得相应的机动车驾驶证;

(二)年龄不超过 60 周岁;

(三)3 年内无重大以上交通责任事故记录;

(四)经设区的市级道路运输管理机构对有关客运法律法规、机动车维修和旅客急救基本知识考试合格。

第十条 申请从事客运经营的,应当按照下列规定提出申请并提交符合本条例第八条规定条件的相关材料:

(一)从事县级行政区域内客运经营的,向县级道路运输管理机构提出申请;

(二)从事省、自治区、直辖市行政区域内跨2个县级以上行政区域客运经营的,向其共同的上一级道路运输管理机构提出申请;

(三)从事跨省、自治区、直辖市行政区域客运经营的,向所在地的省、自治区、直辖市道路运输管理机构提出申请。

依照前款规定收到申请的道路运输管理机构,应当自受理申请之日起20日内审查完毕,做出许可或者不予许可的决定。予以许可的,向申请人颁发道路运输经营许可证,并向申请人投入运输的车辆配发车辆营运证;不予许可的,应当书面通知申请人并说明理由。

对从事跨省、自治区、直辖市行政区域客运经营的申请,有关省、自治区、直辖市道路运输管理机构依照本条第二款规定颁发道路运输经营许可证前,应当与运输线路目的地的省、自治区、直辖市道路运输管理机构协商;协商不成的,应当报国务院交通主管部门决定。

客运经营者应当持道路运输经营许可证依法向工商行政管理机关办理有关登记手续。

第十一条 取得道路运输经营许可证的客运经营者,需要增加客运班线的,应当依照本条例第十条的规定办理有关手续。

第十二条 县级以上道路运输管理机构在审查客运申请时,应当考虑客运市场的供求状况、普遍服务和方便群众等因素。

同一线路有3个以上申请人时,可以通过招标的形式做出许可决定。

第十三条 县级以上道路运输管理机构应当定期公布客运市场供求状况。

第十四条 客运班线的经营期限为4年到8年。经营期限届满需要延续客运班线经营许可的,应当重新提出申请。

第十五条 客运经营者需要终止客运经营的,应当在终止前30日内告知原许可机关。

第十六条 客运经营者应当为旅客提供良好的乘车环境,保持车辆清洁、卫生,并采取必要的措施防止在运输过程中发生侵害旅客人身、财产安全的违法行为。

第十七条 旅客应当持有效客票乘车,遵守乘车秩序,讲究文明卫生,不得携带国家规定的危险物品及其他禁止携带的物品乘车。

第十八条 班线客运经营者取得道路运输经营许可证后,应当向公众连续提供运输服务,不得擅自暂停、终止或者转让班线运输。

第十九条 从事包车客运的,应当按照约定的起始地、目的地和线路运输。

从事旅游客运的,应当在旅游区域按照旅游线路运输。

第二十条 客运经营者不得强迫旅客乘车,不得甩客、敲诈旅客;不得擅自更换运输车辆。

第二节 货 运

第二十一条 申请从事货运经营的,应当具备下列条件:

(一)有与其经营业务相适应并经检测合格的车辆;

(二)有符合本条例第二十三条规定条件的驾驶人员;

(三)有健全的安全生产管理制度。

第二十二条 从事货运经营的驾驶人员,应当符合下列条件:

(一)取得相应的机动车驾驶证;

(二)年龄不超过60周岁;

(三)经设区的市级道路运输管理机构对有关货运法律法规、机动车维修和货物装载保管基本知识考试合格。

第二十三条 申请从事危险货物运输经营的,还应当具备下列条件:

(一)有5辆以上经检测合格的危险货物运输专用车辆、设备;

(二)有经所在地设区的市级人民政府交通主管部门考试合格,取得上岗资格证的驾驶人员、装卸管理人员、押运人员;

(三)危险货物运输专用车辆配有必要的通讯工具;

(四)有健全的安全生产管理制度。

第二十四条 申请从事货运经营的,应当按照下列规定提出申请并分别提交符合本条例第二十二条、第二十四条规定条件的相关材料:

(一)从事危险货物运输经营以外的货运经营的,向县级道路运输管理机构提出申请;

(二)从事危险货物运输经营的,向设区的市级道路运输管理机构提出申请。

依照前款规定收到申请的道路运输管理机构,应当自受理申请之日起20日内审查完毕,做出许可或者不予许可的决定。予以许可的,向申请人颁发道路运输经营许可证,并向申请人投入运输的车辆配发车辆营运证;不予许可的,应当书面通知申请人并说明理由。

货运经营者应当持道路运输经营许可证依法向工商行政管理机关办理有关登记手续。

第二十五条 货运经营者不得运输法律、行政法规禁止运输的货物。

法律、行政法规规定必须办理有关手续后方可运输的货物,货运经营者应当查验有关手续。

第二十六条 国家鼓励货运经营者实行封闭式运输,保证环境卫生和货物运输安全。

货运经营者应当采取必要措施,防止货物脱落、扬撒等。

运输危险货物应当采取必要措施,防止危险货物燃烧、爆炸、辐射、泄漏等。

第二十七条 运输危险货物应当配备必要的押运人员,保证危险货物处于押运人员的监管之下,并悬挂明显的危险货物运输标志。

托运危险货物的,应当向货运经营者说明危险货物的品名、性质、应急处置方法等情况,并严格按照国家有关规定包装,设置明显标志。

第三节 客运和货运的共同规定

第二十八条 客运经营者、货运经营者应当加强对从业人员的安全教育、职业道德教育,确保道路运输安全。

道路运输从业人员应当遵守道路运输操作规程,不得违章作业。驾驶人员连续驾驶时间不得超过4个小时。

第二十九条 生产(改装)客运车辆、货运车辆的企业应当按照国家规定标定车辆的核定人数或者载重量,严禁多标或者少标车辆的核定人数或者载重量。

客运经营者、货运经营者应当使用符合国家规定标准的车辆从事道路运输经营。

第三十条　客运经营者、货运经营者应当加强对车辆的维护和检测，确保车辆符合国家规定的技术标准；不得使用报废的、擅自改装的和其他不符合国家规定的车辆从事道路运输经营。

第三十一条　客运经营者、货运经营者应当制定有关交通事故、自然灾害以及其他突发事件的道路运输应急预案。应急预案应当包括报告程序、应急指挥、应急车辆和设备的储备以及处置措施等内容。

第三十二条　发生交通事故、自然灾害以及其他突发事件，客运经营者和货运经营者应当服从县级以上人民政府或者有关部门的统一调度、指挥。

第三十三条　道路运输车辆应当随车携带车辆营运证，不得转让、出租。

第三十四条　道路运输车辆运输旅客的，不得超过核定的人数，不得违反规定载货；运输货物的，不得运输旅客，运输的货物应当符合核定的载重量，严禁超载；载物的长、宽、高不得违反装载要求。

违反前款规定的，由公安机关交通管理部门依照《中华人民共和国道路交通安全法》的有关规定进行处罚。

第三十五条　客运经营者、危险货物运输经营者应当分别为旅客或者危险货物投保承运人责任险。

第三章　道路运输相关业务

第三十六条　申请从事道路运输站（场）经营的，应当具备下列条件：

（一）有经验收合格的运输站（场）；

（二）有相应的专业人员和管理人员；

（三）有相应的设备、设施；

（四）有健全的业务操作规程和安全管理制度。

第三十七条　申请从事机动车维修经营的，应当具备下列条件：

（一）有相应的机动车维修场地；

（二）有必要的设备、设施和技术人员；

（三）有健全的机动车维修管理制度；

（四）有必要的环境保护措施。

第三十八条　申请从事机动车驾驶员培训的，应当具备下列条件：

（一）有健全的培训机构和管理制度；

（二）有与培训业务相适应的教学人员、管理人员；

（三）有必要的教学车辆和其他教学设施、设备、场地。

第三十九条　申请从事道路运输站（场）经营、机动车维修经营和机动车驾驶员培训业务的，应当向所在地县级道路运输管理机构提出申请，并分别附送符合本条例第三十七条、第三十八条、第三十九条规定条件的相关材料。县级道路运输管理机构应当自受理申请之日起15日内审查完毕，做出许可或者不予许可的决定，并书面通知申请人。

道路运输站（场）经营者、机动车维修经营者和机动车驾驶员培训机构，应当持许可证明依法向工商行政管理机关办理有关登记手续。

第四十条 道路运输站(场)经营者应当对出站的车辆进行安全检查,禁止无证经营的车辆进站从事经营活动,防止超载车辆或者未经安全检查的车辆出站。

道路运输站(场)经营者应当公平对待使用站(场)的客运经营者和货运经营者,无正当理由不得拒绝道路运输车辆进站从事经营活动。

道路运输站(场)经营者应当向旅客和货主提供安全、便捷、优质的服务;保持站(场)卫生、清洁;不得随意改变站(场)用途和服务功能。

第四十一条 道路旅客运输站(场)经营者应当为客运经营者合理安排班次,公布其运输线路、起止经停站点、运输班次、始发时间、票价,调度车辆进站、发车,疏导旅客,维持上下车秩序。

道路旅客运输站(场)经营者应当设置旅客购票、候车、行李寄存和托运等服务设施,按照车辆核定载客限额售票,并采取措施防止携带危险品的人员进站乘车。

第四十二条 道路货物运输站(场)经营者应当按照国务院交通主管部门规定的业务操作规程装卸、储存、保管货物。

第四十三条 机动车维修经营者应当按照国家有关技术规范对机动车进行维修,保证维修质量,不得使用假冒伪劣配件维修机动车。

机动车维修经营者应当公布机动车维修工时定额和收费标准,合理收取费用。

第四十四条 机动车维修经营者对机动车进行二级维护、总成修理或者整车修理的,应当进行维修质量检验。检验合格的,维修质量检验人员应当签发机动车维修合格证。

机动车维修实行质量保证期制度。质量保证期内因维修质量原因造成机动车无法正常使用的,机动车维修经营者应当无偿返修。

机动车维修质量保证期制度的具体办法,由国务院交通主管部门制定。

第四十五条 机动车维修经营者不得承修已报废的机动车,不得擅自改装机动车。

第四十六条 机动车驾驶员培训机构应当按照国务院交通主管部门规定的教学大纲进行培训,确保培训质量。培训结业的,应当向参加培训的人员颁发培训结业证书。

第四章 国际道路运输

第四十七条 国务院交通主管部门应当及时向社会公布中国政府与有关国家政府签署的双边或者多边道路运输协定确定的国际道路运输线路。

第四十八条 申请从事国际道路运输经营的,应当具备下列条件:

(一)依照本条例第十条、第二十五条规定取得道路运输经营许可证的企业法人;

(二)在国内从事道路运输经营满3年,且未发生重大以上道路交通责任事故。

第四十九条 申请从事国际道路运输的,应当向省、自治区、直辖市道路运输管理机构提出申请并提交符合本条例第四十九条规定条件的相关材料。省、自治区、直辖市道路运输管理机构应当自受理申请之日起20日内审查完毕,做出批准或者不予批准的决定。予以批准的,应当向国务院交通主管部门备案;不予批准的,应当向当事人说明理由。

国际道路运输经营者应当持批准文件依法向有关部门办理相关手续。

第五十条 中国国际道路运输经营者应当在其投入运输车辆的显著位置,标明中国国籍识别标志。

外国国际道路运输经营者的车辆在中国境内运输,应当标明本国国籍识别标志,并按照规定的运输线路行驶;不得擅自改变运输线路,不得从事起止地都在中国境内的道路运输经营。

第五十一条 在口岸设立的国际道路运输管理机构应当加强对出入口岸的国际道路运输的监督管理。

第五十二条 外国国际道路运输经营者经国务院交通主管部门批准,可以依法在中国境内设立常驻代表机构。常驻代表机构不得从事经营活动。

第五章 执法监督

第五十三条 县级以上人民政府交通主管部门应当加强对道路运输管理机构实施道路运输管理工作的指导监督。

第五十四条 道路运输管理机构应当加强执法队伍建设,提高其工作人员的法制、业务素质。

道路运输管理机构的工作人员应当接受法制和道路运输管理业务培训、考核,考核不合格的,不得上岗执行职务。

第五十五条 上级道路运输管理机构应当对下级道路运输管理机构的执法活动进行监督。

道路运输管理机构应当建立健全内部监督制度,对其工作人员执法情况进行监督检查。

第五十六条 道路运输管理机构及其工作人员执行职务时,应当自觉接受社会和公民的监督。

第五十七条 道路运输管理机构应当建立道路运输举报制度,公开举报电话号码、通信地址或者电子邮件信箱。

任何单位和个人都有权对道路运输管理机构的工作人员滥用职权、徇私舞弊的行为进行举报。交通主管部门、道路运输管理机构及其他有关部门收到举报后,应当依法及时查处。

第五十八条 道路运输管理机构的工作人员应当严格按照职责权限和程序进行监督检查,不得乱设卡、乱收费、乱罚款。

道路运输管理机构的工作人员应当重点在道路运输及相关业务经营场所、客货集散地进行监督检查。

道路运输管理机构的工作人员在公路路口进行监督检查时,不得随意拦截正常行驶的道路运输车辆。

第五十九条 道路运输管理机构的工作人员实施监督检查时,应当有 2 名以上人员参加,并向当事人出示执法证件。

第六十条 道路运输管理机构的工作人员实施监督检查时,可以向有关单位和个人了解情况,查阅、复制有关资料。但是,应当保守被调查单位和个人的商业秘密。

被监督检查的单位和个人应当接受依法实施的监督检查,如实提供有关资料或者情况。

第六十一条 道路运输管理机构的工作人员在实施道路运输监督检查过程中,发现车辆超载行为的,应当立即予以制止,并采取相应措施安排旅客改乘或者强制卸货。

　　第六十二条　道路运输管理机构的工作人员在实施道路运输监督检查过程中,对没有车辆营运证又无法当场提供其他有效证明的车辆予以暂扣的,应当妥善保管,不得使用,不得收取或者变相收取保管费用。

第六章　法　律　责　任

　　第六十三条　违反本条例的规定,未取得道路运输经营许可,擅自从事道路运输经营的,由县级以上道路运输管理机构责令停止经营;有违法所得的,没收违法所得,处违法所得2倍以上10倍以下的罚款;没有违法所得或者违法所得不足2万元的,处3万元以上10万元以下的罚款;构成犯罪的,依法追究刑事责任。

　　第六十四条　不符合本条例第九条、第二十三条规定条件的人员驾驶道路运输经营车辆的,由县级以上道路运输管理机构责令改正,处200元以上2000元以下的罚款;构成犯罪的,依法追究刑事责任。

　　第六十五条　违反本条例的规定,未经许可擅自从事道路运输站(场)经营、机动车维修经营、机动车驾驶员培训的,由县级以上道路运输管理机构责令停止经营;有违法所得的,没收违法所得,处违法所得2倍以上10倍以下的罚款;没有违法所得或者违法所得不足1万元的,处2万元以上5万元以下的罚款;构成犯罪的,依法追究刑事责任。

　　第六十六条　违反本条例的规定,客运经营者、货运经营者、道路运输相关业务经营者非法转让、出租道路运输许可证件的,由县级以上道路运输管理机构责令停止违法行为,收缴有关证件,处2000元以上1万元以下的罚款;有违法所得的,没收违法所得。

　　第六十七条　违反本条例的规定,客运经营者、危险货物运输经营者未按规定投保承运人责任险的,由县级以上道路运输管理机构责令限期投保;拒不投保的,由原许可机关吊销道路运输经营许可证。

　　第六十八条　违反本条例的规定,客运经营者、货运经营者不按照规定携带车辆营运证的,由县级以上道路运输管理机构责令改正,处警告或者20元以上200元以下的罚款。

　　第六十九条　违反本条例的规定,客运经营者、货运经营者有下列情形之一的,由县级以上道路运输管理机构责令改正,处1000元以上3000元以下的罚款;情节严重的,由原许可机关吊销道路运输经营许可证:

　　(一)不按批准的客运站点停靠或者不按规定的线路、公布的班次行驶的;

　　(二)强行招揽旅客、货物的;

　　(三)在旅客运输途中擅自变更运输车辆或者将旅客移交他人运输的;

　　(四)未报告原许可机关,擅自终止客运经营的;

　　(五)没有采取必要措施防止货物脱落、扬撒等的。

　　第七十条　违反本条例的规定,客运经营者、货运经营者不按规定维护和检测运输车辆的,由县级以上道路运输管理机构责令改正,处1000元以上5000元以下的罚款。

　　违反本条例的规定,客运经营者、货运经营者擅自改装已取得车辆营运证的车辆的,由县级以上道路运输管理机构责令改正,处5000元以上2万元以下的罚款。

　　第七十一条　违反本条例的规定,道路运输站(场)经营者允许无证经营的车辆进站从事经营活动以及超载车辆、未经安全检查的车辆出站或者无正当理由拒绝道路运输车辆进站从事经营活动的,由县级以上道路运输管理机构责令改正,处1万元以上3万元以下的罚款。

违反本条例的规定,道路运输站(场)经营者擅自改变道路运输站(场)的用途和服务功能,或者不公布运输线路、起止经停站点、运输班次、始发时间、票价的,由县级以上道路运输管理机构责令改正;拒不改正的,处3000元的罚款;有违法所得的,没收违法所得。

第七十二条 违反本条例的规定,机动车维修经营者使用假冒伪劣配件维修机动车,承修已报废的机动车或者擅自改装机动车的,由县级以上道路运输管理机构责令改正;有违法所得的,没收违法所得,处违法所得2倍以上10倍以下的罚款;没有违法所得或者违法所得不足1万元的,处2万元以上5万元以下的罚款,没收假冒伪劣配件及报废车辆;情节严重的,由原许可机关吊销其经营许可;构成犯罪的,依法追究刑事责任。

第七十三条 违反本条例的规定,机动车维修经营者签发虚假的机动车维修合格证,由县级以上道路运输管理机构责令改正;有违法所得的,没收违法所得,处违法所得2倍以上10倍以下的罚款;没有违法所得或者违法所得不足3000元的,处5000元以上2万元以下的罚款;情节严重的,由原许可机关吊销其经营许可;构成犯罪的,依法追究刑事责任。

第七十四条 违反本条例的规定,机动车驾驶员培训机构不严格按照规定进行培训或者在培训结业证书发放时弄虚作假的,由县级以上道路运输管理机构责令改正;拒不改正的,由原许可机关吊销其经营许可。

第七十五条 违反本条例的规定,外国国际道路运输经营者未按照规定的线路运输,擅自从事中国境内道路运输或者未标明国籍识别标志的,由省、自治区、直辖市道路运输管理机构责令停止运输;有违法所得的,没收违法所得,处违法所得2倍以上10倍以下的罚款;没有违法所得或者违法所得不足1万元的,处3万元以上6万元以下的罚款。

第七十六条 违反本条例的规定,道路运输管理机构的工作人员有下列情形之一的,依法给予行政处分;构成犯罪的,依法追究刑事责任:

(一)不依照本条例规定的条件、程序和期限实施行政许可的;

(二)参与或者变相参与道路运输经营以及道路运输相关业务的;

(三)发现违法行为不及时查处的;

(四)违反规定拦截、检查正常行驶的道路运输车辆的;

(五)违法扣留运输车辆、车辆营运证的;

(六)索取、收受他人财物,或者谋取其他利益的;

(七)其他违法行为。

第七章 附 则

第七十七条 内地与香港特别行政区、澳门特别行政区之间的道路运输,参照本条例的有关规定执行。

第七十八条 外商可以依照有关法律、行政法规和国家有关规定,在中华人民共和国境内采用中外合资、中外合作、独资形式投资有关的道路运输经营以及道路运输相关业务。

第七十九条 从事非经营性危险货物运输的,应当遵守本条例有关规定。

第八十条 道路运输管理机构依照本条例发放经营许可证件和车辆营运证,可以收取工本费。工本费的具体收费标准由省、自治区、直辖市人民政府财政部门、价格主管部门会同同级交通主管部门核定。

第八十一条 出租车客运和城市公共汽车客运的管理办法由国务院另行规定。

第八十二条 本条例自 2004 年 7 月 1 日起施行。

参考文献

[1] 冯宝山.汽车运用基础[M].北京:人民交通出版社,2004.
[2] 陈建军.汽车性能与检测[M].南京:江苏教育出版社,2011.
[3] 肖润谋,张鞞.道路运输企业安全管理[M].2版.北京:人民交通出版社,2014.
[4] 罗振军.道路交通运输安全事故应急工作手册[M].北京:中国劳动社会保障出版社,2009.
[5] 国务院.中华人民共和国道路运输条例.2004.
[6] 全国人民代表大会常务委员会.中华人民共和国道路交通安全法.2003.
[7] 中华人民共和国交通运输部.道路货物运输及站场管理规定.2009.
[8] 中华人民共和国交通部.道路危险货物运输管理规定.2005.
[9] 交通运输部安全监督司.道路运输企业安全生产标准化考评指南[M].北京:人民交通出版社,2012.
[10] 交通运输部道路运输司.道路旅客运输企业安全管理规范释义[M].北京:人民交通出版社,2012.
[11] 李啸.车辆管理教程[M].北京:中国人民公安大学出版社,2010.
[12] 梁军.汽车保险与理赔[M].4版.北京:人民交通出版社股份有限公司,2015.
[13] 荆叶平.汽车保险与理赔[M].北京:人民交通出版社,2011.
[14] 吴继宗,何海明.汽车营销实务[M].河南:大象出版社,2014.
[15] 张永杰.汽车运用基础[M].北京:电子工业出版社,2008.
[16] 陈焕江.汽车运用基础[M].北京:机械工业出版社,2011.
[17] 刘景春.汽车运用基础[M].北京:化学工业出版社,2011.
[18] 高卫明.汽车材料[M].北京:北京航空航天大学出版社,2015年7月.
[19] 李明惠.汽车应用材料[M].北京:机械工业出版社,2015年5月.